U0462877

北京石刻史话

刘卫东　刘语寒◎著

北京燕山出版社
BEIJING YANSHAN PRESS

图书在版编目（CIP）数据

北京石刻史话 / 刘卫东 , 刘语寒著 . — 北京 : 北京燕山出版社 , 2022.3（2022.8 重印）
ISBN 978-7-5402-5887-0

Ⅰ . ①北… Ⅱ . ①刘… ②刘… Ⅲ . ①石刻—介绍—北京—古代 Ⅳ . ① K877.4

中国版本图书馆 CIP 数据核字（2022）第 034166 号

北京石刻史话

作　　者：刘卫东　刘语寒
责任编辑：战文婧
封面设计：北京麦莫瑞文化传播有限公司
出版发行：北京燕山出版社有限公司
社　　址：北京市丰台区东铁匠营苇子坑 138 号
邮　　编：100079
电　　话：010-65240430（总编室）
印　　刷：北京富诚彩色印刷有限公司
开　　本：710mm×1000mm　1/16
字　　数：250 千字
印　　张：19
版　　次：2022 年 3 月第 1 版
印　　次：2022 年 8 月第 2 次印刷
ISBN 978-7-5402-5887-0
定　　价：68.00 元

北京地区石刻概述

　　北京是中国封建社会后期的统治中心，中央集权的等级制度非常严明，所以很多石雕石刻的制作十分讲究，造型、体量、纹饰雕刻也极精美，皆有法度、等级。帝王之碑很多，不仅是他们的墓碑、功德碑，还有他们的敕赐碑、诰封碑、圣旨碑、敕建碑等。这些碑刻是其他地区所罕见的，一般体量都很大，选材上要求较高。雕刻龙凤、仙鹤、麒麟、狮子、天马、莲花、牡丹、海水江崖等，并且配以螭首、龟趺、海墁等，都有一定的法式。这些都是古代石雕、石刻艺术绽放的花朵，它们代表了一个时代、一股潮流，同时也体现了帝王之所好。作为都城，北京地区碑刻种类繁多，内容包罗万象，其丰富多彩的样式也是其他地方碑刻所不具备的。有一二字简单的题记，也有十三经的刻石，以及世界上数量最丰的"房山石经"。有蝇头小楷，也有擘窠大字。有反映个人生平事迹的墓碑、墓志，也有涉及众多人、事的记事碑、坛庙碑、会馆碑等。有记录科考办学的儒学碑，也有进士题名碑，佛教、道教、伊斯兰教、基督教等宗教内容的石刻。有反映民族、经济、文化、科技、农业等方面内容的石刻，诸如记录治蝗、灾异、修桥补路诸多内容的石刻。北京的石刻上起秦汉，下迄民国，历经两千多年。虽然唐、辽、金、元有不少石刻，但以明清两代为最，占总量的绝大多数。迄今为止，现存已知的石刻大部分都已纳入国家文化行政部门的统一管理保护之中。如房山云居寺的石经、碑碣，几近15000件。首都博物馆与北京石刻艺术博物馆大约各收藏两三千件。原有十八个区县、两个特区文物部门征集管理的也有数千件。园林局属各文保单位如颐和园、北海公园、圆明园等亦有3000余件，再加上其他文保单位，如故宫博物院、中国国家博物馆、中南海、玉泉

山等遗址遗存，原地保护、散落田野的各类石刻的总数应在 20000 件以上，
5000 种左右。

北京的一些石刻在全国范围内也堪称孤品，其量大质精为他处所无，
如房山石经、明十三陵地上石刻、国子监明清进士题名碑、孔庙告成太学
碑、清十三经刻石、官员人等下马碑、燕京八景碑、三希堂法帖刻石、密云
十面碑、少数民族文字碑等。今存于法源寺的唐张不矜撰文、苏灵芝书丹的
悯忠寺无垢净光宝塔颂、今存于文丞相祠中的唐云麾将军李秀残碑，堪称书
法中的绝品。海淀区慈寿寺塔后明线刻九莲菩萨像碑、八大处六处清刻大悲
菩萨自传真像碑，又可称绘画中的精品。雍和宫乾隆喇嘛说碑碑文实际上是
一篇论述清朝宗教政策的文章。清乾隆时期邵瑛间架结构九十二法法帖石
刻，是一份书法教学的范本，它比后来习见的黄自元帖要早 100 多年。

北京地区有许多石刻并非固有之物，但在北京保存已久。所有的这些
石刻都是非常珍贵的，值得我们深入研究探讨。

一、北京地区秦汉及以前的石刻

在新石器时代遗存中，发现过石斧、石铲、石凿、石纺轮等文化遗物，
其出土地点遍布北京的郊区、浅山区、河流台地和平原地，说明那时北京的
先民已开始从事农业生产了。他们使用原始的木、石工具，砍伐树木，芟
除草莱，播种谷物，进行原始的农业活动。建筑大师梁思成曾讲："艺术之
始，雕塑为先。盖在先民穴居野处之时，必先凿石为器，以谋生存；其后既
有居室，乃作绘事，故雕塑之术，实始于石器时代，艺术之最古者也。"说
明原始先民所借以谋求生存的石质工具便是早期的石刻，甚至是简单的艺术
品。当然，从石刻学的角度讲，广义上所有经过人工雕琢的石质产品都属于
石刻；狭义上石刻是指那些摩崖、碑碣、墓志、塔幢铭及法帖一类的文字石
刻。严格地说，至今还没有发现北京地区此期的文字石刻，历史上也无明确
记载。但在北京的周边曾发现文字石刻，如河北省平山县三汲乡曾出土中山

国守丘刻石，它是迄今为止中国境内发现的最早的文字石刻之一。

在秦及以前的北京地区，特别是商周时期的古燕国，也曾出土了带字的卜甲、卜骨，精美的青铜礼器，陶制器皿，瓦当，货币，兵器，斧、锛、凿、锥、针等工具……青铜礼器的制作工艺非常讲究，充分显示了当时的工艺水平。但可能由于当时石材暂时没有被开发，得不到人们的普遍注意，石上刻字未能流行开来，目前亦尚未发现相关文物。

两汉时期，营建活动大为发展，石材真正被应用到建筑领域，石刻开始广泛流行。北京地区的文化艺术也有所发展，其工艺水平体现在今天的出土文物中。如丰台区大葆台汉墓出土的透雕玉璧、螭虎佩、凤形玉、玉舞人等，雕工精巧，出类拔萃，虽非石刻，但雕刻手法相近，无非是小巧与粗大、细腻与粗疏的区别。而真正意义上的石刻，在中华人民共和国成立后也陆续有所发现。如在石景山区老山脚下出土的东汉幽州书佐秦君神道双柱及其上所刻"乌还哺母"铭文、题记等 17 件石刻，永定河故道被水冲刷出来的东汉石人，丰台区三台子汉墓出土的带有四神及禹遇伏羲浮雕纹饰的画像石墓门等，虽然为数不多，但也是北京地区早期石刻遗存的佐证。另传，史载汉韩延寿碑也在今石景山一带。

二、北京地区魏晋南北朝时期的石刻

此期的石刻在北京地区得到了较快的发展，其原因多种。其一，佛教传入中国后，统治者提倡，老百姓信奉，佛教题材的石刻不少，造像之风极盛。其二，五胡十六国和南北朝时期，易君变国、战乱频仍，刻碑书志在所难免。其三，随着帝王禁碑，民间厚葬之风兴起，产生了新的石刻形式——墓志，以寄托对死者的哀思。1965 年在石景山区八宝山西侧半公里处出土了西晋永嘉元年（307）的幽州刺史王浚妻华芳墓志。志文中有"假葬于燕国蓟城西廿里"之文。据此可以推断蓟城城址在今北京城的西南部，蓟城的大部分与今北京外城的西北部相重合。志石呈长方形，花岗岩质地，书法秀美遒劲，为研究墓志由长方形向方形过渡的形制及书法字体演变镌刻过程提供了宝贵的素材。另外，在石景山区老山脚下的另一座西晋墓发现了东西排列的三方墓志。志文记叙了不足周岁的姑、叔、侄三人于西晋永嘉元年（307）四月二十五日迁葬的史实。在怀柔区韦里村发现了北齐武平二年（571）傅隆显墓志，同时出土的还有两块刻字的墓砖。此墓亦为北京地区首次发现的有纪年的北齐墓葬。历史记载，三国魏时征北将军建成乡景侯刘靖在蓟城地区屯田种稻，在当时梁山（今石景山）的漯河（今永定河）上修建了一个拦河大坝，称戾陵堰（遏）。在大坝的东端开凿引水渠，叫作车箱渠，使蓟城的水量充足，洪水暴涨时又可疏泄，灌溉面积达两千顷之多。当时曾立魏征北将军建城乡景侯刘靖碑和戾陵遏表，后来北魏裴延俊做幽州刺史时再修戾陵遏，立追荐魏征北将军刘靖碑等，今天这几件石刻均已不见于世。1997 年石景山八角村西北发掘魏晋墓一座，有石刻若干：1. 墓门二扇，门上浮雕武士执戟及三角纹图案；2. 墓室前室内建石帐（椁），由后壁、左右壁、地板、顶板五石组成。前檐正面刻绘五个兽头，屋脊四角雕出兽头。壁面虽无片文只字刻写，却有生活画面绘出；3. 石兽一件。

迄今在北京地区发现的最早的一处摩崖也是此时期的遗存，即东魏武定刻石。该石刻位于门头沟区色树坟永定河转弯处的一块台地的自然巨石上，呈不规则形，东魏武定三年（545）刻。文中记当年戍边筑城用夫之事。南北朝佛教盛行，影响波及燕蓟。今存的实物不多，传世的有北魏太和十三年（489）（一说为二十三年）石佛造像一尊。此像背光之后附有纪年及阎惠端等造像记题刻。石刻原在海淀区聂各庄乡车耳营，1998 年被盗，毁为五段，今已修复，在北京石刻艺术博物馆保存展出。另有今燕山石化区及门头沟区新发现的石造像两尊，学界争论不一，此不赘论。其他传世品在北京者亦有数例，均附有题记：北魏神龟二年（519）杨对口等造像，东魏天平三年（536）赵俊兴等造像，北齐大保十年（559）张聪造像，北齐武平元年（570）贾致和等十六人造像及无年款但具此期风格的造像若干。

三、北京地区隋唐时期的石刻

从隋代的静琬大师在云居寺刻经开始，代代相承，镌刻不止。当初静琬大师担心有"法难"的危险，故日夜刻经不止，藏之深山。始刻于隋代，盛刻于唐、辽、金三代，终刻于明代末年，历时千余年。所刻佛经1122部，约3500卷，刻石近15000块，分别锢藏于石经山九洞和南塔前的地穴中。就当时而言，其镌刻水平之高，数量之丰，价值之高，在全国亦为仅见。即使是到了今天，房山石经的数量也占北京地区全部现存石刻总数的一半以上。除云居寺刻经之外，房山磁家务存有大量的隋唐遗迹，明代无梁殿下的孔水洞中存有隋代的石刻造像及刻经，无梁殿内东、西、北三壁上有连续24米长的唐朝大历五年（770）文殊、普贤万菩萨法会图浮雕，汉白玉石质，上千佛像分层次布满石壁，菩萨、诸佛、伎乐天万头攒动，出没在山川云气间，甚为壮观。仙佛人物姿态各异，颇具动感，并不像其他石佛造像，千佛一面，往往凭手印才能区别。上房山云水洞存唐、辽、金及明代旧迹较多。二站村的贾岛墓、祠及据传贾岛曾于此出家的云盖寺，在地方志记载中历史悠久。今仅存明碑一段、清碑两通、匾一件。

另外，房山的大峪沟、云居寺石经山、上方山云水洞亦存有唐代的石佛造像。在整个房山区境内至今尚存有八座较为完整的玲珑小巧、造型别致、刻有浮雕造像或铭文的唐代方塔。房山云居寺刻经事业带动了整个房山地区石刻的发展，同时也影响了北京地区石刻的发展。而民俗石刻或其他类石刻，却极少见，只有少量的墓志出土。隋代墓志，在北京范围内，迄今只发现了数种。相比之下，唐志虽然较多，但也少初唐之作，多为开元、天宝、永泰、大历之时。此期的墓志已基本定型，平面呈正方形，志石不大，边长约50厘米。志盖多为盝顶式，盖顶镌四字篆书题名。四刹线刻花草纹图案，或十二生肖纹饰。志文多行楷，行字不尽相等，随意性强。外罩四框，内界竖格或方丝栏。文字不多，但较规整清晰，一目了然。用字在今天看来多已生僻。志文中还保存有大量的地理沿革与历史事件的史料。联系文中所记当时的地名与今天的名称，可看出其称谓沿革与变迁之一斑。志文所连带而及的历史事件，有许多又可补正史之缺。

今存的碑碣类石刻虽然不多，但很有特点：一个是它的宗教色彩，一个是它的艺术风格。佛教的造像、碑，如比丘尼毛藏妹严行造像、宋小儿造金刚经碑、袁敬一经之碑，无论从碑首的造型上，还是从佛造像的雕刻或碑文书法上都体现了这一点。法源寺今存唐书法家苏灵芝所书悯忠寺无垢净光宝塔颂及文丞相祠所存李邕书云麾将军李秀残碑，就是两部非常精美的书法艺术作品。前者通篇章法布局颇具法度，字法娴熟，张弛有度，笔意流畅，一气呵成，毫无做作之感。楷、行、草书交替运用，即便是同一个字重复出现时，字法结构上也有所区别。后者则是一篇气韵生动的草书佳作。虽然今已断作柱础并佚大部，但其雄浑之势、自然天成之美犹拭目可见。还有一些金石书中曾著录过的碑刻，惜今已见不到其踪影了。如房山磁家务孔水洞唐开元年所刻大房山投龙璧记刻石，仅存拓片。据清乾隆年间赵怀玉的《游西山记》：石景山（即今首钢中石景山）"西岩有残石经数版，嵌崖间。其可辨识者，'佛本行集经卷第三十一。幽州卢龙两节度使刘相公敬造，元和十四年四月八日建'数十字，余多漫漶"。刘相公即刘总，刘总之父刘济曾撰《涿鹿山石经堂记》，立在房山石经山上。刘济之父为刘怦，据《金史》记载，当时的南苑有唐旧碑，即刘怦墓碑。刘济墓近年在房山被发现。

其实在唐代，北京地区的"燕石"（即今汉白玉、青白石一类）不论是在雕凿艺术上，还是在建筑上均已被广泛使用了。据史料记载，唐天宝末年，范阳节度使安禄山为了取悦唐玄宗和杨贵妃，在陕西西安（时称长安）华清池建成之际，特遣使从北京、河北（时称范阳）送去白玉石雕琢的鱼、龙、凫、雁及莲花、小桥。置于池中的"鱼、龙、凫、雁皆若奋鳞举翼，状欲飞动"，差点儿惊了圣驾。可见其雕镂之巧及动感之强了。这些"美石材"为镌刻创造了客观条件。今天的华清池已经过清理向游人开放了，池底及边沿的石刻犹能反映唐朝的雕刻艺术。中华人民共和国成立初，在北京地区发现的唐信州刺史薛氏墓内曾出土过 5 件精美的汉白玉石生肖俑，计有鸡、蛇、龙、猴、羊，它们线条生动，姿态自然，栩栩如生。在丰台区出土的唐史思明墓翼兽，汉白玉质地，翼兽双目圆睁，呈蹲踞之势，既尊严又自然，颇有大唐气势。作为顺义县城标志的石幢，今已残毁不完，据县志记载，系唐时故物，浮雕海马瑞兽、海水江崖，纯禀自然。虽时代尚有可疑，文物实为精品。刘济墓出土了大量的线刻图案刻石，尤其是刘济及夫人的两方墓，其体量是北京地区前所未有的，刘济志盖上的十二生肖图案以"减地平钑"的手法雕出着彩，非常有特色。

四、北京地区辽金元时期的石刻

契丹入主南京（今北京）时只是将其作为五都之一的陪都，当时在石刻上所反映的典章制度、民族特性等还不很鲜明，甚至至今在北京地区都还没有发现一件契丹文石刻出土，石刻仍然以汉文化的内容为主。如发掘发现的秦王发愿纪事碑，王守谦墓志，韩佚、韩佚夫人墓志等；仍存原地的海淀区大觉寺阳台山清水院藏经记碑，房山区谷积山院辽张君于谷积山院读藏经之记碑、庄公院辽刘师尼塔铭，门头沟区戒台寺辽故坛主守司空大师法均遗行之碑等。今存广安门外的天宁寺塔也是在辽代旧塔的基础上修建起来的。20世纪90年代文物部门对塔进行全面修缮时，于塔顶部发现了一方有辽代纪年的修缮石刻，刻有《大辽燕京天王寺建舍利塔记》，字体规整，通篇短小精悍。石刻斗方大小，青石质地，纹理细腻。石景山区八大处二处辽招仙塔毁于19世纪末的八国联军侵华战争。在清理塔基时，发现了舍利石函及塔刹上的汉白玉承露盘。盘底上首横书有头体藏文二行。其下竖书汉字三行"大辽国公尚父令公丞相大王燕国太夫人郑氏造，咸雍七年八月日工毕记"，共30字。证明招仙塔为辽咸雍七年（1071）郑氏所造。据考，郑氏为皇亲孟父房之后耶律仁先之妻。据钱大昕《潜研堂集》记，乾隆庚寅（三十五年，1770）三月，琉璃厂窑户掘土得古墓，有墓志一，刻"大辽故银青崇禄大夫检校司空行太子左卫率府率兼御史大夫上柱国陇西李公墓志铭"。文中记"公讳内贞，字吉美"，今石已不存。金女真族定鼎于北京，南与临安（今杭州）对峙。国祚不长，但却留下了不少传说与史迹，如金章宗的燕京八景、西山八院，大兴隆寺内飞虹桥、飞渡桥题刻，卢沟桥，西华潭，银山塔林等。海陵王完颜亮弑金熙宗即位以后，为了有效地巩固对华北地区的统治，并消除宫中旧派贵族对他弑位夺权的不满，便决定将都城由偏僻的会宁（上京，今哈尔滨东南）迁至富庶的燕京（今北京），并派张浩等负责燕京的修建工程。宫阙制度模仿汴京新城。整个工程分为城池的扩建与宫殿的兴修两大部分。天德五年（1153），宫城竣工。海陵王正式下诏迁都，改燕京为中都，析津府为大兴府。尽毁上京宫殿、宅第，并夷为耕地，所有的宗室也都被迁到中都。中都主要的宫殿建筑，是以从城南门丰宜门北通宣阳门、拱辰门的直线为中轴展开的。沿着柳荫匝地的大道进入丰宜门，前面是龙津桥，此桥就相当于后来元代的周桥和明清的金水桥。桥下河水东流，水清而深。桥以燕石构成，上面雕刻着精美的图案。桥分三道，中为御路。由此可见当时石刻雕凿技术的发达与辉煌。

在中都城西也有一座桥，大抵为谒陵及出城而南的交通所设。那就是举世闻名、至今仍存的建于金章宗明昌三年（1192）的卢沟桥。此桥已经多次修葺而非原貌，尤其是柱头上的那些狮子，原本一柱一狮，颇为壮观，桥面上可以并行十骑。著名意大利旅行家马可·波罗称赞"各处桥梁之美鲜有及之"。元代的《卢沟运筏图》再现了当年卢沟桥的盛景。

海陵王迁中都后，于大房山云峰寺兴建陵园——金陵（在今房山区），把包括阿骨打和吴乞买在内的始祖以下十二帝的梓宫迁葬到这里，并设万宁县以奉山陵，其后改之为奉先县，元代又改为房山县。金陵在金元（一说明代）之际遭到了毁灭性的破坏，陵上建筑几乎无存。中华人民共和国成立后，文物部门进行了发掘，发现金景陵睿宗圣号碑。石质凤棺及睿宗景陵的部分雕刻极为精美，神道上有雕龙祥云石栏板、石级等。

金代的统治者也很重视汉族文化，同样视中原文化的载籍、石刻等为珍宝。金太宗天会五年（1127），金军在灭亡北宋后，俘虏了徽、钦二帝，后妃，皇子，公主以及宗室贵戚三千余人，并席卷汴京宣和殿、太清楼和龙图阁的图籍、珍宝和文物。其中包括著名的天文仪象之器、岐阳石鼓、九经石刻、宋仁宗御书的针灸经石刻、定武兰亭石刻等珍贵文物。这些文物除少数在途中散失外，大多后来都被置放在燕京。如石刻春秋残碑、石刻礼记残碑，当时置于燕京城南金国子学中，明代记载已磨灭不完，清时记载已不复存矣。针灸经石刻后亦失落。中华人民共和国成立后，在拆除明代城墙时，在城墙的填充物中又发现了该石刻的部分，共计七石，今收藏于文物部门。近年又发现一件，未予披露。岐阳石鼓，即石鼓文，由于唐时发现于岐山之阳故名。其时代，学者聚讼未决，总之为先秦故物。当时金人得之汴梁，辇至京师，见其以金填字，知为贵物。后来由于得不到应有的重视，失落于泥土草莱之中。最终在元大德丁未（1307）为大兴府学教授虞集发现，向时宰建议动用军队，以大车十乘载列于元大都国子学大成门内左右壁下各五枚。这才算将国之重宝真正保护起来。其后，石鼓除在抗战中被运往西南保管外，一直没有离开北京，现存故宫博物院。随着考古工作的开展，北京地区先后又发现了不少重要的金代石刻，如房山区石楼村出土的金杨瀛神道碑，丰台区出土的吕徵墓表，通州区出土的李抟墓志，平谷区出土的巨构墓志，西城区阜成门外出土的董庠灭罪真言刻石及志，丰台区出土的乌古论窝论墓志、乌古论元忠墓志及鲁国大长公主墓志与碑等。

　　元朝与辽金相比，国土面积达到了历史上的最大值，真正统一了全国，结束了南北分立的局面。元代蒙古统治者在原中都废墟的东北处建立了大都城。新城选择建在高梁河的下游，使宫苑水源得到了进一步的改善。为了运送木石工料，又重凿金口闸，导卢沟水以漕西山木石。元大都对后世的一大贡献是城中街道及街坊里巷制度，北京的胡同和四合院至今还有多处保留原来的格局，还保存着大量的自元代以来留存下来的石雕石刻小品，如石坊额、石门礅、上马石、上轿石、滚墩石、拴马桩、石敢当、戗檐石雕、墙腿石雕刻等。

　　元大都的另一个贡献是皇家园林的兴建。元中统三年（1262），忽必烈下令将金琼华岛加以修整，作为驻跸之所。宫城筑成后，将之改为万岁山，组成宫苑的主体。至元二年（1265）琢成的渎山大玉海便放置在那里。《辍耕录》载："玉有白章，随其形刻为鱼兽出没于波涛之状。其大可贮酒三十余石。"大玉海的元配石雕底层设计雕凿精美。把金水河水引至山后再汲至山顶，从一个石龙口泻入方池，然后伏流出仁智殿后，从石雕昂首蟠龙口中喷涌而出，东西分流入池。

元大都的再一个贡献就是水系与桥闸系统的建设。至元二十六年（1289），会通河修凿后，沟通南北的大运河建成，著名的水利学家都水监郭守敬重新主持设计了从大都到通州的运河方案。北引昌平白浮村的神山泉，汇合一亩、马眼、玉泉诸水，扩大了运河的水量。并在大都到通州之间增置闸门二十处，以时宣泄。桥闸的修建解决了漕运用水诸问题，同时桥闸也是石雕石刻与建筑一体的成就。现在仍能见到白浮九龙池之九龙口石雕。万宁桥（俗称后门桥）也是当初二十四桥闸之一，条石铺路，石雕栏板，犹可见当年的遗风遗韵。传说当年拱券下悬"北平"二字石匾，今天早已不见踪影。但在21世纪初整修该桥时，清理出精美的石兽，其上有（后）至元四年（1338）铭刻，更加证明该桥的年代与价值。

元代的石雕技术也是远近闻名的。当时大都稍南曲阳的工匠杨琼是著名的雕刻家。他的玉石雕刻得到忽必烈的欣赏，赞为绝技。大都的营建中，有许多石雕工程就是由他主持完成的。周桥便是他的杰作。由城南的丽正门入城，往北便是长可七百步直通皇城棂星门的千步廊。棂星门内数十步有河东流，河上建白石桥三座，称周桥。石栏上雕刻龙凤祥云图案，石质晶莹如玉。桥体下面还有四条白玉石龙承托。据有关学者考证，故宫今存的断虹桥就是当年周桥的三虹之一。

元大都的文化传播非常迅速，中原及南方的理学、道教，域外传来的藏传佛教、天主教、伊斯兰教等，在今存的石刻中都有所反映。如西城区牛街清真寺、朝阳区东岳庙、昌平区居庸关、密云区番字牌、门头沟区燕家台、顺义区元圣宫、房山区十字寺等都有重要遗存。但不知是何种原因，元代的墓志至今出土较少，仅有东城区出土的铁可墓志、朝阳区出土的张弘纲墓志、海淀区颐和园出土的耶律铸夫妇墓志及房山区出土的焦琏墓志等数例。其中张弘纲墓志为大书法家赵孟頫所书。

　　有一些重要的石刻记载了不少重要的史料，为研究某一领域提供了重要依据。如王德常去思碑、海云和尚葬志、崇国寺圣旨白话碑、岁数碑铭、敕赐十字寺碑、元成宗加封孔子圣号圣旨碑、元进士题名碑、钞纸局中书户部分官题名记碑、致和元年石匠刘三刻石以及刑部题名第三之记碑等。

　　辽金元时期的石经幢、塔幢，是此时的一大特点。辽金的最多，元代次之，其中门头沟区辽统和十年（992）幢最高大，幢高 400 厘米余，并且保存完整。到了元代的经幢，有些已将八楞演变为六楞。明清时期在园林中仍有少量的复、仿制品，寺庙中建经幢之风已过。由于时间久远与战乱动荡，完整的经幢已不多见了。在北京的四郊寺庙遗址附近，常常有散落田野的莲座、云墩、伞盖、立莲等。幢身是其最重要的部分，上刻经文，也有半经半记、连序带款的。另有塔幢及造像幢等。文字上有汉文的、汉文音译的、梵文的、汉梵合璧或汉文意译的。

五、北京地区明清时期的石刻

　　此一时期北京地区的石刻种类最为齐全，同时也产生了一些新的类别。石刻的内容题材大大丰富了，有许多新生事物于中有所体现。雕凿手法更加纯熟，格式固定。等级制度森严，体量大小不一。此期不仅有大量的地上石刻与地下石刻，还有大量的建筑石刻、石雕及民俗石刻等。按照石刻学的理论，对中国传统石刻进行分类，大致应有 11 个类别。北京地区的石刻包括了这些类别，明清时期石刻除画像石外，其他均有，分述于下：

　　1. 摩崖类。北京地区此类石刻，以明清时期的遗存居多。其中门头沟区色树坟石佛岭上石窟崖摹刻的明石古崖修桥补路碑记、崇化庄明买地刻石、木城涧路旁清刻继序修补道路功德碑，石景山区八大处明石佛造像及题记等最典型。除此之外，有关民间宗教、帝王巡视、山水题材的摩崖石刻，大多集中在郊县名胜或帝王园林的山石上，其字体不一，形式各异，内容多样，如大觉寺、北海公园、颐和园、玉泉山等地的石刻，它们是北京明清时期特殊的石刻遗存。

2. 碑碣类。统指刻字碑一类。如按所记内容及功能分，有墓碑、坛庙祠堂碑、寺观碑、记事碑、功德碑等。如按造型特点分，又有方碑、四面碑、龟碑、卧碑、方尖碑、昆仑碑、嵌墙碑、异形碑等。依此期碑类现状及叙述之方便起见，分列于下：

北京地区墓碑遗存最多，如明清帝王陵寝所立之碑。悼亡纪念死者最常用的方法就是建坟立碑。讲究者，碑上有螭首，下有龟趺、海墁，外罩碑楼。前书死者的姓氏、简历，书撰、刻字、经理人的姓名，后列出资人的官阶、籍贯及捐钱数。阴阳额上刻有"万古流芳""捐资题名"等。碑框雕云龙图案，海墁刻鱼鳖虾蟹，碑侧及座侧浮雕升龙、海水江崖或麒麟等瑞兽等。墓碑也分墓主人名碑、功德碑、诰封碑、赐谥碑、敕谕碑、谕祭碑等。比较著名的如通州燃灯塔旁的明李卓吾先生之墓碑，今存北京石刻艺术博物馆的明故大隆善护国寺西天佛子大国师张公墓塔记碑、清巴尔达齐碑，密云的清范承勋碑，顺义赵全营清武功大夫碑等。另外，北京还有一批特殊人物的墓碑，即传教士碑。从明万历年间来华的天主教士利玛窦开始，许多传教士陆续在北京境内传布天主教义，沟通中西方文化，他们不远万里来到中国，有的供职于中国朝廷，死后即埋葬在京师的集体墓地。目前北京地区保存了上百通墓碑，主要集中在西城区滕公栅栏原传教士墓地和海淀区五塔寺北京石刻艺术博物馆碑林中。其中知名的墓主除利玛窦外，还有汤若望、南怀仁、郎世宁、张诚、白晋、蒋友仁等。这些碑采用了中国传统的螭首或方首形，下为方座。额题处镌刻十字或教会标志。碑面阴阳则以汉文及拉丁文书写。明清两代传教士墓碑众多，内容涉及面很广，是研究当时社会历史、人物风俗的重要史料。最近原滕公栅栏传教士墓地处基建又有了新发现，有碑刻、石雕及教会徽记石刻字。

坛庙祠堂碑是中国封建社会特有的产物。明清帝王同样重视拜天祭神祀祖，因此这类建筑多雄伟壮观。如太庙，孔庙，国子监，历代帝王庙，雍和宫，东岳庙，天、地、日、月坛，先蚕、先农坛等。有些建筑虽已不存，但其碑刻仍有留存。如孔庙中的十几座高约七八米的告成太学碑，国子监中清十三经刻石、恭勒御制国学新建辟雍圜水工成碑、成贤街官员人等至此下马碑，雍和宫由乾隆皇帝撰文的喇嘛说碑等。祠堂也是封建时代祭祀性建筑，只不过其受用者及等级有分别，有皇帝敕建的，也有达官显贵、地主豪绅或乡民同建的。如今东城区文丞相祠、智化寺（原明王振祠），西城区汇通祠、贤良祠，石景山区刚炳祠，房山区黑龙关（原为祈雨祠），海淀区温泉龙王庙，通州区曹氏宗祠等，其中都有相关的碑刻遗存。

寺观碑是记载宗教场所兴建、重修、四至、传承、戒条、仪轨等的碑刻。北京的寺庙庵观众多，它们大多历史悠久，明清时期十分兴旺，今存的碑刻数不胜数，此不赘举。

会馆碑是北京明清时期又一特色。明永乐年间在北京开科取士，北京再度成为中央考场，全国举子进京赶考，落榜生在京暂住以待来年。因此，他们联络京官、旅京客商等合力集资购买荒地或官宦私宅改为文人试院。过去因城南地荒不发达，会试举子又多出入宣武门，故会馆多集中在今西城区（原宣武区）一带。明嘉靖年间增加外城，使得原本是郊外的城南一带有了发展经济市场的良好环境。清初又在崇文门设税关，使得今东城区（原崇文区）一带云集了一大批工商外来户，成为工商会馆的聚集地。据有关资料显示，北京地区举子会馆与工商会馆多达 200 余处，至修两广路前尚存上万间馆舍。其中有记事、行规、创修、馆产、义地等内容的碑刻，如西城区法源寺前街的云南会馆重置碑、下斜街的全浙会馆重修碑，东城区河泊厂附近的鲁班行会碑、小江胡同的创建晋冀会馆碑等。会馆碑是像北京这样大都市特有的产物，在北京的石刻中占有相当重要的位置。

研究明清科举制度最重要的实物资料之一就是现存于北京孔庙中的 198 通进士题名碑，其中明代 77 通，清代 118 通，另有元代几通，共记载了

5000多名进士的姓名、籍贯、名次。明前有金代礼部令史题名碑、元代刑部题名碑。此外，还有其他内容的题名碑。如明万历十二年（1584）户部题名碑、万历十九年（1591）太常寺正官题名碑、崇祯七年（1634）顺天府儒学题名记碑、清康熙四十二年（1703）御史题名碑和道光三年（1823）满道题名碑等。这些碑刻是研究明清科举制度、职官制、文化与政治的重要史料。

3. 墓志类。明清的墓志形式差别不大，平面呈正方形，汉白玉或青白石质地。明代墓志中太监志较多，清代墓志中规格较大的较多。此期的墓志数量较大，北京地区大约有上千合，著名的有明太监赵政墓志、钱义墓志、房懋墓志、刘忠墓志等。其他如明广宁伯墓志、明武定侯墓志、明沅怀王墓志、明遂平公主墓志等。民间百姓、致仕官僚的墓志更多。清代著名的墓志有四川总督苗大生夫妻合葬墓志、纳兰性德家族墓志以及恩荣寺官墓志等。

4. 塔铭及与塔相关的石刻。指在塔身上镶嵌的塔铭及相关石刻。门头沟区的潭柘寺、戒台寺都有塔院。不少明清时期的僧塔上刻有高僧法讳。如房山区谷积山明代罗汉塔地宫壁刻明敕赐谷积东庵释迦如来真身舍利碑、海淀区五塔寺明建金刚宝座塔周身所刻藏梵文经咒等。

5. 经幢与坟幢。如前文所述，元代以后经幢较少见，如石景山区法海寺明楞严经幢、大方广佛华严经幢，今北海公园天王殿前东西矗立的清制经幢。坟幢有房山区谷积山上的明太监马公幢等。

6. 造像及其题记。此期的佛造像及题记大多为明代遗物。如门头沟区石佛村的二十几尊造像及部分题记，石景山区八大处翠微山麓的三尊造像并题记。

7. 买地券及镇墓券。买地券又称券别、墓别，一般系子女为亡去的父母买地安葬的凭据，用以告谓鬼神。一式两份，两块券石的接缝处骑缝刻咒语。买地券亦分石质与砖质两种。北京地区较少，如西城区出土的明王赞墓券、萧公买地券，海淀区出土的明王佑茔券，丰台区出土的清匡士亮买地券等。

8. 石经。北京的刻经始于隋代房山石经，一直到明末。海淀区摩诃庵金刚殿内墙壁上至今仍镶嵌着明代重临集刻的三十二体金刚经，共为六十石。上方山兜率寺大殿后墙镶嵌的四十二章经，共十五石。另外还有儒经与道经，今存国子监中的清刻十三经刻石，刻清代官订的十三部儒家经典，共有 190 座碑形石刻。道经有西城区白云观后人摹刻的元赵孟頫道德经刻石。

9. 石刻法帖。有明一代，帖学大兴。帝王的好尚、文人墨客的追随，使得后代留下大量的法帖刻石。由于刻石是为了捶拓，所以在选石上很讲究，大多使用青石板材。今明代刻帖帖石鲜见遗存，清代的帖石保留下较多。著名的法帖有清康熙懋勤殿法帖，乾隆三希堂石渠宝笈法帖，清成亲王永瑆诒晋斋法帖。除此之外，还有大量的民间私刻，如清刘墉清爱堂帖、邵瑛间架结构九十二法、李鹤年敬和堂法帖、滥竽斋遗草等。

10. 建筑附属刻铭及其他。包括石匾、额、门窗石雕石刻等。最早的为金元时遗存，如白云观某斋的"斋"字残石；明洪武六年（1373）"平则门"石额；门头沟沿河城永胜门匾，沿河城敌台上的"沿字号"石匾；明定陵明楼石额；房山谷积山院内的明代梵文壁藏刻石；明真觉寺金刚宝座梵藏大经咒；西城区西黄寺清净化城塔前牌楼坊间梵文六字真言石刻等。明清时期北京的石雕石刻事业积累了以往的经验，形成了更大的规模。房山的大石窝是北京地区最大的采石加工基地，明代以来逐渐形成规模。此地采石机械、石雕工匠云集，既产石材，又从事雕刻，兼及绘事。所出石材既要满足石雕石刻的需求，又要供应皇宫、陵寝、寺庙、园囿别墅的建材。明代亦曾在大石窝石材产地设官监办。

明清两朝石刻的风格较为接近，呈现一统江山的王者气派，帝王风范显示得特别充分，而且定型化、规格化、等级化、典型化。为众人所熟知的名胜古迹中的碑碣、石刻、石雕，均体型庞大、厚重敦实，造型规范，图案纹饰、年代区分明显，等级分明，用料讲究，刻工精细。如北京石刻艺术博物馆存明隆福寺创建碑，螭首龟趺，通高达 600 厘米以上；清普胜寺创建碑、普胜寺重修碑双卧式碑，均高 300 厘米以上，宽近 400 厘米；大兴清德寿寺双碑，高 700 厘米以上。即使是帖石，也是工程浩大，连篇累牍。等级分明，主要表现在雕刻纹饰上，不论是碑首、碑身、碑座、碑侧、海墁，如果刻有龙的图案，那么肯定与皇家有一定联系。如果是螭首，则其下必定是龟趺或雕龙方座。如果是素方座，则其碑身及碑首纹饰图案也极简单。帝王之碑，一般体量较大，尺寸规格要求较严，即使是内容不多的谕祭碑、诰封碑，也不会节省半分石材，书丹多为规矩的馆阁体。而百姓的碑，体量较小，以实用为主，图案比较活泼，如祥云、灵芝花卉、梅兰竹菊、子孙万代、瓜瓞绵绵等。有的碑刻纹饰简单或素面，文字、刻工也较简易，接近手写，甚至常常出现错别字。另外，清朝因为是满族统治，朝廷采取怀柔政策，北京地区常有二体（满汉合璧）、四体（满、蒙、汉、藏合璧）书刻的匾额及碑刻，这是清代所特有的现象。时代上的区分也反映在碑刻的细节之处。明清时间跨度不大，但各朝有各朝的特点，甚至某个皇帝、太后的好尚都直接反映到碑刻的形制上。额题由早期的圭形过渡到长方形，龟趺由写实到抽象，碑面四框由简单的线条到烦琐的龙凤、团莲花、百子图等。规制也从大小不定到有一定标准且不能僭越等，这些都具有一定的规律可循。而且北京周边或更远些的地区也以京式为标准。

六、北京地区民国时期的石刻

民国时，中西文化不断撞击。西方文化思潮逐渐渗透，旧学思想仍在继续。社会上一部分人在努力接受外来文化的熏陶，适应新生事物。一部分人仍在尊孔读经，弘扬国粹。作为文化载体之一的石刻，脱离了封建帝制的阴影，摆脱了等级规矩的羁束。但由于当时社会不太稳定，国家尚不富强，且文人们的心思也早不在此，所以无大体量的石刻，极具艺术性的石刻较少，大规模耗资的石雕石刻工程也不多。此期石刻有以下特点：

1. 摆脱封建束缚，更显文人气质。调查时常能看到百姓的墓碑上面雕龙刻凤，即使体量不大之碑，螭首浮雕也很讲究。如北大未名湖畔的王国维墓碑、培根女学校匾也大胆地使用云龙纹作边框。石景山八大处四照谷林长民书摩崖石刻，系作者游山题刻，笔随意转，率性而为。由登山开始，随上随题，最后将落款留在最高处，体现了一种当代文人的气质。受西方的影响，此期还出现了方尖碑，如孙中山先生奉安纪念碑、刘和珍君纪念碑、高君宇墓碑、石评梅墓碑等。

2. 选材下料非常大胆，不再墨守成规。在海淀区征集的王妙如女士墓志，边长近 100 厘米，字大径寸，体现墓主人殷实的家境和子女的孝心。同样是海淀区出土的由当时著名书法家于右任先生书写的康心孚先生之墓碑、陕西城固康母杨夫人之墓碑，选用今天常用的建材石料墨玉。以墨玉制碑，以前很少见。

3. 立碑书篆，更加注重书法。如上文所述二物，前者为隶书，后者为大书法家所书行楷。八大处发现的"燕玉"刻石，字体有浓重的魏碑韵味，又有颜字的底蕴。而同地发现的庄子秋水篇濠梁问答摩崖，呈现出草隶的风格。行健会帖选刻历代书家墨迹上石，其中包括唐太宗、宋徽宗及清乾隆皇帝等人的书法，体现出当时文人书家的好尚。

4. 石刻所反映的内容有许多是当时的新生事物或稍纵即逝的史实。如兴学碑、改庙建学碑、改学建祠碑、榜示捕盗刻石等。金韵梅大夫墓碑碑阴有当时教育部长颁发的奖状。四行储蓄会匾、中国地学会新置会所碑、增设汽灯茶棚碑、成立京城内外农圃研究所始末碑，都记载或证实了当时的史实。另外有记录修缮与修建的刻石、碑刻，如天宁寺、五塔寺、智化寺、白塔寺、第一助产学校等地的碑刻。

5. 当时的历史和人物在石刻中都有所反映。西城区原地质部图书馆址仍存的赵亚增碑，海淀区出土的民国交通总长潘复墓志，石景山区慈善寺冯玉祥书摩崖刻石，门头沟区今仍存的北洋政府国务院总理周自齐墓前的华表、牌坊等建筑及周自齐墓志铭等石刻。周自齐墓前牌坊坊心额题"周氏墓道"及"控山带河奠灵域，镇燕绍鲁衍华初"联语。另有张文襄公祠堂碑、李慈铭极乐寺看海棠记刻石等。民国毕竟是革命与变革的时代，时间不长，动乱不断，虽距今不远，但石刻不丰。

总之，北京地区的石刻，既多且繁，疏密有度，遍布北京的城郊各地。原北京市属 18 个区县石刻分布总趋势是：城内比较集中，郊区比较分散，西部多于东部，北部少于南部。北京经历了几千年的历史变迁，战争动乱、自然灾害、政治风云等，石刻文物是屡建屡毁，屡毁屡修。迄今为止，现存已知的石刻有近 3 万件。这些珍贵的石刻遗存，是我们研究、弘扬北京历史文化的极为宝贵的史料。

目　录

引言：从石头到石刻

作为大自然产物的石头，如何进入人类社会，如何进入人类文明，如何作为文物的一个类别而发挥其作用的过程，就是从石头到石刻的过程。

石头就是岩石，不过一个是口语，一个是文语而已。按照科学家们的说法，根据成因，可以将岩石分为三类，即沉积岩、火成岩、变质岩。但由于自然界是连续体，很难真正依据人为的判断分成三种岩性，因此也会存在一些过渡性的岩石，即便是大理石、玄武岩、石灰岩、石英岩也一样。

一、石破天惊（石头时期的蒙昧）

史前文明与旧石器、新石器时代的历史分期及遗迹、文物的研究，向来是历史学家、考古学家的一大难题。由于没有文字、缺乏史料、遗迹不完整等，祖先们留下的石器、玉器成为了研究的突破点。虽然有些支离破碎，但综合起来尚能拾遗补阙，窥豹一斑。

从大自然里的石头发展演变为人类物质生活和社会生活中的石刻，有一个漫长的历史发展过程。的确是由于有了人为的活动，石头逐渐变成了石刻。最初，石头帮人打击野兽，石头帮人砍砸、磨制石器，石头帮人碾磨稻米，石头帮人击节按拍。后来，石头帮人记事，石头帮人绘画，石头帮人祭祀，石头帮人承载文字。石头是原始人手中的武器，石头是原始人手中的生活工具，石头呈现了原始人的艺术。再后来，人们帮石头变幻了许多花样，此时的石刻就真正有"形"了。这一时期上限未定，下限至数千年前。

那么，到底什么是石头，什么又是石刻呢？可以说，大自然里的岩石类物质就是石头，比如火成岩、沉积岩、变质岩等。而石刻，一言以蔽之，凡具有人为作用的石头均为石刻。按大类横分应有：平面的石刻；立体的石雕。按历史演进纵分又有：技术石刻；艺术石刻。石刻文物就是具有历史、科学与艺术三大价值的石刻。本书重点围绕着"平面的石刻"及"艺术石刻"展开。

在北京的西南郊房山周口店龙骨山发现了"北京人"（又名"北京猿人""北京直立人"）及"山顶洞人"遗址。"北京人"的时间，一般认为约在距今50万年前。他们过着原始的群落生活，主要依靠采集果实和狩猎野兽为生。他们使用的劳动工具主要是石器和木棒，石器有砍伐器、刮削器和尖状器等。距今约10万年至20万年前，"北京人"由猿人进化成为早期"智人"，考古学上称之为"新洞人"。他们生活的时代属旧石器时代的中期。随后，距今约1万8千年前，出现了"山顶洞人"。"山顶洞人"已经掌握了刮挖、磨光、钻孔等技术。他们使用石头、改造石头的加工技术较前有了极大的进步。

二、石鼓奏响（石刻时期的曙光）

新石器与奴隶制交替时期，人类文明已渐渐达到较高的程度。由氏族社会的原始部族到私有制产生的奴隶制社会，在这个漫长的历史时期，产生了原始符号、原始艺术和原始宗教。

在岩崖峭壁上，仅由一些基本笔画组成的刻、划痕迹，叫作符号。之所以名其为"符号"，是因为它具有抽象性，但又不同于文字，没有形成序列，没有表音功能。

岩画就是一种最古老的绘画形式，它也属于石刻文化，有四五万年的历史了。它具有明显的对事物的仿生性，有一定的情节，使用彩画、线刻、浮雕等手法。

原始社会发展到一定阶段，就产生了以反映人和自然矛盾为主要内容的初期状态的宗教，如植物崇拜、动物崇拜、生殖崇拜、天体崇拜、祖先崇拜、自然崇拜、图腾崇拜等。反映在石刻上，如岩画、玉器。

早期人们已对石与玉有了认识，《尚书·禹贡》记载了许多"禹别九州，随山浚川，任土作贡""石贡"的内容。《山海经》中有许多关于玉、石等物产的记载，《说文解字》《尔雅》《释名》《方言》等亦有关于玉、石的解释，反映了当时的人们对玉质、玉性的了解，体现了玉器从神权到王权的转变。

"石鼓文"在以往的金石学家们的眼里往往被看得非常神圣，有同于"文明之祖"，因为"甲骨文"还没有被发现，其他文字如"金文""刻辞""符文""籀文""大篆""古文奇字"等的研究辨识尚没有成为系统。而且迄今为止，在唐代于陕西被发现的这 10 件神秘的石刻仍有诸多未解之谜：何时制作？因何而作？在哪里制作？总之，石鼓文是一面旗帜，是一个里程碑，是人类文明衍化的一个实物见证。

三、文明灿烂（石刻文明的辉煌）

石刻作为文化、文明、文字的载体，经过了一个渐变的过程。这一过程，首先是要在文字出现并统一之后才能完成；其次，还需在石头能真正大量进入人们的物质文明社会与精神文明社会的前提下才可实现。梁思成曾讲"艺术之始，雕塑为先"。由雕塑产生了生活工具锅、碗、瓢、盆等，由雕刻产生了砍、砸、刮、削等生产工具，进而为建筑、为丧葬、为设施之用。在"书同文"的秦汉，石刻被广泛地应用于民居建筑，渐渐成了文字的载体。北京地区虽无秦汉碑刻的发现，但老山汉墓出土的东汉幽州书佐秦君阙形建筑上的柱头隶书阳刻"汉幽州书佐秦君之神道"及"乌还哺母"文，以及丰台区三台子汉墓，平谷区北张岱汉墓出土画像石门等，皆具典型特征。

汉以后至隋唐，北京地区石刻发展进入"淡季"，例子不多，如西晋王浚妻华芳墓志、姑叔侄墓志、北齐傅隆显墓志、砖志等。当然还有历史上有记载而今未见的魏征北将军建成乡景侯刘靖碑等。

隋唐时期，北京地区作为边关城市，石刻类别不多，主要集中在房山，仅云居寺石刻佛教大藏经就镌刻了佛经1122部、3572卷，经版14278块。从僧人静琬等于隋朝大业年间始刻，刻经事业绵延1000多年，一直续刻到了明代。

辽、金、元时期，北京地区的石刻体现了少数民族与汉族融合的特点：文辞不一定隽永华丽，但工艺精湛，设计巧妙。

明清时期，北京地区作为都城，物质丰富，等级分明，石刻用料讲究，体量庞大，监制严格，石刻的种类形式已臻完善齐备。如摩崖、刻石、碑碣、墓志、塔幢、刻经、法帖、建筑石构件等，各有优秀之作。

民国时期，西学东渐，北京地区石刻分为：复古派，如晚清小学家、经学家、文字学家、书法家反映在碑刻上的古文奇字、草隶书、篆书、行书等；新派，在石雕的设计与雕刻上具有明显的东西结合手法，借鉴西方，墓碑中还有抒情内容，如民国纪念石人、雷孙秀英碑；民俗派，大胆使用龙凤，彻底打破君臣概念。

第一章　石刻学的前身——金石学

一、石头的书与青铜的书

"金石学"实际上就是以青铜器、石碑和石刻为主要研究对象的学问，主要研究"金"与"石"上面的文字，"金"与"石"的规格、形制、等级等。"金石"一词的提出远在 2000 年前，见《墨子·兼爱下》："吾非与之并世同时，亲闻其声，见其色也；以其所书于竹帛，镂于金石，琢于盘盂，传遗后世子孙者知之。"其所记"竹帛""金石""盘盂"实际上只是四项大的文字载体的类别，即竹简、丝帛、钟鼎（青铜器）、碑碣。早期的"金石"是重"金"轻"石"，比如先秦的文献，几乎很少单独提及"石"字，但实际上并非没有"石"。也许是限于当时人们的认识问题或是发现问题，也可能是重视的问题。甚至于，提到的各类"玉"反而多于"石"。像"击石拊石""石不能言"之"石"还不能算作"石刻"。因"金"不是本书所谈的重点，故此不记述。

金石学家们首先研究的是被称作"石刻之祖"的"石鼓文"。金人破汴，辇归燕京，嗣后石鼓长近千年的"侨居"生活，使它"占籍"了北京。期间有不少金石学家对其加以研究。由于是刻在鼓形的石碣上的文字，故称"石鼓文"，又由于形似"碣"，上面刻写了秦国君狩猎的内容，故又称"猎碣"。先有唐代的诗人杜甫、韦应物、韩愈作石鼓歌行于后世，后有宋代的学者董逌、程大昌、郑樵、欧阳修，清代经学家俞正燮、震钧，及近现代学者吴昌硕、罗振玉、马叙伦、马衡、郭沫若等，对其进行研究。周成王、周宣王、秦文公、秦惠公、秦襄王等时造的说法，莫衷一是。学者们同时对石鼓上的文字加以辨识，摹书。乾隆皇帝还仿造了两套石鼓，厘定文字。

秦统一六国后，"车同轨，书同文"。始皇曾多次巡视全国，立石刻，歌颂秦德。李斯曾亲撰亲书文字，据《史记·秦始皇本纪》记载，有：峄山刻石、泰山刻石、琅琊台刻石、芝罘刻石、东观刻石、碣石刻石、会稽刻石等七种。这些刻石大多不存，或仅存拓片，或为后世摹刻，真伪莫辨。

真正迎来石刻时代的还是汉代，出现了画像石、画像砖、十六字砖、十二字砖、瓦当、石棺椁、摩崖刻石、太学石经等。有些石刻形式延续了下来，比如石经、摩崖；有些几乎断了根儿了，比如画像石、画像砖、石棺椁等。目前考古发现的画像石、画像砖类，主要分布于山东、河南、河北、山西、安徽、四川等地，主要题材有历史故事、庄园生活、狩猎车战、车马出行、飞鱼神兽、驯龙捕鱼等。著名的汉代摩崖刻石有七处之多，但在古人的著述中往往与秦摩崖相混同。其他流传下来的有霍去病墓左司空刻石、甘泉山刻石、九龙山封门刻石、李翕析里桥郙阁颂刻石等。

历史上曾有几部著名的太学石经：1. 熹平石经，汉灵帝熹平四年（175）在洛阳太学开刻，共 46 块，包括《易》《礼》《春秋》等七种；2. 正始石经，曹魏正始二年（241）在洛阳开刻，用古文、隶书、篆书三种文字刻成，又称"三体石经""三字石经"，经文有《尚书》《春秋》；3. 开成石经，唐文宗大和七年（833）在长安开刻，用楷书刻成《易》《书》《诗》"三礼"等十二经；4. 蜀石经，五代后蜀用楷书刻《易》《书》《诗》"三礼"等于成都，并有注，是历代石经中仅有的；5. 北宋石经，北宋时期（始于 1041 年，止于 1061 年）用楷体、篆体刻《易》《书》《诗》等于汴梁，又称"汴学石经"或"二体石经"；6. 南宋石经，宋高宗于绍兴十三年（1143）刻《易》《书》《诗》《左传》等于临安，共二百石，现存八十余石；7. 清石经，乾隆五十六年（1791）刻"十三经"于北京，共一百九十石。

在北京，宋以前的"石"不是很多，除前文提到的石鼓、汉阙、晋代墓志、北齐墓志、云居寺石经外，还有以下若干典型者：今存房山云居寺的宋小儿造金刚经碑、袁敬一经之碑等唐碑；牛街礼拜寺两方带有宋代纪年的筛海碑（尚在原地展示）；明代嘉靖建城墙时作为"填馅儿"石材的宋天圣针灸图经刻石（在中华人民共和国成立初期拆城墙及后来修地铁时发现）。还有一些仅见于文献记载的石刻，如：汉左冯翊韩延寿碑，记在京西三十六里韩家山（俗名罕山，今八宝山一带），碑漶灭不可读；晋魏征北将军建成乡景侯刘靖碑，据北魏郦道元《水经注》记，在蓟县故城东门内，"晋司隶校尉王密表靖功加于民，宜在祀典，以元康四年（294）九月二十日刊石建碑"；晋刘靖庆陵遏碑，《水经注》记"元康五年（295）十月十一日，刊石立表，以纪勋烈，并纪遏制度，永为后世焉"；北魏裴延俊做幽州刺史时再修庆陵遏所立追荐魏征北将军刘靖碑；符秦蓟城大厅铜虎符石函，刻有"秦建元元年造铜虎符"九字铭文；唐幽州复舜庙颂碑，记在幽州，贞元十二年（796）立；唐御史大夫刘怦碑，记在南苑，书"贞元十年（794）御史大夫刘怦葬"；唐张说遗爱颂碑，仅见记载；唐纪圣功铭，不知在何处；宋石经，原在旧燕京城南国子学（今白纸坊附近），唯余石碑二通，上刻《春秋经传》及《礼记》，文多磨灭不完；宋太医院三皇庙碑，元元贞初制，其碑之题篆为宋仁宗（赵祯）御书，至元间自汴（今河南开封）移至北京；金故太师梁忠烈王祠堂碑，原在玉虚观中，泰和四年（1204）立。

二、石刻学前的金石学——金石学家与金石学

其实，从西汉开始，就已经有人研究古代文字，考释古铜器，整理竹简，记述古迹。但研究者甚少，亦无专著问世。到了东汉，即便是《说文解字》的作者许慎也没有见到过青铜器上的文字（郡国往往有钟鼎出），更没有石刻类的著述，但他在书中却收录了大量的大篆、籀文、古文、奇字等。一直到了北宋，朝廷提倡经学，恢复礼制，对古物的收藏、整理和研究出现了热潮；墨拓术及印刷术的发展，为金石文字的传承提供了条件。

金石学逐渐兴起。宋仁宗时的刘敞刻《先秦古器图碑》（已佚），对研究

金石有开创之功。吕大临撰《考古图》，在编古器物书的体例方面多有建树，且该书是流传至今的最早的古器物图录。其后又有《宣和博古图》《历代钟鼎彝器款式法帖》等铜器著录书籍，《集古录》《金石录》《隶释》等石刻著录书籍，金石研究已相当兴盛。元明时期金石学成就较少，葛逻禄乃贤《河朔访古记》和朱德润《古玉图》为代表性著作。另有曹昭《格古要论》，是中国早期的文物鉴赏书。

金石学是中国考古学的前身，它的研究对象是古器物、古碑刻，从北宋开始，已经形成一门学科，距今已有一千多年的历史。宋代金石学的发展直接影响到后来印学、字学、碑学、帖学、铭刻学与书法的发展，甚至影响到经学、朴学。以下选择在金石学上颇有成就的一些历史人物及著述情况列后：

1. 欧阳修（1007—1072），其编纂的《集古录跋尾》（简称《集古录》），收录周至隋唐金石器物、铭文碑刻上千条，为今存最早的金石学著作。

2. 刘敞，宋仁宗时人，搜集、著录并考订古器物，著有《先秦古器图碑》。

3. 吕大临（1040—1092），著《考古图》及《考古图释文》。

4. 李公麟（1049—1106），北宋著名画家，好古博学，善画工诗，多识古字。他收集夏、商以后钟、鼎、尊、彝，考订世次，辨认款识，著《考古图》，图绘器物形状，并解释其制作、铸文、款字、义训及用途，作前序和后赞。

5. 王黼（1079—1126），宋徽宗朝宰相，编纂《博古图》（又称《宣和博古图录》），分成二十类，著录北宋金石文物精品共八百多件。

6. 赵明诚（1081—1129）、李清照（1084—1155）夫妇，同好金石书画，收藏商周青铜器及汉唐石刻拓本甚丰。仿《集古录》撰《金石录》。

7. 洪适（1117—1184），在金石学方面造诣颇深，与欧阳修、赵明诚并称为宋代金石三大家。先后著成《隶释》《隶续》《隶缵》《隶图》和《隶韵》。

8. 薛尚功，南宋时人，博洽好古，精通篆籀，尤好钟鼎书。著有《历代钟鼎彝器款识法帖》20卷，广泛辑录、考释古器铭文，汇历代考释诸家之大成，并加以比较分析，有勘误订伪之功，对考据之学颇有裨益。另有《重广钟鼎篆韵》。

9. 郭忠恕（？—977），五代末至宋初的画家、文字学家。工书，诸体皆能。著有《汗简》《佩觿》等书。

10.《河朔访古记》，色目人葛逻禄乃贤（1309—1368）撰，元至正二十三年（1363）成书，为记录和考订古代遗迹、碑刻的著作。作者在黄河流域和北方各地考察古代城郭、宫苑、寺观、陵墓，搜求古刻名碑，结合文献考订编写成书。

11.《古刻丛钞》，陶宗仪（1329—约1412）编，一卷。此书无序跋，抄录西汉到南宋碑刻七十余种，没有考辨，且编排无次序。

12.《古玉图》，元朱德润（1294—1365）撰，为中国现存最早的一部著录玉器的专著。

13.《格古要论》，明曹昭撰，成书于洪武二十一年（1388），是存世最早的一部论述文物概况、名玩优劣、作伪手法和真伪鉴别的文物鉴赏类专著。书分三卷，上卷有"古碑法帖论"，中卷有"古砚论"，下卷有"异石论"等。

14.《天下金石志》，明代宛平（今北京）人于奕正（1597—1636）撰。作者喜好山水金石，书中具载古来金石之所在，略注撰书人姓名、年月，亦间有考证。

15.《金石林时地考》，赵均（1591—1640）撰。赵均喜搜金石，汇各种碑目识跋及当时续出为见闻所及者著此书。

16.《金石文字记》，顾炎武（1613—1682）撰。前有自序，谓"抉剔史传，发挥经典，颇有欧阳（修）、赵氏（明诚）二录之所未具者"。所录凡三百余种。后顾炎武门人吴江潘耒补遗二十余种。

17.《金石萃编》，王昶（1724—1806）撰，为一部石刻文字和铜器铭文的汇编。书成于嘉庆十年（1805），160卷。所收资料以历代碑刻为主，达

1500 余种，铜器和其他铭刻仅有十余则，碑刻年代从秦到宋、辽、金。

另外还有都穆撰《金薤琳琅》，杨慎辑《金石古文》。清代、民国时期有：《寰宇访碑录》《京畿金石考》，均为孙星衍著，后书收"顺天府金石"，含有大兴、宛平、良乡、固安、永清、东安、香河、通州、三河、武清、宝坻、宁河、昌平州、顺义、密云、怀柔、涿州、房山、霸州、文安、保定、蓟州、平谷等地石刻；《两汉金石记》，翁方纲撰；《古志石华》，黄本骥撰；《金石文钞》，赵绍祖辑；《录竹堂碑目》，伍崇曜辑；《八琼室金石补正》，陆增祥撰；《古籀拾遗》《古籀余论》《籀庼述林》，孙诒让著；《说文古籀补》《愙斋集古录》《恒轩吉金录》，吴大澂著；《雪屐寻碑录》，盛昱辑；《金石苑》，刘喜海编撰；《陶斋藏石记》，端方编撰；《畿辅碑目》，樊文卿辑；《读碑小笺》《石鼓文考释》《京畿冢墓遗文》，罗振玉著；《增订碑别字》五卷并附《雪堂校刊群书目录》，罗振鋆、罗振玉辑；《碑别字拾遗》，罗振玉辑；《金石书录目》，容媛编纂；《金石学》，朱剑心著；《中国金石学讲义》，陆和九著；等等。

清代正值帝制时期的封建社会末期，受传统思想的束缚，受"独尊儒术"与"六经皆史"等"正统观念"的影响，即便是作为一门学问的"金石学"，也只是处于一种附庸的地位，为史服务，为政治服务，为帝王服务，为逃避现实服务。民国时期，金石学没有能够在自身的领域内上升到科学的层面。在过去有些学者的眼里，传统的"金石学"是现代考古学的前身之一。

在金石学家们中间，有人偏"金"，有人偏"石"。那些偏"石"的老夫子们自然而然地就是当代石刻学的先驱。作为西泠八家之一的黄易（1744—1802），就是其中的代表。他在石刻学领域的著述有《小蓬莱阁金石文字》《嵩洛访碑日记》《岱岩访古日记》等。

在先秦的古文献中既有"金""石"的提法，但仅是作为两种文字载体的指代。北宋的曾巩在其《金石录》中第一次提出"金石"一词，并很快将其由概念发展成学问。清代王鸣盛等人正式提出"金石之学"的名称，然而其内涵与外延并不明确。真正将"金石学"进行界定并研究的还是现代学者。清代缪荃孙编撰的《光绪顺天府志·金石志》，分为三卷，分别是"御碑""历代上""历代下"，将"御碑"专列一目，这可以说是官修史志第一次将"石"别作一卷。但是由此又产生了其他的"缺陷"——仅收御碑，而非御碑呢？哪里去寻？清宗室盛昱的《雪屐寻碑录》处理了这个问题，但又产生了新的问题。《雪屐寻碑录》的收录范围有一个原则，即非旗籍的不录。其结果是又把普通石刻闪在了一旁。虽然上文提到的《光绪顺天府志·金石志》别作"历代上""历代下"，但其"历代"仍沿用旧体例，止于元代。那么，在民国以前的古籍中如何能寻找到所需要的明清碑刻资料呢？有一部书不能不读，那就是《日下旧闻考》。朱彝尊作《日下旧闻》，于敏中作考案，其中收录了大量的碑刻录文与录文略，乾隆以前的碑刻，于此可略见一斑。

三、古人对石头的寻访与开采

（一）上古时期人们对玉石的认识——《尚书·禹贡》与《山海经》的物产

《尚书》是一部古书，记载的是先秦上古时期的事情，包括夏、商、周时期的典章制度、天子语录、帝王事迹、地方物产等。其中《夏书·禹贡》，古今学者们认为它是战国时期的作品，托名大禹，因而名《禹贡》，托夏禹治水时事，实为古地理志，按冀、兖、青、徐、扬、荆、豫、梁、雍九州记事，兼载山脉、河流、土壤、田地、物产、道路情况。书中记山东一带的物产曰"厥贡惟土五色，羽畎夏翟，峄阳孤桐，泗滨浮磬"；记安徽江苏一带"厥贡惟金三品，瑶琨筱簜，齿革羽毛惟木"；记湖南湖北一带"厥贡羽、毛、齿、革惟金三品，杶、干、栝、柏，砺、砥、砮、丹惟箘、簬、楛"。其中"泗滨浮磬"就是指徐州泗水岸边可以用来做"磬"的石头；"瑶""琨"则是两种美玉的名称；"砺"为粗磨刀石；"砥"为细磨刀石；

"砮"为可做箭镞的石头;"丹"即丹砂,矿物质,染料与药材的原料。《山海经》也是先秦古籍,主要记述的是古代神话、地理、物产、巫术、宗教、历史、医药、民俗、民族等方面内容。其中"物产"类的记载就更多了。其特点是忽略时间的概念,模糊地理的范围,细化物产的概念,对于各种石、玉有明确的界定。

(二)"宋人"到底识宝还是不识宝——"燕石大宝"的故事

《后汉书》与《太平御览》都记载了这样一件事情:有个愚蠢的"宋人"在梧台(胶东一带)之东获得了一块"燕石",以为是个宝物,于是里三层外三层地装到宝匣中,珍藏起来。有周(陕西西安一带)客观后捋须掩口而笑,并说这"燕石"与瓦块无异,宋人大怒,仍为自珍。后人以"燕石"比喻那些不足珍贵之物。虽然比起五彩斑斓的玉石来讲,"燕石"逊色不少,但它的存在毕竟说明两个问题:一、两千多年前,古人已有"玉""石"之辨了;二、古人已有石材之辨,"燕石"原产于燕地(北京、河北一带),并以此定名。事实上,燕石在《山海经》里也有记载,《北山经》:"北百二十里,曰燕山,多婴石。"晋郭璞注:"言石似玉,有符彩婴带,所谓燕石者。"后来人们亦称之为"燕珉""燕玉""白玉石""汉白玉"等。现在汉白玉石料也是价格不菲!

(三)"楚王"到底识玉还是不识玉——"卞和献宝"的故事

上面是"以石为玉"的故事,下面则是"以玉为石"的公案。几乎是同一时期的不同地区,楚国卞和进入荆山(在今湖北)采玉,获得一块美玉璞料,于是他"抱献"楚厉王,王使玉工相之,说是石头,断其左足;厉王死,子武王立,和又献玉,又断右足。武王死文王立,卞和还想献玉而又恐加害于己,于是抱璞恸哭,泪尽继之以血。文王得知以问,卞和回答说:"硬把宝玉说成是石头,还将忠贞说成是奸诈,所以才哭呢!"王命玉工解璞,果然是块好玉。这就是后来"连城璧""传国玉玺"的玉料。这个故事见于《韩非子》《新序》等书，也是中国历史上记载的第一件"赌石"事件。

（四）"宋人"到底得玉还是没得玉

上面两则记载涉及是"玉"还是"石"的问题，下面这则《左传》的记载又引出了一个关于"治玉"的问题。宋国有人获得美玉，将它献给国相子罕，说："我请玉工看了，他说这是个宝贝。"子罕不受，并说："我把不贪财叫作'宝'，你认为玉是宝。你如果把它给了我，那我俩就都失了'宝'了。不如各存其'宝'吧！"献玉者又说："我带着宝贝是回不了家的，献给了您，我还可能免遭杀害。"子罕就将玉留了下来，让玉工雕琢成作品卖了出去，把钱还给献玉者，献玉者得以返回乡里。通过这个故事可看出当时生产力发展的水平，以及"玉"在人们心目中是有可能招来杀身之祸的宝物。

（五）开矿、采石、造像、刊窟与刻碑

"莲花山古采石场"是全国重点文物保护单位，位于广东省番禺市东部的莲花山镇，是岭南地区的一处具有二千年历史的古采石场遗址。其开采自西汉初年一直延续至清代道光年间。西汉南越王墓的石料即采自莲花山。采石场以切割式凿岩法开采，遗留的采石面平均高度为 25 米，最深处在地面以下 13 米。遗址中至今仍保留着古代采石时留下的石柱、石板及大量未能运走的石料。另外，四川广汉三星堆博物馆的陈列中，在几件大型玉璞上有大型片状轮式切割锯的痕迹。要记住，那可是至少三四千年前的遗迹啊！

据说，隋末唐初静琬在北京房山刻经开凿雷音洞时是用的"火龙穿洞法"，也就是把凉水泼向烧热的石壁，使其爆裂，然后再辅以工具开凿。这样大大减轻了劳动强度。比较近似的方法是"醋浇法"，就是把"凉水"换成"醋"，把烧热后冷水激变为烧前浇醋。据说用醋烹石更容易使山石酥裂。

佛教龛窟的开凿始于北魏也盛于北魏、精于北魏。著名的石窟有山西大同云冈石窟、长治羊头山石窟，河南洛阳龙门石窟、巩义石窟，辽宁义县

万佛堂石窟，河北张家口下花园石窟、天皇山石窟，甘肃庆阳北石窟寺、麦积山石窟等。

梁建安王造剡山石城寺石像碑比较著名。碑位于浙江省新昌县大佛寺内。齐永明（483—493）中，僧护始凿石造弥勒像，至梁天监十五年（516）造成，刘勰作记勒于石。

造像碑是指以雕刻佛像为主的碑刻，亦名"奉佛造像碑"。它是北魏至唐代这一时期流行的、特有的佛教文化艺术品种之一，唐以后则较为稀见，即便有亦属仿古式。在碑身之上开龛造像，多为佛教内容，少数与道教有关。常铭刻造像缘由和造像者姓名、籍贯、官职等，有时也附刻供养人像。盛行于北朝时期，多发现于河南、陕西、山西、甘肃等省。造像碑实际上是佛教在世界范围内传播"像法时"的产物，所以在其前"正法时"并未产生，在其后"末法时"亦鲜有创造或常遭破坏。

北京房山云居寺的刻经与建寺，就是源于僧人对佛教"法灭"的担忧。据唐刘济《涿鹿山石经堂记》载，"济封内山川有涿鹿山石经堂者，始自北齐，至隋沙门静琬，睹层封云迹，因发愿造十二部石经。至国朝贞观五年（631），《涅槃经》成……时元和四年（809）四月八日记"。

（六）古人的访碑活动

房山区云居寺为北京今存最古老寺庙之一，隋唐以至民国以来，在云居寺一带的刻经与宗教活动就没有停止过。石经山第六洞前立辽清宁四年（1058）涿州白带山云居寺东峰续镌成四大部经记碑。据该碑载，辽太平七年（1027），故枢密直学士韩绍芳从政之暇游山，见云居寺所藏石经，知自唐以后不闻续造，于是上奏圣宗耶律隆绪，帝遂命瑜伽大师可玄提点镌修、勘讹纠谬、补新续缺。至兴宗耶律宗真时又出御府钱，续刻石经。自太平七年（1027）至清宁三年（1057），加上隋唐以来的刻经，完成了《大涅槃经》《大华严经》《大般若经》《大宝积经》四大部经。韩公游山曾"于石室间取出经碑，验名对数……计碑一千五百六十条"。这恐怕是历史上对云居寺石经所做实地调查第一次明确的记载了。

据云居寺元至正元年（1341）范阳逸人贾志道撰并书重修华严堂经本记刻石记，至正元年夏，高丽僧慧月途经云居寺小西天华严堂（雷音洞），知静琬于峰顶刊经板不胜其数。见其"堂摧经剥者有之"，悯其石户摧圮、经本残缺，遂兴修复之意，幸遇资政院使高龙卜、匠作院使申党住公，得其资助，补修石经。但依目前所能见到的石经板来看，很少有剥蚀残碎者。2009年，我们到云居寺复查时，在石经山，也就是在雷音洞左前，无意中发现了一小块残经板，双面刻字，极有唐代风格，说不定就是慧月那次补经、修经的产物。碑文还记"慧月留止于此，不旬日，阅堂户首刻曰：'释迦如来正法、像法凡千五百余岁，迄贞观二年（628）已浸末法七十五载。'"此段正是慧月来到华严堂（雷音洞）亲眼见到的"唐贞观二年题刻"的如实记载。今天的唐刻早已磨灭不清了，借此正好补足了缺文。由此可见，慧月不仅补经、修经，亦曾将那些遭到破坏的经板瘗埋起来，以示尊重。

清人所撰《石经山访碑记》载："南塔下，有金天眷三年（1140）经目石一方，二面刻，平置塔台上。"民国时期，海城陈兴亚早年间留学日本，回国后历任京畿宪兵司令、京师警察总监、东北宪兵司令等职。据其所撰《发现藏经目录记》，他于民国壬申年（1932）七月游云居寺，登石经塔，见有石刻卧其中。视之，乃知为金天眷三年（1140）沙门玄英和俗家弟子史君庆所撰刻镌葬藏经总经题字号目录刻石。问及寺僧，僧云不知。商之寺僧，愿捐廉制座以保存之。中华人民共和国成立后在整理云居寺石经时，未见原石，1987年8月7日在清理行宫院遗址时终被发现。它的出现，证实了文献中有关金代刻经的一些史实。通过金代、清代、民国、中华人民共和国成立后四个时期的努力，终将《镌葬藏经总经题字号目录》完整地保存下来了。

今石经山雷音洞外所立唐武周时期（690—704）的金刚般若波罗蜜经碑（又名"宋小儿造金刚经碑"），其碑座系明成化时补配。正面镌刻"此碑初建不书字，唐朝、袁（疑为"元"之误字）朝石碑二通。永乐年间，有都督谭将碑因碍卧于地，土践尘埋，至六十余年。今成化十年甲午（1474）岁次冬十月，有保定府新城县韩杜社善人张普旺游于碑所视之，先遗言不忍，发心议勉本洞本寺住持嗔嗒嗏哩同大众施财复立"的题记。张某利用了一件唐代无字碑座使"宋小儿碑"重新立了起来，这不能不说是对云居寺石经保护所做的贡献。

老画谱中有《东坡访碑图》，说明这个传统传自有宋。据缪荃孙《光绪顺天府志·金石志一·御碑序》记："元天历间（文宗奇渥温图帖睦尔朝），幽州梁有九思奉敕历山东、河北，拓金石文字三万通汇进，类其副二百卷，题曰《文翰英华》，而此书不传。"说明元时传拓技法已形成规模，且国家也很重视，有专书问世，但未传至清末。

清人还有很多种"访碑图""访碑记""访碑录"与"寻碑录"等。黄易曾绘制《得碑十二图》十二轴。在图中，有对移碑、升碑、赏碑、拓碑的场景描绘，从今天的实践来看，此四事还是有所差别的。从第一幅《三公山移碑图》看，一通石碑，仅用四个人拴绳使杠地运走并非易事，从碑的大小来判断，一个人要承受二百公斤以上的重量几乎是不可能的。第二幅《诗境轩赏碑图》更有些离奇了，把一件石碑轻而易举地抬到草房里，供大家欣赏，也不是件简单的事。总之，移碑的事是做了，细节他可能不知道，最好的解释是：根据画面的需要，做了适当的艺术加工。这些都从一个侧面反映了古代石刻学的先驱们在做的一些"石刻的调查"和"石刻的保护"工作。他的二十四幅《嵩洛访碑图》是其嵩洛访碑之行的忠实记录：自嘉庆元年（1796）九月六日始，历时三十五天，从兰阳出发，途经祥符、郑州、荥阳、汜水、巩县、偃师、登封、义井铺、洛阳、龙门镇、孟津、孟县、怀庆府、清化镇、获嘉、新乡、卫辉、滑县、东明、曹州府、巨野、嘉祥至济宁州，餐风饮露，打碑剔藓，临摹捶拓，最终获得碑拓四百余本，旧拓四十余件。他回到济宁后便绘制《嵩洛访碑图》二十四幅。

清宗室爱新觉罗·盛昱曾著《雪屐寻碑录》一书，所访碑刻多属皇族，多在北地，北京地区较少。清初顾炎武撰《昌平山水记》，虽然不是专门访碑，但附带访碑的事还是做了不少。朱彝尊撰《日下旧闻》，于敏中撰《日下旧闻考》，后者对于前者著录的古迹、名胜、文物、碑刻做了不少"考案"工作，实际上就是对于前人文物调查工作的一次复查。其中碑刻的录文和录文略，一定是有大部分到现场核对的结果。到了缪荃孙修《顺天府志》时，其《金石志序》也说"存者以打本据录"。即便是"打本"，也一定是现场的拓片。其所记有些碑刻实物今已不见或遭破坏，幸赖"录文"保存，部分虽系"略"文，但仍珍贵。

清道光时进士石景芬，由于书法好，曾被皇帝钦点为翰林，著《诵清阁集》行世。其中有《石经山访碑记》游记一篇，记其曾偕同友人前往云居寺、石经山进行访碑拓片的活动。道光庚戌年（1850）八月"十四日，饭后等小西天，半山逢邢宅人来迎，途中匆匆作数行，宇奉复登山拓石柱佛号。上截多为朱蓝油灰填实，几至没字，用朱书另注，佛案四塞，碍难移动，遂略拓数纸，不能全也。拓洞口咸通十五年（874）断碑，旁有题字，皆助赀刻经男女姓名。又搜出袁敬金刚经碑，石产（座）有字，碑宽而座窄，题名多庞姓，是庞姓造像金刚经碑座。袁敬有碑而无座，庞德相有座而无碑，后人遂两合之耳。一面贴崖脚，唯一面在外，有字可辨。两面砌碎石，掘土取石，用水刷洗，遂拓得三面，乃唐垂拱元年（685）为父怀造像，今录全文（略）"。今天在山上雷音洞旁并立的二厚碑，实际上是明清两代人努力使其矗立起来的。

二十世纪二三十年代，曾任平汉铁路北段的总工法国人蒲意雅氏所撰写的《记石经山西峪寺》之第五章之四《香树庵》记：

该小庵邻近之地，有甚奇之石碑二。其一仆于田内，半埋于地中，当一九一二年，与武官吴德凯初游该庵时，为所发见，时该碑用为路限，以阻车辆之入院，或使出时免陷小溪中。可欣者，该碑尚未弃诸河内，亦未有所损伤。迨十一年后，余等末次游该地时，仍见仆于原址，甚愿司保管古物之责者，起该碑而保存之。曾与寺僧道及，然徒

妄费唇舌，未能喻此。惜哉！碑额有篆文，名重修云居寺一千人邑会
之碑。

武官吴德凯谓是碑记载此山之僧侣，曾度优裕生活。并有二碑志，
一为辽应历十四年（964）立，一为辽统和二十三年（1005 年 9 月 17
日）立，是碑高二公尺七五，宽一公尺，其顶为圆形，其字整齐，其
文亦有深刻研究之价值。

河之对岸田园中间，有石碑一，已仆于土，亦应掘出保管为是。
碑中纪历为唐咸通八年十一月四日（867 年 12 月 3 日），碑文记大律德
禅师事迹，该僧圆寂于云居寺，享年八十四岁，火化于寺。是碑高二
公尺三〇，宽约一公尺，字迹已磨泐不尽辨，然字体较前碑所书，实
有不逮，然亦可以资研究焉。其他庵院遍藏残幢，惜多用为支柱，未
能尽保护之责。

以上所记重修云居寺一千人邑会之碑与大律德禅师之碑，今都完好地
保存在云居寺，供游人参观。

四、石刻的迁徙转移

（一）北京的艮岳石

在北京的北海、南海、中山公园等处有许多用太湖石堆叠起来的假山，
那就是从河南开封运来的"艮岳石"。"艮岳"是宋代著名皇家宫苑的名称。
原本也是一座假山，位于汴京（今河南开封）的"艮方"（东北隅），政和七
年（1117）兴工，宣和四年（1122）竣工，初名万岁山，后改名艮岳、寿
岳，或连称寿山艮岳，亦号华阳宫。苑中叠石、掇山的技巧，以及对于山石
审美趣味的表现都有极高的境界。其中奇花异石取自南方民间，运输花石的
船队因为都是用粗大的绳索（纲）连缀起来的，故称为"花石纲"。"太湖

石"与"灵璧石"是其主角。艮岳这座假山，顶峰高达九十步，方圆十余里。宋徽宗赵佶亲自写有《御制艮岳记》，对于艮岳石的来源、宫苑的形制有很详细的交代和描绘，如"与泂滨、林虑、灵璧、芙蓉之诸山，最瑰奇特异瑶琨之石"。元人陶宗仪《辍耕录》记"其山皆以玲珑石叠垒"。建炎元年（1127），金人攻陷汴京，北宋灭亡，徽、钦二帝当了俘虏。艮岳之石，不是被炮火炸碎，就是被金兵运至金中都燕京（今北京）。待北宋灭亡后，未及启运和沿途散失的奇石流落各处。剩下来的由于黄河几次决堤，黄水泛滥，淹城淤石于地下，留在地面上的遗石至今还保存在大相国寺和龙亭公园里。当年被金人运至燕京的艮岳石，现在堆叠于中山公园、北海公园等地。

金人陷汴京后数十年，于大定十九年（1179）在今北京北海所在之地大兴土木，建造离宫别苑，名大宁宫，后更名万宁宫。金世宗完颜雍认为艮岳的奇石是战利品，派人南下汴京把艮岳的太湖石、灵璧石拆下来，再令各府州县转运到中都（北京）。这些艮岳奇石，大部分用来修建了琼华岛。元明时期并没有什么大的改扩建活动，直到清代在岛上增建了白塔，并拆下部分石头去筑建南海瀛台。今天的北海公园及中南海，实际上是经过了辽、金、元、明、清、民国至今近千年的不断创建、改扩、修缮、完善而成的。其设计理念系神话传说中的"一池三仙山"式，琼岛象征"蓬莱"，团城象征"瀛洲"，中南海里的瀛台象征"方丈"，北海的水面象征太液池。钓鱼台国宾馆院内池畔有一座"云根"石，怀疑亦为艮岳之物。

清乾隆皇帝对这些假山石的来源也做了一定的考证，《日下旧闻考》卷八《形胜》有高宗乾隆十六年（1751）《御制燕京八景诗叠旧作韵·琼岛春阴》讲此石："承光殿之北，孤屿瞰临北海，相传为辽之琼华岛。上多奇石，宋艮岳之遗，金人辇至于此。"北海公园琼岛南坡位引胜亭北与楞伽窟之间的昆仑石，虽然是乾隆时期特有的石刻形式，与艮岳似乎没甚关系，但在其碑阴乾隆御笔诗刻中有"摩挲艮岳峰头石，千古兴亡一览中"之句，说的正是他站在由开封艮岳石叠建的琼花岛之巅，双手摩挲着身边的昆仑石，遥想着千古兴亡之事，心中感慨万千。与此石并列而西的是一块呈不规则形状的"岳云石"，据说它来自开封艮岳，因其可独自成景，故与"昆仑"相配，两物连座高均 2 米左右。"岳云石"阴面亦刻乾隆御笔诗，诗云："石来艮岳势嵌崟，千载荆凡默监兹；当日诚知为燕用，坏人墙屋尔奚为？"既交代了它的来历（艮岳则来自荆凡。荆凡，古荆国、凡国，在今川、鄂一带），同时还谴责了金人的暴力行为。白塔山前还有一景——琼岛春阴，其"点景之作"是一座高大的石碑，碑阴还是乾隆的御笔诗刻："艮岳移来石岌峨，千秋遗迹感怀多；倚岩松翠龙鳞蔚，入牖篁新凤尾娑。乐志讵因逢胜赏？悦心端为得嘉禾；当春最是耕犁急，每较阴晴发浩歌。"前 14 字就说的是脚下所踩的"岌峨"之石来自千年之前的艮岳，后面的诗句虽然赞赏了琼岛的美景，却也表达了春日忧农之意。

在中南海南海的瀛岛上，有用艮岳遗石堆砌的假山，这是清代造园名家张南垣、张然父子的精心之作。先农坛文物保护区内也有块太湖石，上面镌刻"撷翠""绉云"。文物专家初步考证发现，它很可能也是来自北宋都城汴梁的艮岳遗石。中山公园四宜轩旁立的一块玲珑剔透的观赏石有两个半月形孔洞，石上有乾隆题刻"绘月"二字，社稷坛西门外有一块，石上有乾隆题刻"青莲朵"三字。专家认为它们都是当年从杭州拆运来的。

颐和园长廊的最西端有一组庭院，名曰"石丈亭"，之所以唤作"石丈"，是因为"亭"中有个叫作"石丈人"的太湖石，高近 400 厘米。石具瘦、透、漏、皱诸特点，其造型简直就是一位慈眉善目、老态龙钟的老寿星，故谓"石丈"。也有人认为它是宋朝大书法家米芾所拜之石。历史上有"米癫拜石"的故事，但各书并无如此庞大、如此造型的详细描绘，只说他见奇石便"呼为兄弟""三拜九叩"。况且米芾所好所藏者，更多为砚石、雨花石一类，既有画家所绘，亦不足一人之高。如果高大、人形是其特点，为何古人不大加渲染呢？还是把它的造型与老态作为特征，感怀当年的米芾有拜石弃官之癖。当然，如系金人运回之物，也有可能是艮岳遗物。乾隆皇帝在上面的题诗多少能给我们一些启示："岳立真堪称丈人，莓苔烟雨渍龙麟；元章磬折何妨癖，奚事当年白简陈。"

（二）圆明园石刻的外流

这里所说的"外流"包括以下几种情况：

1. 国外流，类似于十二生肖兽首流失海外；

2. 国内流，类似于流向南京；

3. 市内流，未出北京但已多年安置于其他公园场所中，如故宫、文津街国图、中山公园等；

4. 民间流，类似于流向东、西城区等原达官贵人宅中，而今存百姓手中，多在海淀区、东城区、西城区；

5. 园内流，在圆明三园（圆明园、畅春园、绮春园）中；

6. 附近流，辗转于附近各宅园，如北京大学、清华大学、颐和园等。（当然北大、清华古亦多属三园，此外为便叙述计。）

辛亥革命后，历经了1860年英法联军大火和随后八国联军抢掠的圆明园，遭遇了一场摧毁性的劫难——"石劫"。这一时期走马灯一样更迭的军阀把圆明园作为取之不尽的建筑材料场。西洋楼（中国首例完整、系统的欧式建筑）景区一带及园内所有建筑用砖、石雕作品、华表、石兽、各种石质陈设器等，受到了毁灭性的破坏。当时不仅各路军阀权贵从圆明园运石修宅，颐和园、中山公园、燕京大学、北平图书馆等处也相继从园中运走大批石件。经过此劫，圆明园内大水法、远瀛观、西洋楼等残存建筑全成了过眼烟云。

2010年是圆明园罹劫150周年，圆明园方举办了系列活动，9月27日正式启动。活动以"和平、合作、和谐"为主题，由学术会议、系列展览、中外文化交流、主题晚会等4个系列组成，共分为15个具体项目。同时还展览了一些陆续回流的石刻文物。这些文物大多为偏白色的大理石材质，有些甚至达到了汉白玉程度，主要有仿杭州西湖意境"柳浪闻莺"坊楣、观水法石屏风及石鼎、绮春园流杯亭基座、谐奇趣北广场菊花形喷水池、石桌、石狮子、石鱼等，共计57类85件。

20 世纪 20 年代，是盗拆圆明园石刻的高峰期，这一时期很多精美的石刻都失落于园外。今北京大学校园内就有很多，如，西门内的两座华表是圆明园安佑宫旧物，未名湖中岛北侧的平桥是圆明园方外观前五孔桥，零散的小件更是散落在校园各处。

梅石碑原为圆明园长春园巨型太湖石"青莲朵"一侧的梅石图碑，本为杭州南宋德寿宫旧物，乾隆十七年（1752）"青莲朵"被舟运至京。因梅石图渐渐剥蚀，仅留杭州原址，而"梅石"后又奉旨重摹刻立新碑。除梅花图外，又加刻乾隆乙酉（1765）、丁亥（1767）御制重摹梅石碑诗并序。圆明园被毁以后，梅石碑流落到北京大学未名湖畔，1990 年以后，北京大学为其补配了碑首和碑座。

据档案载，1915 年，江朝宗致函溥仪内务府，请求拉运圆明园山石及兰亭石柱供社稷坛开拓公园；1921 年 10 月，"十六师军人数百人，大车数十辆，拆毁北大墙、饻饻门大墙、舍卫城墙"，盗运砖块；1922 年 9 月，"十三师军人拆毁西大墙，盗运砖块私行售卖"，9 月，刘京兆尹派大车六十余辆，盗运园内太湖石等共计 422 车。

位于中山公园唐花坞以西，著名的"兰亭碑亭"与"兰亭八柱"原亦为圆明园之物，是圆明园四十景之一，是 1917 年迁至中山公园的。重檐八角攒尖顶式的亭子（此为后建）正中是"兰亭修禊曲水流觞图"和乾隆帝撰书"兰亭"诗的石碑，八根石柱上分别刻着历代书法家临摹王羲之的兰亭帖，是弥足珍贵的石刻文物，是非常著名的法帖原石。

1925 年初，燕京大学翟牧师私拆圆明园华表，其理由："我看圆明园内石柱系属古物，恐有人拆毁，故运至本校保存。如中国用时，即可退还。"现在这对华表依然耸立在北京大学西门内教学楼前。而另一对华表则成了民国时城内新建的仿古式图书馆门前（今中国国家图书馆文津街分馆院内）的装饰。

20 世纪 30 年代初，圆明园山高水长碑被国立北平图书馆移至西安门内图书馆院内。1931 年 6 月 25 日，国立北平图书馆建馆后，在刻有乾隆四十三年（1778）五月二十八日上谕的碑面上改刻了"国立北平图书馆记"，蔡元培撰，钱玄同书。从此将此面作为碑阳，而刻有乾隆十七年（1752）三月二十日上谕的一面就成了碑阴。

圆明园内石刻也是残毁、挪移不一，如："文源阁"诗、"玲峰"诗刻石；"清澄秋爽"嘉庆御题石额；道光御笔"烟岚"诗刻石、"瀛海仙山"诗刻石；乾隆御题"翠照""绮交"石额；"清凉窟"石联，皆断为两截；乾隆钦定重刻淳化阁帖石刻；"柳浪闻莺"坊楣；狮子林遗址中的文物遗存。

西城区大秤钩胡同 11 号（西单横二条 34 号）院内的一对石鱼，原系圆明园大水法之物。2006 年 11 月，居民们一致同意让重达一吨的石鱼回到了圆明园。

（三）私家园林的石刻

"怡园"的假山：坐落于宣武门外的"怡园"东起米市胡同，西至南半截胡同，园域范围相当广阔。最初为明朝权臣严嵩的花园，又名七间楼。清初归王崇简、王熙父子所有。园中主要建筑有席宠堂、射堂、摘星岩等。王世祯曰："怡园水石之妙，有若天然，华亭张然所造。"张然就是利用艮岳假山石叠造南海瀛台的山子匠。

"山飞水立"石屏：海淀区挂甲屯教养局胡同的吴家花园，最早是清代雍正年间果亲王的赐园。后分为东西两座园林，东部园林清末称为承泽园。袁世凯统治时期，吴鼎昌买下西部园林，改名吴家花园。园中除山水花卉、亭台楼阁之趣外，更有一座花梨木座偏灰色大理石屏风，在前厅东部的八角攒尖亭中。其纹理显然是一幅水自天倾、山隐水后的图案。左上方刻隶书"山飞水立"四字，落款"臣阮元"。阮元，清代经学家、金石学家、乾隆年间进士。左下角钤印一方"臣托津恭藏"。托津，富察氏，字知亭，满洲镶黄旗人，尚书博清额子，清朝大臣。乾隆中，授都察院笔帖式，充军机章京，累迁银库郎中，改御史，迁给事中。通过这两处落款可以推断，这是富察托津收藏的宝贝，请阮元题的字。

"简廉堂"石额：原崇文区（今东城区）广渠门内的万柳堂，是清康熙年间文华殿大学士益都冯溥别墅，占地三十亩。康熙时开博学鸿词科，待诏者尝雅集于此，检讨毛奇龄曾制《万柳堂赋》。圣祖为其藏书楼御书"简廉堂"额。石额今藏北京石刻艺术博物馆，青石质地，阴刻榜书"简廉堂"三字，素面无框饰，"廉"字上方钤康熙御印一方。

止园刻石：该石为横长式嵌墙刻石，规格尺寸与传统帖石相仿，高42.5厘米，宽121.5厘米。周学熙撰文、书丹并题诗。别看这件文物并不是很大，但是花样可是不少。其中有文字、线图、印章三种形式。线刻止园建筑园林平面图，在标题"北平止园图记"的后面也刻有少量的园林假山草木图案。后大半部分是文字记述与印章落款之类。文字正书，于序、跋等处则以小号行楷字书刻，较正文高出两格。印章则分为传统的篆刻与隶书戳记两种形式。这小小的刻石，不仅有中国传统的书法碑帖篆刻艺术，还有版画的线条艺术；不仅有短小精悍的记叙文，还有潇洒率性、幽默的诗篇。真正达到了文学形式与内容的互补、石刻艺术与技术的配合所达到的艺术效果。文中凡有四次纪年，以干支的形式，并落书当时周学熙的年龄，这样互校，他的出生年应该是无误的。但是在今天所能查到的文献中，其生年总是不太一致。止园的旧址就在西城区学院胡同与辟才胡同中的屯绢胡同之间。今天不论是止园还是学院、屯绢胡同，均已拆改为道路了。

另外还有东城区帽儿胡同可园的石碑、黄米胡同半亩园原李渔（笠翁）所叠假山、南锣鼓巷秦老胡同索家花园的"绮园"刻石、金鱼胡同那家花园"怡园"石额。位于海淀区清华大学内的近春园遗址虽已废毁，但尚存石构件、残龟趺等；上庄乡皂甲屯康熙朝大学士明珠花园内龙王庙内存有小巧精致的龙王庙石碑一件，今已不见，另有重修榆河乡东岳行宫碑已移至北京石刻艺术博物馆内陈列。

（四）其他著名的石刻

首先说魏征北将军建成乡景侯刘靖碑。北京历史上最早的大型水利工程庑陵遏与车厢渠，其建造指挥者为魏使持节都督河北道诸军事征北将军建成乡侯沛国刘靖，在北魏时期成书的《水经注》中对其有详细的记载。据记载，当时曾为其立碑纪念，今无实物。也有人研究说，今石景山下的"刘瑾墓"墓主并非明代的太监刘瑾，而是北魏时期的刘靖。但不论墓主是谁，墓碑都不在了。

石鼓文，是我国现存最早的石刻文字，世称"石刻之祖"。石鼓文处于承前启后的时期，承秦国书风，为小篆先声。石鼓在唐初出土于天兴三畤原（今陕西省宝鸡市凤翔三畤原），后被迁入凤翔孔庙。五代战乱，散于民间；至宋代，几经周折，终又收齐，列置于凤翔学府。大观二年（1108），宋徽宗将其迁至汴京国学，并将字迹加以填金处理。宋金之战时，金兵入汴，见石鼓"填金"以为是"奇物"，将其运回燕京（今北京）。此后，石鼓又经历了数百年的风雨沧桑。抗日战争爆发后，为防止国宝被日军掠走，由当时故宫博物院院长马衡主持，将石鼓迁到江南，抗战胜利后又运回北京，1956年在北京故宫展出。清乾隆五十五年（1790），清高宗为更好地保护原鼓，亦有"稽古右文"之意，亲自厘定石鼓的大篆文字，敕令仿刻了十鼓，置于辟雍（大学）。今仍在北京孔庙大成门前陈列，其材质、造型、字体、文字部位和原石鼓有许多差别。

唐代大房山投龙璧记刻石，唐开元二十七年（739），张湛撰文。今存拓片，刻石与璧早已无影无踪了。"投龙"本为盛行于唐朝的道教仪式，一是"投龙简"，一是"投龙璧"。此为投龙璧，将写有或刻有祈福、消灾、祈愿的玉璧用青丝捆扎，在举行斋醮仪式之后，将之投入水中，以冀获得福报。通过投龙璧刻石旧拓了解到，这是在唐开元二十七年（739）三月在今孔水洞里举行的一次投龙璧的道教仪式活动。文记自开元以来海内宴清，迄今二十七年了。之前的二十三年（735）、二十四年（736）曾两次奉敕在这里举行"投龙"仪式，此为第三次。作为朝廷命官镇守幽州的张守珪，与道俗官员人等登坛投龙告祭三天三夜。

针灸石经，上刻王惟一于宋天圣四年（1026）编成的《新铸铜人腧穴针灸图经》，原在开封大相国寺针灸图石壁堂内。同样是因为战争，元初这批石刻被移至大都（北京）太医院。明英宗曾令工匠砻石仿刻。正统十年（1445）、十一年（1446），修筑城垣和东城时，又将宋刻劈毁充当筑墙基石。1965年后，北京市文物部门在配合拆除明城墙的考古工作中发现了7件宋代石刻，而明刻反而再也见不到了。近年又发现一件，未能见到实物。

刘怦墓碑志，据《金史·刘颎传》载："初，南苑有唐旧碑，书'贞元十年御史大夫刘怦葬'。上见之曰：'苑中不宜有墓。'颎家本怦后，诏赐颎钱三百贯改葬之。"其所说"南苑"就在金中都南门外，在今西城区与丰台区交界之地，在今"南苑"之北。其所说"碑"，可以理解为石刻，也就是说它也许是"碑"，也许是"墓志"，总之它是唐代石刻，是公元794年的。刘颎与刘怦，所处时代相差400多年，彼此又是前宗后裔的关系。刘怦墓不知改葬在哪里，碑迄今未被发现。近年在房山坟庄发现了刘济墓，刘济就是刘怦、刘颎的先祖，而刘济又是汉昭烈帝刘备之后。

五、石刻倒卖与外运

上文说到的是有许多外地的石刻因各种原因"侨居"北京，久而"占籍"了。还有一些石刻正好相反，本来在北京的，辗转又到了外地。

（一）王爷、公主墓地的石刻

据调查，北京今存与不存的王爷墓情况大致为：北京市共有王爷坟75座，今仅存遗址的尚有32座，地面或根本无存的有43座。这些已毁无存的王爷坟地上的石刻肯定全不在原地了，有的到了外地，有的损坏了，有的被卖掉了，大部分都没有了踪影。

门头沟陇驾庄的王爷坟，到了最后一位肃亲王爱新觉罗·善耆时，他早已无力照顾好自家的祖坟了。其先王园寝（此即指陇驾庄的二代显亲王爱新觉罗·丹臻），早在民国十几年时，被本家弟子多次倒卖，又遭200个土匪的抢劫盗挖，已所剩无几。今天能见到的仅是一通丢失龟趺座的丹臻墓碑和几块碑首的残件。

门头沟西峰寺爱新觉罗·载滢的坟茔，今天仅留一座空空涌水的地宫和两件雕团龙的浮雕（应系凿井）。载滢是恭亲王奕䜣次子，其次子是著名的清宗室书画家溥儒溥心畬。

在朝阳区通惠河北路发现并发掘清理出的福隆安与乾隆四女和硕和嘉公主园寝中仅发现身着清服的文武翁仲一对、残马一件、残碑、龟趺等，石牌坊原址原存。园寝上配套的陵墓石雕石刻不知哪里去了。

在今房山区上万村、北车营村之地有克王陵。末代克勤郡王爱新觉罗·晋祺于光绪二十六年（1900）死后，家族为其建克王陵，当时有大宫门、南北朝房、宝顶、月台、墓碑等。曾有专人负责看护，豢养恶犬，置办刀枪。抗战时期，政局不稳，战事频仍，强盗纵横，克王陵据说曾被在柴厂村活动的盗墓贼"小老虎"刘振山盗挖拆毁，后来就无人看守了。今天能看到的比较完整的石刻仅是一座重达十数吨的石供桌。这个石供桌也曾被人觊觎，终未得手。

今天在海淀区福田寺一带能看到一座碑亭，那是在迎奥运期间重建的。这一带亦曾有一座王爷坟，就是瑞王坟——清嘉庆皇帝爱新觉罗·颙琰第四子爱新觉罗·绵忻的园寝。由于绵忻英年早逝，仅留孤子，袭封瑞郡王，再后子孙稍繁衍，但其后人没能保护住自家的祖坟。1931 年，瑞王坟被盗；1940 年，后人又将地上建筑砖瓦石刻卖了精光，仅留下破烂的牌楼和高大的墓碑。

京郊各地至今还屹立着很多清代王爷、大臣等权要人物的牌坊，如房山河北镇磁家务村的清庄亲王墓石牌坊、青龙湖镇北刘庄村金成明墓石牌坊、大兴区榆垡镇恭勤夫人谢氏墓石牌坊，朝阳区通惠河北路八王坟乾隆四公主墓石牌坊等。但是它们的墓地石刻大多散佚、毁坏、被盗，由于牌坊具有高大、坚固、沉重等特点，虽经"文化大革命"时期的破坏但还是留存了下来，有些反而是后来才遭破坏的。

（二）东北沈阳元帅林的石刻

沈阳附近抚顺郊区的元帅林有大批符合北京石雕、石刻特点的文物，仅仅是陵园石坊就有六架，每架石坊都达数十吨乃至百吨。另外还有五对大型石狮、三通碑刻、两座棂星门，以及华表、棺床、玄宫、石人、石马、石驼、石塔、石墀、石栏、残碑、石雕蟠龙藻井、石吻兽、石套兽、石犼、石五供、墓封刻石等。据说是在1930年左右，张学良将军为其父中华民国陆海军大元帅张作霖建造陵墓，动用军队、车皮，从北京运了石雕、石刻计6000吨。其来源有北京、河北等地的王爷坟、太监墓地和宗教场所，如隆恩寺，大学士马齐墓，饶余敏亲王园寝，平郡王园寝，郑亲王、睿亲王、和硕豫良亲王园寝等处。园区东边老龙头位置的三通碑中，主碑即是豫亲王修龄的墓碑，为乾隆皇帝赐谥碑，原在北京朝阳区建外大北窑附近的苗家地祖茔。20世纪30年代，末代豫亲王爱新觉罗·端镇在其母的主持下将祖坟的树木与石刻卖给"大元帅葬仪处"，运到了元帅林，准备用该碑磨刻由钟逊安撰写的张作霖墓碑文，碑终因元帅未葬而被闲置，反而保全了原碑文。碑另一面已被铲磨，不知内容。

（三）云居寺折断的经板

云居寺今存并陈列的唐贞观八年（634）静琬题刻，原嵌于石经山第八洞石门之上，不知何年某月，刻石被折断。后半在抗战时期辗转存于旅顺博物馆；前半，1956年在云居寺组织拓印石经时被发现，经拼接后才得知石刻的全貌。

（四）叙利亚文的石刻

房山的十字寺，早在民国时期日本学者的调查中就有景教（基督教的一支）叙利亚文石刻的记载。该石刻今已辗转至南京博物院收藏。

（五）金昊天寺碑

北京在历史上曾有三个关于"昊天"的记载：一个是良乡昊天塔，据说隋朝建，但从建构上看是辽代风格的；一个是今西城区白云观附近的昊天寺，今已不见任何遗址；一个是今石景山区明代隆安寺遗址的原辽、金、元昊天寺遗址。此碑全称应为金昊天寺妙行大师行状碑，辽乾统八年（1108）门人即满撰文，金大定二十年（1180）立碑。此后历时九百年，前后凡三次转徙：第一次，1929、1930年因张学良为父建陵，由北京运至沈阳抚顺元帅林；第二次，1949年后收藏在沈阳辽宁省博物馆；第三次，2006年辽宁省博物馆新馆建成，连同此碑在内共有20件碑刻被委托给辽宁盘锦市的辽河碑林保管。

六、民国时期石刻的研究、调查与保护

（一）中央研究院

据李石曾、蔡元培、张人杰共同起草的于1927年11月9日公布的《中央研究院组织法》，"中央研究院直隶于国民政府，为中华民国最高学术研究机关"，其任务包括人文及科学研究，指导、联络及奖励学术研究，培养高级学术研究人才，并兼有科学与人文之研究。设立：物理、化学、工程、地质、天文、气象、历史语言、国文学、考古学、心理学、教育、社会科学、动物、植物等十四个研究所。11月20日，大学院院长蔡元培聘请学术界人士30人召开中研院筹备会及各专门委员会联合成立大会，讨论中研院组织大纲及筹备会进行方法。次年，在南京正式成立。1928—1940年，首任院长蔡元培；1940—1957年，继任朱家骅；1957—1962年，再任胡适。直至今日，该机构仍在，地址在台湾台北市南港区。"中央研究院"的职能、研究内容、涉猎范围相当于今天的中国科学院与中国社会科学院。

中央研究院历史语言研究所是首先成立的十大研究所之一，先后设历史组、语言组、考古组、人类学四个组。该所集中了当时一批著名的学者，如陈寅恪、赵元任、罗常培、李方桂、李济、董作宾等，他们一方面继承了乾嘉学派的治学精神，一方面汲取了包括西方近代新史学、人文科学和自然科学在内的研究方法，在历史、语言等许多领域都有卓著贡献。重要出版物有：《历史语言研究所集刊》，1928 年创刊，商务印书馆出版发行，至 1949 年共出版二十一本。其中发表了大量的金石学方面的论文，如：赵邦彦《调查云冈造像小记》、徐中舒《耒耜考》、岑仲勉《郎官石柱题名新著录》《贞石证史》《续金石证史》、劳干《论鲁西画像三石》、马衡《宋范祖禹书古文孝经石刻校释》等。另外还有金石学单刊印行，如容媛所著《金石书录目》十卷，1936 年作为国立中央研究院历史语言研究所单刊乙种之二由上海商务印书馆单行出版。作者容媛是金石学的专家，其兄著名学者容庚作序，首引宋郑樵《通志·校雠略》语："学之不专者，为书之不明也；书之不明者，为类例之不分也。有专门之书，则有专门之学；有专门之学，则有世守之能。人守其学，学守其书，书守其类；人有存殁而学不息，世有变故而书不亡。"该书是在前人叶铭《金石书目》、田士懿《金石名著汇目》、黄立献《金石书目》、林钧《石庐金石书志》的基础上深化研究的成果。它是一部研究金石学文献的专书，在十卷的分类上体现了作者对金与石的看法，收入"玺印类（附封泥）""玉类""陶类"，又将"石类"的历史文献分作"目录之属""图像之属""文字之属""通考之属""题跋之属""义例之属""字书之属"及"杂著之属"凡八属，为后人研究石刻文献厘清了线索，寻对了路子。为方便读者，书后还附有"朝代人名通检"和"书名通检"。

（二）北京古学院

民国以来，老辈学者们有的是前清遗老，有的是北洋重臣，有的还是在戊戌变法中的激进人物，他们逐步感觉到与社会的交往和文化观念有些格格不入。他们努力维系旧学，并开展了一些学术活动，诸如编纂史志、整理文献、藏书刻书、结社讲学等。1937年七七事变后，寄寓北平的这些老派学人们创办了北京古学院，以提倡古学、潜研旧籍为学术归旨，对稀见史籍进行了重新编纂、校勘和辑佚的工作，使得国粹得以留存至今。该院1946年即遭取缔，这段史实也很少为人提及。

北京古学院代表人物有吴廷燮、杨钟羲、瞿宣颖、夏仁虎、夏孙桐、朱寿朋等。他们治学的路子主要是朴学、乾嘉学派、经学、小学、金石学、史地学，前后出版过不少成果，如《古学丛刊》《敬跻堂丛书》等。

（三）国立北平研究院

1927年，中国国民党中央政治会议议决设立国立中央研究院，筹备委员李煜瀛提议同时设立局部或地方性的研究机构。1929年5月，成立筹备委员会，李煜瀛为筹委会主任，蔡元培、张人杰为筹备委员。同年8月，行政院决议以北平大学的研究机构为基础组建国立北平研究院，并于9月9日宣布正式成立，由李煜瀛任院长。研究院下分行政事务与研究机构两部分，研究机构分理化、生物、人地三部，设物理、化学、镭学（后改称原子学）、药物、生理、动物、植物、地质、历史等9个研究所和测绘事务所。

《北平金石目》，国立北平研究院史学研究会纂，民国二十三年（1934）国立北平研究院出版部印行。《例言》中："一、本会为编纂《北平志》，于民国十九年（1930）三月尽先调查庙宇，分记载、画图、照相、拓碑四项工作，故各庙现存之金石，凡有文字者悉予传拓。二、凡各庙宇所有之金石，如钟鼎、炉磬、云板等器，碑碣、经幢、造像、墓志等刻石，皆在传拓之列。……四、历来著录金石之书，其年代类多断自宋、元而止；实则明、清两代，皆具有二百余年之历史，其金石刻辞岂可忽视！且今不辑，后将剥蚀残毁，更难参据。即如国子监之石经，近因坍房砸毁其一，广济寺之碑亦于近岁遭火毁。是皆亟宜重视明清金石之事实。五、此编之体例，仅录纪碑之原名及题额、撰书人、年月、所在地等；至其全文，则拟另行刊印《北平金石志》。六、编中所录仅就内外城以内各庙宇所存之金石文字，约一千二百余种，其在四郊者，调查、传拓尚未蒇事，故未列入。七、凡内外城之园林、衙署、会馆、坟墓等处，以及私家所藏之金石，先就所得者录之。"关于著书的几个原则，收录范围、数量，以及不足之处，都交代得一清二楚。

1930 年 12 月，张次溪 ① 应国立北平研究院历史学会聘任，调查北平风土，专事纂修《北平志》。从此，奠定他一生研究史学、方志学的基础。这一时期编著有《北平志》《北平岁时志》《北平天桥志》《北平庙宇碑刻目录》《陶然亭小记》《清代燕都梨园史料》等三十八种。其《北平庙宇碑刻目录》一书，打开了北京地区自古没有石刻专书的局面，为以后的北京石刻研究铺平了道路。

《北平庙宇碑刻目录》，张江裁、许道龄编辑，民国二十五年（1936）国立北平研究院总办事处出版课印行。该书《凡例》云："本书专就本会近年所拓北平内外城庙宇中现存碑碣文字整理编目，故名之曰'北平庙宇碑刻目录'……本书以庙为单位，庙名下详注所在地点，便于查阅；至碑碣，则以刻石年代先后编次之……本书范围仅限内外两城，至四郊庙宇碑碣，容当续编外录。"据统计，其所使用的拓片资料来自北平内外城 316 座庙宇。

《北京市志稿·金石志》，仅是整个《志稿》（全二十五门一百九十六卷，未含《故宫志》）四百多万字中的一部分，稿成于 1940 年左右，夏仁虎纂。今存九卷，含《太学金石》一卷、《寺观金石》三卷、《故宫金石》（苑囿附）一卷、《廨署金石》一卷、《祠庙金石》一卷、《名迹金石》一卷、《陵墓碑志》一卷。据原《例言》："历代蓟城钟鼎之类甚为稀少。清代乾隆正乐，钟之属铸者特多，不足言古。石刻魏、唐已有，元、明尤盛，几于无一寺庙无之，可与长安相埒。《陕西续通志稿》于《萃编》诸书不载者，皆录原文。今病未能，只如《山西》诸志，录目而已。间有辩证，仍按时代为次，以便观览。"此虽名曰"金石"，实际上"金"只占极少的量而已，绝大部分

---

① 张次溪（1909—1968），名涵锐、仲锐，字次溪，号江裁等，他几乎是一个无所不通之人。

都是"石"。《金石志》中夏仁虎的《序》也写得非常精彩，短短数百言，将北京石刻的历史渊源、现状、得失、分类情况、作志体例等作了概述。兹录如下：

　　欧、赵始录金石，其断代止于五季，后之著录者遵焉。清青浦王氏止于金，阳湖孙氏止于元，遂成金石家法。顾余以为方志之志金石，则其例宜宽，谓其职在考订掌故，网罗文献，与专门金石家之赏奇好古固有间耳。《畿辅》《顺天》两志，录金石亦止于元，然《顺天志》别署《御碑》一目，清代之迹略具焉，而有明三百年几成瓯脱，兹殆非公，后之作者所宜弥其缺也。北京于隋、唐以上，已为雄镇，洎辽建都，中更五朝，绵历千祀，作京之久，过于镐、洛。然城邑宫禁，屡易其址，则碑碣文字之湮灭者亦多矣。其间巍然历七百余载而不变者，厥维太学，周之十器、十鼓并归焉，金石之林，弁冕全国，宜以冠于篇；而故宫、苑囿所见者次之，虽多荒废改作，然未央堕瓦、太康残砖，并见西京之规，犹志东渡之迹，亦考古者所乐言也；百僚爰萃，官署斯繁，朝廷箴戒之额，令史题名之碑，石墨掞华，动关掌故，次以《廨署金石》；国家群祀，典礼所存，凡帝王寅畏之忱，士夫伟丽之制，咸于是具，次以《祠庙金石》；潭柘之作，先于幽州，泱泱大邦，寺刹之盛，过于南朝，自辽以降，建筑尤夥，丰碑短碣，林立棋布，即今所存，已不胜纪，次以《寺观金石》上、中、下。或谓兹志之作，以市为主，古昔陵墓多在郊垌，应为所略，然城址既移，区域屡易，昔之海王村，即今之都市也，就今市以寻古迹，亦所宜录，次以《陵墓金石》；京师入海，百流所汇，天下名迹，不胫自至，李秀残碑，定武旧刻，或归尹署，终耀学府，至于河渠道里之表志，忠臣义士之揭橥，园林胜迹之纪述，兹类实繁，综为一录，终之以《名迹金石》。凡分七目，离为九卷，各以时代相次，无俾凌夺。金石旧例，率以年纪，鲜分类者，兹编之作，取便观览，或不嫌其创也。若其纪载，多采自旧籍，或得诸近录，虽非向壁之谈，殊鲜毡蜡所及，时移代易，湮没迁徙，所在多有。此为初稿，期得正于博雅云。

（四）营造学社与旧都文整会

中国营造学社，是民国时期私人兴办的、研究中国传统营造学（古代建筑研究）的学术团体。1929 年创建于北京，朱启钤任社长，梁思成、刘敦桢分别担任法式、文献组的主任。学社从事古代建筑实例的调查、研究和测绘，以及文献资料搜集、整理和研究。学社的会员们在北京乃至全国进行了很多关于园林建筑、文物古迹、桥道设施等的测绘调查活动。作为成员的梁思成、林徽因夫妇对北京郊区的一些名胜如卧佛寺、法海寺、居庸关、杏子口三个石佛龛等古建筑、文物进行调查后，写下了著名的论文《平郊建筑杂录》，发表在《中国营造学社汇刊》1932 年 11 月第 3 卷第 4 期。

1935 年，在北京成立了旧都文物整理委员会（简称"文整会"）。它是中国最早的专业古建筑修缮保护机构。经近 70 年的变迁，1990 年与文化部古文献研究室合并成为中国文物研究所，后又易名为"中国文化遗产研究院"。在其发展历程中，文整会（包括其后续机构）一直是中国古建筑保护事业中最为重要的力量，实施了大量的古建筑修缮保护，如 20 世纪 30 年代中期文整会修缮天坛工程等。每对一组古建筑勘查研究之后往往刻石以示纪念，如碧云寺、真觉寺、智化寺、白塔寺、正阳门、国子监、孔庙等处都留下了落款为"民国二十六年"等的小型长方形的嵌墙刻石。今天在国子监太学门内东西两侧犹能见到这样的两方刻石，东刻"国子监辟雍、彝伦堂、琉璃牌楼、太学门、东西碑亭、钟鼓亭等修缮工程及成贤街木牌楼改筑钢筋混凝土工程于中华民国二十六年四月三十日开工，二十八年二月六日完工"，西刻"国子监六堂、四厅及敬一门、敬一亭等修缮工程，于中华民国二十六年六月二日开工，二十七年十二月二十日完工"。玉泉山玉峰塔下的红墙上也嵌刻着一件刻石，上刻"玉泉山玉峰塔及塔院、山门、步廊、暨香岩寺普门现擤云楼等修缮工程,于中华民国二十六年五月十三日开工,二十七年九月八日完工,并于天下第一泉前面湖中之岛,添建木桥五座,以便游览"。类似的石刻也出现在清华大学校园中,在"机械工程楼"前脸的左下角嵌石一方,刻"中华民国二十三年四月五日,清华大学校长梅贻琦"。事实上,国子监孔庙的进士题名碑与十三经碑林中有些断碑似乎曾经"文整会"时期修复过,断碑以"打明锔"的方法被复接,其铁锔已渐腐朽,锈迹蔓延附近碑表。虽然现在看来并非最佳方法,但毕竟受限于当时科技发展水平以及人们对文物保护的认识。类似的情况在颐和园、香山的某些石栏板望柱上也有。

(五)民国时期研究金石学的著名人物

民国时期有不少的文人,如章炳麟、康有为、于右任、吴廷燮、章士钊、陆和九、朱剑心、杨树达、岑仲勉、林长民、周肇祥、马衡、王福厂、李准、傅斯年、李济、张次溪、容庚、柯昌泗、商承祚、王献唐等,往往是一专多能的,以下择其要就其石刻方面的造诣、成就等做一简介。

康有为(1858—1927),广东南海丹灶苏村人,人称康南海。其著作如《新学伪经考》《广艺舟双楫》等。精书法,善于吸取古碑石刻的长处,对《石门铭》《爨龙颜》用功尤深,同时参以经石峪和云峰山诸石刻,形成自己的韵味。

吴廷燮(1865—1947),本名承荣,字向之,江苏江宁人,清朝举人,曾官知府。民国时清史馆总纂,史表大家,一生著述颇丰,有《北京市志稿》等。

章炳麟(1869—1936),号太炎,浙江余杭人。梁启超论其为清学正统派的"殿军"。他的学术思想、国学理论(含金石学),主要体现在《文始》《国故论衡》《国学概论》等著述中。在民国时期,北京大学一些著名的教授学者如黄侃、朱希祖、钱玄同、鲁迅、沈兼士等均出自他门下。

林长民(1876—1925),字宗孟,自称苣苳等号,福建闽侯人。能书善画，今石景山区八大处四照谷内犹可见其游山时留下的摩崖作品。其女为建筑大师林徽因。

周肇祥（1880—1954），字嵩灵，号养庵，别号退翁，浙江绍兴人。近代书画家、文物鉴赏收藏家。他一生广泛搜求，曾被委任为古物陈列所所长。周先生《琉璃厂杂记》的手稿连同他收藏的拓片后来都被捐献给当时北京市的文物部门，书稿存文物局资料中心，书已点校整理，正式出版；拓片在文物研究所收藏。

马衡（1881—1955），字叔平，别署无咎、凡将斋主，浙江鄞县人。金石学大师，西泠印社第二任社长。1933年起，任故宫博物院院长；1952年，专任全国文物整理委员会主任一职。著有《中国金石学概要》《石鼓为秦刻石考》《凡将斋金石丛稿》等。

陆和九（1883—1958），别署墨庵，湖北沔阳（今仙桃）人。著《中国金石学》正、续编，时未刊行今已出版。尚有《石刻名汇》《文字学》《金石文渊》《宋辽金元碑目》等书。

杨树达（1885—1956），字遇夫，号积微，湖南长沙人。语言文字学家，著《积微居小学金石论丛》《积微居金文论》等书。

容庚（1894—1983），字希白，号颂斋，广东东莞人。幼年即通《说文》，曾任古物陈列所鉴定委员，著有《金文编》《金石学》《古石刻零拾》《简体字典》《丛帖目》《汉武梁祠画像录》等书。

柯昌泗（1899—1952），字燕舲，号谧斋，山东胶县（今属青岛）人。史学家、清史馆总纂柯劭忞之子。曾在北京大学、辅仁大学、故宫博物院专门委员会等处任教、任职。喜收藏金石拓片，金石学著作有《语石异同评》《鲁学斋金石记》《山左访碑录校补》等。

朱剑心（1905—1967），曾用名朱建新，浙江海宁濮桥人。作为朱熹后人，幼承家学，进章太炎所办的国学专科学校学习，曾在南京、上海、杭州等地任教。著有《金石学》。

（六）前人对石刻的调查

其实说是调查，有些还不如说是游玩，不过他们在游记中偶尔带出了自己对石雕石刻的看法，有时也如实地记录了它们存毁的情况。

梁思成、林徽因撰写的古建筑调查文章《平郊建筑杂录》发表在1932年《中国营造学社汇刊》第3卷第4期。其中有一些记载，对今天石刻存毁的研究很有帮助，是非常专业的文物调查散记。

到了卧佛寺，"至于《日下旧闻考》所记寺前为门的如来宝塔，却已不知去向了。琉璃牌楼之内，有一道白石桥，由半月形的小池上过去。池的北面和桥的旁边，都有精致的石栏杆，现在只余北面一半，南面的已改成洋灰抹砖栏杆……西院的观音堂总有人租住。堂前的方池——旧籍中无数记录的方池——现在已成了游泳池……池的四周原有精美的白石栏杆，已拆下叠成台阶，做游人下池的路"。"杏子口的三个石佛龛"一节记"由八大处向香山走，出来不过三四里，马路便由一处山口里开过。在山口路转第一个大弯，向下直趋的地方，马路旁边，微偻的山坡上，有两座小小的石亭。其实也无所谓石亭，简直就是两座小石佛龛。两座石龛的大小稍稍不同，而它们的背面却同是不客气地向着马路。因为它们的前面全是向南，朝着另一个山口——那原来的杏子口……两石佛龛既据住北坡的顶上，对面南坡上也立着一座北向的相似的石龛，朝着这山口……北坡上这两座佛龛是并立在一个小台基上，它们的结构都是由几片青石片合成——每面墙是一整片，南面有门洞，屋顶每层檐一片。西边那座龛较大，平面约一米余见方，高约二米。重檐，上层檐四角微微翘起，值得注意。东面墙上有历代的刻字、跑着的马、人脸的正面等。其中有几个年月人名，较古的有'承安五年四月廿三日到此'和'至元九年六月十五日□□□贾智记'。承安是金章宗年号，五年是公元一二〇〇年。至元九年是元世祖的年号，元顺帝的至元到六年就改元了，所以是公元一二七二年。这小小的佛龛，至迟也是金代遗物，居然在杏子口受了七百多年以上的风雨，依然存在……龛内有一尊无头趺坐的佛像，虽像身已裂，但是流利的衣褶纹，还有'南宋期'的遗风。台基上东边的一座较小，只有单檐，墙上也没字画。龛内有小小无头像一躯，大概是清代补作的。这两座都有苍绿的颜色。台基前面有宽二米长四米余的月台，上面的面积勉强可以叩拜佛像。南崖上只有一座佛龛，大小与北崖上小的那座一样。三面做墙的石片，已成纯厚的深黄色，像纯美的烟叶，西面刻着双钩的'南'字，南面'无'字，东面'佛'字，都是径约八分米。北面开门，里面的佛像已经失了。"通过梁、林的这段记载可以知道：在卧佛寺山门前，史料记载的"如来宝塔"，当时也已不知去向；钟鼓楼院内的半月形放生池南北两面的精致的石栏杆在当时就已仅余北面，南面改成"洋灰抹砖栏"了，今天的全套石栏应系后更换的；西院观音堂院水池四周精美的白石栏杆已拆下做台阶、铺路使用了，今天所见的石栏杆亦应为后来补建；杏石口今天早已不见踪影的三座石佛龛，系金章宗承安五年（1200）所建，而且有两座是"苍绿的颜色"，正是京西盛产的绿青石。还有摩崖刻"南""无""佛"等径80厘米的大字。

原燕京大学教授许地山先生在他的游记《忆卢沟桥》中客观地记录了沿途所见一些石刻的原状，"记得离北平以前，最后到卢沟桥，是在二十二年（1933）的春天。我与同事刘兆蕙先生在一个清早由广安门顺着大道步行，经过大井村，已是十点多钟……出大井村，在官道上，巍然立着一座牌坊，是乾隆四十年（1775）建的。坊东面额书'经环同轨'，西面是'荡平归极'。建坊的原意不得而知，将来能够用来做凯旋门那就最合宜不过了"。至少早在20世纪30年代，今丰台区大井村的石牌坊还在路边矗立着，东、西的两块石匾额均保存完好。近些年在当地发现了原西额"荡平归极"，但东额"经环同轨"与整座石坊却永远不见了！许教授对"荡平归极"的说法似乎与战争"凯旋"有关，那应该是一种错误的理解。其实石坊的东西额都是乾隆御书的，是针对当时"雍正"及"乾隆"两修石板路而言的，并先后立两通石道碑，言之甚详。"经环同轨"说的是不论是直路还是环路，条条大道通帝都；"荡平归极"说的是这次把国道修治得非常平整，极目远望，天地一线。

1936年，清华大学教授朱自清在游览了今海淀区香山南麓原中峰庵遗址及附近的古迹名胜后写下了散文《松堂游记》。文中记:"去年夏天,我们和 S 君夫妇在松堂住了三日。难得这三日的闲,我们约好了什么事不管,只玩儿,也带了两本书,却只是预备闲得真没办法时消消遣的。"说明他们游玩得还算仔细。接着写到"过了两道小门,真是豁然开朗,别有天地……中间便是松堂,原是一座石亭子改造的,这座亭子高大轩敞,对得起那四围的松树,大理石柱,大理石栏杆,都还好好的,白,滑,冷……堂后一座假山,石头并不好,堆叠得还不算傻瓜。里头藏着个小洞,有神龛,石桌,石凳之类。可是外边看,不仔细看不出,得费点心去发现。假山上满可以爬过去,不顶容易,也不顶难。后山有座无梁殿,红墙,各色琉璃砖瓦,屋脊上三个瓶子,太阳里古艳照人。殿在半山,岿然独立,有俯视八极气象。天坛的无梁殿太小,南京灵谷寺的太黯淡,又都在平地上。山上还残留着些旧碉堡,是乾隆打金川时在西山练健锐云梯营用的,在阴雨天或斜阳中看最有味。又有座白玉石牌坊,和碧云寺塔院前那一座一般,不知怎样,前年春天倒下了,看着怪不好过的"。通过他的描述可以知道:在当时松堂还在,大理石栏杆保存完好;旭华之阁之后的山上还残留着石碉堡;那座宝谛寺四柱三间的白玉石牌坊在前年(1934)春天倒下了。通过朱自清的游记才知道,今天所见到的散落一地的牌坊石构件在中华人民共和国成立前就已被破坏了。但游记中未曾提及今天阁前的残碑在当时的情况。

民国十九年(1930),北平市政府拟编辑出版《北平志》,并分区调查寺观坛庙祠堂及征集石刻拓片,以备《庙宇志》《金石志》素材之用。北平研究院史学研究会派人对各庙进行调查、编辑、摄影、测绘平面图、传拓石刻及收集史料。当时琉璃厂镌碑艺人李月庭(琉璃厂翰茂斋掌门人)参与并负责庙宇金石碑刻的拓片工作。用三年的时间,他们完成了基本材料的收集,留下了宝贵的原始资料和大量的金石拓片。卢沟桥事变爆发,北平沦陷,史学研究会收集的大量的文献、图书资料遭浩劫,《北平志》编辑工作被迫停顿。后来这些资料用来出版了《北平庙宇通检》《北平庙宇碑刻目录》《北平金石目》《北京市志稿·金石志》等。

第二章　中华人民共和国成立初期北京石刻的调查研究

一、国家图书馆的明智之举——20 世纪 50 年代进山采拓保留了大量的石刻拓片资料

国家图书馆是北京市内收藏北京地区拓片最丰富的机构。它有大量的珍品特藏，包括中文的善本古籍、金石拓片、古代舆图、敦煌遗书、少数民族图籍、名人手稿、革命历史文献、家谱、地方志和普通古籍等。图书馆特别重视金石拓片的征集，早在 1949 年以前，就接受名家捐赠或主动传拓过。如：1931 年，请中央研究院历史语言研究所在房山西域寺石经山代拓山顶石浮屠后记数种，每种二份；1932 年，金石部组织力量在北平郊野传拓石刻 1700 多件；1933 年，请北京大学研究所国学门代拓辽碑一套；1933 年，徐森玉先生赠辽碑拓片 24 张；1934 年 5 月，何叙甫捐赠家藏"绘园"藏书，其中有石刻资料 700 余件。

1949 年后，此项工作仍在进行：1950 年 1 月，河北田伯英先生捐赠家藏石刻资料 700 多件；1950 年 5 月，上海丁惠康先生捐赠所有的"铁琴铜剑楼"旧藏与"顾氏石墨"等 1100 多件；同年，王静庵先生后人捐赠旧藏石刻资料 270 多种 300 多件；1951 年，常熟翁同龢后人赠石刻拓片 40 多种；章钰"四当斋"藏石 1500 多种 1800 余件，亦于同期入藏；20 世纪 50 年代，与北京市有关部门合作，请有关专业技术人员访拓北京石刻 1000 多件；1956—1958 年，金石组与中国佛教协会合作，传拓了北京房山云居寺塔下出土的石经和小西天各洞中储存的各种石刻 15000 余石 30000 多件，等

等；1977 年，苏州叶诚祐先生捐赠祖父叶昌炽"五百经幢馆"所遗藏品。

国家图书馆收到石刻资料，首先是清理、登记、建立财产账，据账入库度藏；其次，将已登记入藏者，进行分类编目，制作卡片，组成各个类型（如名称、分类、地区、年代等）的目录体系，以便读者使用；最后，对有关资料再进行重点和系统的整理、研究，编成书本目录，出版资料汇编，撰写研究论著。经过以上几个阶段的工作，国家图书馆收藏的北京石刻资料已取得一批初步成果。

二、文物整理委员会及北京地区的文物普查——分类记录了当时古建、遗址、石刻等的客观情况

"文整会"一直延续到中华人民共和国成立后。此时的文物调查，实际上就是中华人民共和国成立后第一次大规模的文物普查，大致在 1957 年前后。当时的普查工作者们真正专业的并不多，"科班"出身的却不少。具体讲就是学考古和学文物的人士不多，反倒有些是科班演员，都是文化口的。如今看来，有些表格填写得并不专业，但却很认真，用口语详细记录了被调查文物的情况，可以说是"纯纯粹粹"的第一手资料。

普查分成几项工作，包括拍照、登记、测量、绘图、拓片等。登记要填写专用表格，还要写工作记录、日志等。表格分成石刻、墓葬、古建、遗址等项，其中"石刻"一项保存了大量该时期石刻状况、存否的忠实记录。有许多调查还保留了不少工作人员客观记录的成分，虽然今天看来似乎有些不太专业，但毕竟是第一手的，不失为珍贵。

三、考古发掘出的石刻

（一）老山幽州书佐秦君神道石刻

今天石景山区的老山地区曾经是汉唐时期的玉河县，辉煌一时，1949年后陆续出土过不少石刻文物。1964年在石景山老山北坡发现的幽州书佐秦君神道柱及阙的构件，虽然不足20件，但颇具代表性、始创性和唯一性，这些石刻对于后来北京地区石刻的发展有着重要的意义。作为石构建筑，它是发现的第一座门阙，一直到清代，在北京地区也是绝无仅有的；柱顶阙表的隶书阳刻名称实际上是延续了秦汉古玺印文的传统；屋面式的建筑构件反面的"结构"恰恰是后来的盝顶式或斗八藻井的雏形；柱身下段罗马柱式的纵式凹槽没延续下来；阙身平雕的门吏、青龙、朱雀与锯齿纹，都是汉画像石上的常见图案；柱头两侧及柱础上面浮雕与高浮雕的螭虎，在战国、汉代古玉雕刻中是典型的纹饰；柱侧刻铭的乌还哺母文，可以说是北京地区迄今为止所发现的第一件碑刻，这段铭文反映了当时汉代社会的一种儒家风尚——孝义；有明确的纪年——"永元十七年四月板令改元元兴元年"。值得一提的是，就连历史上记载颇少的不到一年的"元兴"（105）在这里也有所体现。但仅此一件石刻也并不能代表汉代的全部。一个官位并不高的"书佐"（据启功先生讲，书佐不过为书碑之役）为何死后能有如此高的待遇？到底他的墓穴在哪里？里面还有什么文物？

（二）三台子汉墓石刻

其实在老山汉墓发现之前的1957年，在丰台区三台子出土了一对东汉时期石门，正背面都有反映当时特点的平雕图案：伏羲、女娲、朱雀、玄武、兽首衔环。与老山"秦使君"所不同的是，它没有确切年代的记载。

（三）平谷北张岱汉墓石刻

北张岱汉墓，俗称石王墓，为东汉大型砖室墓。早年被盗，除不多的陶罐、五铢钱外，出土墓石门一座。惜仅存门框双柱、门楣及双扇门之一扇。上刻门吏、朱雀、铺首等图案，没有确切的年款。

（四）西晋王浚妻华芳墓志

华芳墓是 1965 年在八宝山迤西发现的，墓志款题"永嘉元年（307）四月十九日"。同时出土的还有一枚西晋象骨尺，实测为 24.2 厘米，验证了久有争议的晋前尺的长度。不仅如此，由于志文中有"辄权假葬于燕国蓟城西廿里"，又有了晋尺的长度，可推出"晋里"的长度，根据"廿里"实测即可确定蓟城西边的大致方位。另外志主华芳，作为当时幽州刺史的众多夫人之一，也是"管宁割席"主人公之一"华歆"的曾孙女。

由于华芳墓志正处于历史上墓志的早期阶段，故有以下几个特点：一、普通碑形，还未形成上下"一合"的形式；二、四面布字，即便是薄薄的碑侧也刻上了字；三、虽曰华芳墓志，但志文前部的大量篇幅却记载着其丈夫王浚的世系履历，以及王浚的另外几位夫人。这与墓志定型以后的志文内容、结构、轻重的分配似乎都有些不同；四、碑材是花岗岩的，这在今天使用"合金钢"刀錾或电动工具的前提下镌刻起来都不那么容易。华芳墓志镌刻的隶书行文如流水一般流畅，将近两千字的篇幅章法、字法、刀法都非常严谨飘逸。

（五）北齐傅隆显墓志

1963 年在怀柔韦里村发现了北齐武平二年（571）傅隆显墓志一件。墓志的规格与后世略有不同，平面呈长方形，不带盖。同时出土两块刻字墓砖，上刻"安太二年傅隆显铭"。该墓为北京首次发现的有纪年的北齐墓。但这个纪年（安太）为后来留下了悬念，应该与"武平二年"不远。（参见

郭存仁《北京郊区出土一块北齐墓志》）

（六）辽赵德钧妻种氏墓志

1956 年出土于永定门外马家堡洋桥村，志文记"于应历七年（957）五月二十二日薨于燕京隗台坊之私第"，又记"即以来年（958）四月十九日祔于燕京蓟北县使相乡勋贤里齐王之茔"。由此可知，在 1000 多年前的辽代，今天北京丰台区洋桥一带属于燕京蓟北县使相乡勋贤里。

（七）元王德常去思碑

1952 年，在扒拆北京老城北城墙时，在今六铺炕附近发现了这通元碑。据记，碑文系当时的大文学家欧阳玄所撰，碑立于元至正十五年（1355）。螭首，圭形额内篆书"太中大夫京畿督漕运使王公去思碑"。它的发现对于研究元代仓漕制度有着重要的意义。另外，"去思碑"也是元代特有的一种纪念性的碑刻，同类碑刻尚有通州发现的元代赵公去思碑等。

（八）海云禅师碑及塔铭

20 世纪 50 年代，因拓宽长安街马路，将位于今电报大楼西侧的本已破烂不堪的双塔庆寿寺及塔拆除。文物部门对现场及双塔地宫进行了清理和考古发掘，发掘清理出了大量的珍贵文物，石刻类有大庆寿寺西堂海云大禅师碑、海云禅师圆雕石像、海云禅师双面碑形葬志。

（九）索尼家族墓石刻

今海淀西直门以北、慈献寺桥与文慧桥之间、高架路以西一带，地名索家坟，原为清开国勋臣、康熙时辅政大臣索尼、索额图父子的家族墓地。原茔域范围很大，甚至包括了北京师范大学的西南一带。索氏父子权倾天下，其墓早年间即被破坏，玄宫石门在原处存放多年。

索额图的长女、索尼的孙女黑舍里氏的墓葬，1962 年被发现，出土了很多珍贵文物，其中石刻的精品要数"清故淑女黑舍里氏圹志铭"了。这是一通碑形的墓志，高不及米，螭首方趺。碑文双面，一满一汉，蝇头小楷，汉白玉质地。由于它的体量太小，为防倾倒而特意加了一个副座。整碑显得自然优美、比例匀称。墓主黑舍里氏死时不到六岁，但家族却为其修建了一座豪华墓葬。黑舍里氏法名"众圣保"，系天主教徒。

（十）填陷儿石刻

所谓"填陷儿石刻"，实际上是北京老文物行业里流行的一个术语，是特指 1965 年到 1983 年间，在配合拆除北京明代城墙的考古发掘中，陆续发现的许多从南方运来的明以前的石刻，这些石刻是明代正统十年（1445）在修建北京东城垣时用来作基础石料的，最典型的就是北宋开封大相国寺内针灸石壁堂的遗物——一共七件残损不等的新铸铜人腧穴针灸图经石刻，其中有六件为文字石刻，一件系建筑屋面石雕（朝阳文物部门后又发现了一件）。它们的发现，对于研究针灸石壁堂的原貌非常重要。此七件石刻分藏于首都博物馆、国家博物馆与北京石刻艺术博物馆。另外还有元讷庵谦公禅师（刘道谦）塔铭、元崇国寺退隐僧塔铭、元奉福寺云光长老住持德公灵塔铭，虽然这三件石刻均已残缺不整，但从其支离破碎的叙述中尚能寻得一些北京史地的蛛丝马迹，如谦公塔铭记"迤逦入燕，住仰山、仁山、归义寺"，退隐塔铭记"其徒卜地于大都之西宛平县池水村，建石塔"等。

四、石刻文物的研究与发现

（一）云居寺石刻的研究

云居寺石刻佛教大藏经始于隋大业年间，僧人静琬等为护正法刻经于石。刻经事业历经隋、唐、辽、金、元、明六个朝代，绵延 1039 年，镌刻佛经 1122 部 3572 卷 14278 块。1956 年，中国佛教协会在政府及全国佛教界的支持下对这一文化遗产进行了历时三年的发掘和拓印工作，随后又组织专业力量进行整理和研究，编印了《房山云居寺石经》《房山石经题记汇编》等简印本书籍。石经山上九个藏经洞的第五洞内壁嵌刻着大量的石经，历代供奉的佛舍利就出土于第五洞雷音洞中。云居寺内的辽建南塔（俗称压经塔）、北塔（又名舍利塔、罗汉塔、红塔）及周围四角的四座小唐塔，石经山顶的两座唐塔，香树庵西北的唐塔，开山琬公塔，辽代塔幢，和大唐云居寺石经堂碑、袁敬一经之碑、宋小儿造金刚经碑、贞观八年静琬题记、武德八年静琬题记等几通唐碑和刻石，同样是学者们研究的对象。当时，中国佛教协会对云居寺石经做了全面的传拓，所获拓片分藏在中国佛教协会、国家图书馆、北京市文物局、中国科学院图书馆等处。

云居寺今存镌刻佛经的唐碑有：1. 宋小儿造金刚经碑；2. 袁敬一经之碑；3. 萍沙王五愿经碑；4. 大佛灌顶经碑；5. 金光明最胜王经碑；6. 药师琉璃光如来本愿功德经、造塔功德经碑。除 1、2 碑为初唐外，另 4 碑均为晚唐所刻。其最突出的特点就是经文书法与线刻图案，元明以来罕有其匹者。

（二）老山幽州书佐秦君神道石刻及铭文的研究

1964 年发现于石景山区老山的一个缓坡上，根据《简报》的初步研究分析，它们是从永定河故道上被冲毁的，但应距原墓地不远。共出土 17 件（套）石刻，其中有 4 件带有铭文，而且 2 件阳刻，2 件阴刻。阴刻的隶书柱面文字"汉故幽州书佐秦君之神道"，众无异词。但对于题款处的是"板令"还是"卯令"，则略有不同看法。按发掘编号的 8 号方柱面刻"乌还哺母"文，邵茗生与郭沫若都作了考释，并且指出它的核心就是儒家的孝道，反映了汉代董仲舒"罢黜百家，独尊儒术"的社会现实。其实，这些石刻还为后来的学者、专家们留下了不少需要研究的课题。当时，北京市文物工作队的苏天钧执笔写了《北京西郊发现汉代石阙清理简报》，发表在《文物》1964 年第 11 期；邵茗生撰《汉幽州书佐秦君石阙释文》，发表同上；郭沫若撰文《"乌还哺母"石刻的补充考释》、陈直作《关于汉幽州书佐秦君石柱题字的补充意见》，均发表在《文物》1965 年第 4 期。

（三）出土石刻与北京历史地理的研究

1991 年，北京燕山出版社出版的于杰、于光度主编的《北京文物与考古》（二）一书中收录了两篇北京市文物考古工作者侯瑹的遗作《金〈张汝猷墓志〉考释》与《元〈铁可墓志〉考释》。侯老的作品撰成于 20 世纪 60 年代。在两篇论文里，以大量的史料与志文互证，对金中都与元大都的史地沿革作出研究。比如他针对"张志"末署"永安宫济刻"所引出的话题"永安即中都"的考证论述，及"铁志"之"尝游香山永安寺""葬大兴县大师庄"的考证论述，简述如下：

"金张汝猷墓志"一合，1956 年于西郊百万庄二里沟出土，志底与盖边长均 90 厘米，与明清普通墓志相比显得大了不少，符合金代特点。志主张汝猷为当朝（金章宗完颜璟）首相张浩之子，世代为辽东"勋望门地"。其关于北京史地者例：志末工匠名刻"永安宫济刻"，考"永安"即指"中都"；志主"葬于宛平县西陈村"，"今地为西郊百万庄二里沟，辽代宛平县仁寿乡有陈王里，今地为百万庄，陈王里与陈村有无关系？待证"。

"元铁可墓志"一合，1962 年在崇文区法塔寺东铁氏茔地出土。盖作盝顶式，顶无字无纹饰，但盖内续刻志文。在北京，元代墓志非常稀见，刻法似乎也不太守"规矩"，再加上他三朝（成宗、武宗、仁宗）元老的特殊身份，更显得此件文物的重要了。侯考：志文云"尝游香山永安寺"，此寺即今香山永安寺旧址，建于金大定间（1161—1189），世宗（完颜雍）命名"永安"，亦称大永安寺、香山寺、甘露寺。可见香山公园历史的久远。

第三章 "文化大革命"中及改革前北京石刻的情况

一、石刻因大而笨重挽救了自己的性命

北京为都城，前后有辽、金、元、明、清五个朝代，只有辽时为陪都，其他朝代均为首都。经过近两千年的发展，北京的石刻已经形成了自己的特色，特别是在体量、等级、制作工艺上，均体现了王者气派和帝王风范，碑体坚硬，物大质重，挪动起来非常不易，就是破坏也不是一锹一镐一锤就能解决的。正是因为其自身的特点，许多古代留下的石雕石刻得以在动荡中保存下来，使得我们今天还能看到。

"文化大革命"时期，北京地区曾有过的那么多重要的碑刻、石雕等都毁于一旦、失于一时。但可能是碑大，可能是首都，可能是文化素质等原因，还保留下了一批。据资料载，1966 年 8 月 22 日，北京市文化局向中央文化部提交《关于彻底清除旧物质文化的紧急报告》："文化大革命"中，广大红卫兵提出"破四旧"的口号。8 月 21 日以来，他们要求对本市过去作为文物保存下来的带有封建、反动、迷信色彩的旧物质文化全部打倒，彻底清除（有些已采取了行动），来势异常迅猛。并提出了处理原则，如要求清除旧石碑、石刻。我们的意见是需要保存而又能保存的，就地埋掉或封闭，一般寺庙和园林内的石碑、石刻不再保存，由各使用单位自行处理。还提出了"几个不好处理的问题"，如"现存国子监的十三经碑、孔庙的进士题名碑等，有一定文物价值，需要保存，拟采取封闭或就地掩埋的办法。但由于量多、体积大，施工有困难，又需一定的时间，在来不及的情况下如

果群众坚持清除、打碎，或者封闭、掩埋群众也不答应，我们将尽量做解释工作，如果群众坚决要求清除、打碎，我们支持群众的要求"；"明十三陵上的石人、石兽和各陵上的碑亦应保存下来，但是量多，形体特大，封闭、掩埋都不好处理，应采取什么办法，如何处理，我们考虑不定，请给予指示"。事实上，在阶级斗争相当激烈的彼时，这种委婉的请示在某种程度上对石刻文物的生命起到了保护或延缓的作用。

（一）燕京八景碑

宋元以来文人们特别习惯将某城、某地的名胜古迹、山水景色凑上八处，取上个好听优雅的名字，谓之"某某八景"。"燕京八景"就是北京城历史上八大景致的雅称。金代，元代，明代，清康熙、乾隆年间都有用字的不同。乾隆时定名为"太液秋风"（今在中南海水云榭）、"琼岛春阴"（今北海公园白塔山东）、"金台夕照"（今朝外金台路）、"蓟门烟树"（今德胜门外土城边）、"西山晴雪"（今香山公园山腰）、"玉泉趵突"（今玉泉山万寿山之西）、"卢沟晓月"（今卢沟桥东桥头）与"居庸叠翠"（今居庸关东南大道旁），清高宗还令人制作了八通风格接近、制式雷同的石碑（只有玉泉趵突碑体量稍小）分置于各景点。"文化大革命"之后仅留下了六碑，前几年发现了金台夕照碑、居庸叠翠碑碑座，而居庸叠翠碑碑体尚不知去向。

（二）四方碑

四方碑就是指碑身的四个面基本上是同样的宽度，如明代太监田义墓碑。清乾隆时可能是国力昌盛，也可能是乾隆皇帝有此偏好，特别是为一些重要场合、重大事件所立的碑多采用这种形式。如今天能见到的永定门外燕墩碑及副碑（在首都博物馆馆前广场上）、正阳桥疏渠记方碑、今存北海公园小西天前的校场碑、香山公园昭庙碑、雍和宫喇嘛说碑、大兴南苑海子中的团河行宫四面诗碑等，相当不多见，在"文化大革命"期间也很少被破坏。

（三）高大碑

"高大碑"这个说法似乎不太准确！因为所要交代的诸碑确实不易归类，其特点就是高大而已。如：昌平明十三陵各陵神路的神功圣德碑、宝城明楼内的皇帝圣号碑、罶龙碑，北京孔庙国子监十六个碑亭内的告成太学碑等，大兴德寿寺双碑，历代帝王庙碑亭内的四碑等。这些碑往往在6—8米左右，这样超高大的碑刻，即便是在"文化大革命"期间肆意破坏文物之时，想通过人海战术、"群策群力"地拉倒也非易事，所以就保留了下来。但是有些碑还是遭到不同程度的破坏，比如国子监中东南角碑亭中的明英宗御制新建太学碑，不但其碑身下部出现了几处硬伤，还有大面积的墨渍污染。当时还有一些墓葬被破坏了，地上石刻几乎无存了，但高大的墓碑往往留了下来，特别是那些明清王公大臣的碑刻，如丰台区长辛店连山岗的明张懋墓碑（额篆书题"大明追封宁阳王谥恭靖张公神道碑"），房山区常乐村明姚广孝墓碑（额篆书题"御制荣国公神道碑"）、长沟镇西甘池村清多罗顺承郡王谥忠诺罗布碑和多罗顺承郡王谥简伦柱碑、岳各庄乡二龙岗村多罗顺承郡王泰斐英阿碑，顺义区王家坟村清和硕和勤亲王碑、后沙峪镇吉祥庄的乾隆谕祭福建提督马负书碑，通州区文孚墓碑、谕祭国柱碑。其他类高大的碑刻还有大兴区瀛海镇乾隆御制宁佑庙海子行碑、海淀区上庄镇永泰庄清康熙时期东岳行宫庙碑（纳兰性德家庙碑，此碑虽然被摔为两半，但毫无缺损地保留下来了）等。这些特别高大的碑刻，虽然有的已离开了原来的位置，有的原雕原建的其他配套石刻石雕早已无影无踪了，但其自身高大坚硬的特点令那些觊觎之人无从下手、无法下手，得以保存至今。

（四）石道碑

在清朝，石道碑是作为一种城市设施出现的，一般的修桥补路之碑还较常见，如在房山、门头沟等地，但作为皇家御用的修理国道的碑刻只在雍正和乾隆两朝出现过。历史记载的有四通，雍正和乾隆各两通，迄今留下的只有三通。它们是雍正和乾隆的两通朝阳门外石道碑（一在通州区八里桥、一在朝阳区管庄以东）与两通广宁门外石道碑（原在丰台区大井村和小井村）。它们的命运也各不相同，雍正朝阳门外石道碑在原处建碑楼保护，广宁门外石道碑已被征集到北京石刻艺术博物馆内陈列；乾隆的"朝阳门石道碑"现在原处保护，"广宁门石道碑"早已不知去向了。丰台区文物部门收藏的一件特大螭首疑为乾隆广宁门石道碑的碑首。

（五）巨型卧碑

一提起碑来，人们就会想它是个竖而高的东西，而事实上因古人总想变换花样，卧碑就产生了。尤其是清代的卧碑，如在今东城区文物保护单位欧美同学会会址（原普胜寺址）中的普胜寺创建碑、普胜寺重修碑，两碑的宽度都在 400 厘米左右。另外香山团城实胜寺碑（含敕建实胜寺碑与实胜寺后记碑，特别是后者，宽约 400 厘米）与房山云居寺嘉庆御制诗碑、郊劳台碑，还有今存于鼓楼内的麒麟碑，也都是大体量的卧碑。郊劳台早就被破坏了，而大卧碑乾隆京县郊南亲劳军诗碑却原地纹丝未动。

（六）金刚宝座塔

金刚宝座塔可以说是一座高大的宗教建筑，但由于它是一座近方形的石构建筑，所以也是一件大型的石雕石刻。它是仿西方传来的图式在国内建造的，全国共有同类相似的建筑四座，即云南官渡古镇妙湛寺的金刚宝座塔，内蒙古呼和浩特的五塔召，北京海淀区白石桥的真觉寺、香山碧云寺的金刚宝座塔。尚有多座因同一种佛教观念而起建的五塔，即在同一基座上建中央大塔加四座小塔的形式，此不多论及。北京的两座宝座塔保存完好，除正常风化剥蚀外，只有少量的石雕遭到破坏，之后也进行过一定的修复工作。

（七）玉泉山石刻

玉泉山因其特殊的地理位置、相对封闭的环境和作为中央领导人所在地的用途，其园内的石刻基本上都保存了下来。不但如此，在其施工过程中还有石刻出土。园内的石刻主要有以下几种：塔及石刻，玉泉山内一共有 5 座塔，其中有一座仅余石雕塔刹没在水中，妙高塔内也有精美的佛教题材线刻画、门额石联等；石碑，像乾隆御书夔龙碑首的天下第一泉碑、玉泉趵突碑等；摩崖石刻，多为乾隆书法，如华严洞旁的"别院驻銮舆，瞻礼招提境"诗、水月洞的"渚宫通一水，泛览乘余闲"诗、含晖堂旁"湖名传日久，此日偶重提"诗、"摩诃般若波罗蜜多心经"；岩窟造像，如华严洞中的观自在菩萨高浮雕及左右题刻、万佛菩萨浮雕、石亭门额石联、供桌；独体石刻，如"地藏洞""光明藏""观音藏"，以前还出土过明代墓志三合等。

（八）三希堂法帖石刻

三希堂位于故宫养心殿西暖阁，是乾隆皇帝的书房，因为收藏王羲之的《快雪时晴帖》、王献之的《中秋帖》和王珣的《伯远帖》墨宝而得名。乾隆皇帝敕命大臣以此"三希"等名帖为蓝本摹刻上石。三希堂法帖石刻近500 件。虽然单个体量并不大，但有规模，在北海公园内依山而建的半圆形两层的阅古楼内，整体上按次序镶嵌在墙，足以使那段特殊时期的领导人们重视起来，所以完整地保护下来了。

（九）法源寺石刻

法源寺有许多石刻，如唐代苏灵芝悯忠寺宝塔颂刻石、悯忠阁内两件唐代的莲花柱础，金代礼部令史题名记刻石，元代渎山大玉海底座，清代翁方纲、蒋策摹刻唐云麾将军李秀残碑、海棠八咏刻石，陈尔锡草书刻石，以及多年来陆续征集到的石刻、造像等。毕竟是一处国家级的佛教场所、中国佛教协会所在地，即便是"文化大革命"期间，还是受到保护的。同为宗教场所的朝阳区东岳庙就没那么幸运。原来有元碑 1 通，明碑 32 通，清碑 99 通，民国碑 6 通，共计 138 通，其中许多碑刻就遭到了破坏，甚至找不到踪影。平谷的丫髻山，经过近些年的修缮，碑林又重新形成规模了，各个景点也都立起了新碑、旧碑。但是明、清、民国的老碑座反而富裕了不少，这说明本该立起来的"碑身们"都被破坏或佚失了。

（十）三十二体金刚经刻石

据说，海淀区八里庄明慈寿寺塔下东侧的摩诃庵，为明太监赵政所建。庵内金刚殿内壁上面镶嵌的三十二体金刚经刻石，既为书法佳作，又系石刻珍品，"文化大革命"期间也险些被红卫兵砸毁。是一位好心的工友冒着生命危险将其从墙上取下埋入地下，又从别处运来一些残碑碎碣，应付了前来的红卫兵小将，这才躲过了一劫。这批石刻至今能看到"全本"。后来北京石刻艺术博物馆成立，韩永馆长特拨专门经费，对金刚经刻石加以保护，全部以玻璃框罩加以封护性保护。

（十一）喇嘛说碑

雍和宫内有一座高大的碑亭，内立高近 700 厘米的喇嘛说碑。四面碑式，立于乾隆五十七年（1792），高宗御书。1966 年 8 月 23 日，一帮红卫兵强行闯入雍和宫内，要批斗喇嘛。看庙的喇嘛出来劝阻，危急之下，一位名叫伯云乌尔吉的喇嘛打电话将情况报到上级部门，进而迅速报到国务院。周恩来总理得知后，立即作出指示：不仅绝不能破坏，还要严加保护好雍和宫。同时，派副外长韩念龙到雍和宫做劝说工作。最后采取了将各个殿堂中的佛像都贴上写有"牛鬼蛇神"字样的字条，并把殿堂门窗都贴上封条的措施，使雍和宫幸免于难。雍和宫的重要石刻——乾隆御制喇嘛说碑等也就毫发无损。

（十二）吴努春碑

清代康熙时期重臣吴努春碑，是其子吴敏于康熙五十二年（1713）为其所立。康熙三十三年（1694）吴努春诰封碑今在奥林匹克森林公园内，应系后迁，似乎此碑的出土证实了吴墓的原址。

（十三）北海大桥

金鳌玉蛛大桥，明嘉靖时建，桥两头牌楼各一座，东额"玉蛛"，西额"金鳌"。清乾隆时期在修缮时，增加了高宗皇帝的御制联额，南面中拱上联"玉宇琼楼天上下"，下联"方壶圆峤水中央"，额曰"银潢作界"；北面上联"绣毂纹开环月珥"，下联"锦澜漪皱焕霞标"，额曰"紫海回澜"。

20 世纪 50 年代，金鳌玉蛛牌楼被拆除，石桥向南拓宽，桥宽达 34 米，仍用白石栏杆，桥面两侧设步行道，中间车行道为沥青路面。桥南除中孔按原跨径修通外，其余 8 孔均为假拱形，两边孔底部各留一道通水涵洞。时任国家文物局局长的郑振铎先生得知石桥将要拓宽的消息后，立即约请梁思成、范文澜、翦伯赞几位专家商议，亲自面见总理，肯陈保护之策，并派罗哲文前往测量拍照。最后，在总理的指示下，大桥与紧邻的团城保住了，但是两座牌楼还是被拆毁了。"金鳌""玉蛛"石额留了下来，今存首都博物馆。1974 年石桥的栏板望柱要换成较高的铁栅栏时，文物部门到现场勘查，提出意见，找到文物管理处，于杰先生建议将栏板保护起来，待以后修缮时备用，暂存天坛公园管理处园林局库房，以待他用。后听说望柱栏板在浩劫中也遗失了。

（十四）孙思克墓碑

清康熙四十年（1701）振武将军太子少保兼管陕西甘肃提督事务给与世袭一等阿思哈尼哈番又一拖沙喇哈番加六级加赠太子少保谥襄武孙思克墓碑，碑身被改作由陈宝琛书丹的"兴记"石额，匾额榜书"兴记"之后，以小号行书字落款"陈宝琛"三字，后钤印二方"臣陈宝琛""太保之章"。陈宝琛（1848—1935），曾做溥仪老师，授"太傅"衔。此处"太保"为皇帝老师的一种称呼，并非实授。而其原碑的碑首、碑座不知去向。此石在东城区东四西大街东口路北十字路口征集。

（十五）张允随家族墓碑

大约在 2000 年时，通州徐辛庄草寺村有一座废弃的场院，两面两座储油大罐横向置放在那里，罐下还有石座底托，仔细看才发现原来是残碑的碎块。那里曾是清初大学士张允随的家族墓地，墓碑应有五通，含张允随、其父张惟远、其祖张一魁等人及夫人的。由于用作底座之碑被打碎压在罐下，无法看清到底是哪通碑了。

（十六）北京的两通下马必亡碑

训守冠服骑射碑俗名下马必亡碑，清乾隆皇帝所立，一在故宫箭亭，一在中南海紫光阁大殿正中。至今犹能看到的是故宫的那通。故宫箭亭位于紫禁城东部景运门外、奉先殿南。所谓"亭"，实际是个五开间的大殿，前面有一块空地，大约有"一箭之遥"；所谓"碑"，实际上是个"卧碑"。此碑在大殿内一侧立，上刻乾隆皇帝重申太宗皇太极戒后世训守衣冠仪制的圣谕。太宗的训诫实际上是一段《清太宗文皇帝实录》在崇德元年（1636）的记载。当时皇太极召集亲郡王、贝子贝勒、都察院官等，命弘文院大臣读《大金世宗本纪》，并且嘱咐大家不要贪图安逸，像熙宗完颜亶那样效法汉人陋习，以致误国。"世宗即位，奋图法祖，勤求治理……时时练习骑射，以备武功。虽垂训如此，后世之君，渐至懈废，忘其骑射。""恐日后子孙忘旧制，废骑射，以效汉俗，故常切此虑耳。我国士卒……因娴于骑射，所以野战则克，攻城则取，天下人称我兵曰立则不动摇，进则不回顾，威名震慑，莫与争锋。"所以才叫作"下马必亡"！紫光阁的下马必亡碑，高 295 厘米，宽 280 厘米。在"文化大革命"期间，为保护文物，在周总理亲自关怀下，有关部门将紫光阁院内的下马必亡碑移出原处，放到当时已封闭的北海公园中保护了起来，和石碑一起被保护的还有紫光阁、摄政王府门前的两对石狮子。移碑当日，周总理曾摸着下马必亡碑说："委屈一下，会回来的。""文化大革命"末期，人们遵循周总理生前指示，把紫光阁的下马必亡碑找回，又安置在原处。

另外像故宫、北海公园、香山、颐和园、八大处、天坛公园，都因为被部队或政府单位（园林、民委、宗教等）使用，其中的石刻才保存了下来，这些石刻比起那些遍布在田间地头、街道胡同、学校寺庙废址中的石刻要幸运得多。另外，还有一些碑刻也基本被完整地保留下来了，它们远在深山，在当时是车行不便，甚至有的地方当天都不能来回，如门头沟区玉皇庙连山碑、色树坟连山碑，平谷区三生石、倒影潭摩崖，怀柔区"三星照月""警心慎辔""秦皇旧址"摩崖，昌平区驻跸山摩崖等。当然，还有一些石刻或是被深藏在居民四合院或单位的犄角旮旯地下，或被砌作墙体，也保存下来了，如原崇文区民居中的正阳桥疏渠记方碑，北京师范大学中的卜舒库墓碑，中国政法大学内的抚远大将军墓碑，北京大学花神庙二碑、杭爱墓碑，北京大学医学部中的纳穆生格碑等。

二、"文化大革命"期间及改革前的石刻新发现

（一）史思明墓翼兽

唐史思明墓，位于丰台区王佐乡林家坟村西。1966年春发现，墓已被破坏。1981年春进行发掘。墓中出土了很多文物，有玉册、石墓门、象牙化石等。墓上建筑及石刻早已荡然无存，但在距之不远的永定河故道中又发现了一只神兽，它貌似兽，坐似鸮，身生双翼，前兽足，后鹰爪，前胸宽大，身高120厘米有余，诸多特点都说明它是一件等级较高的神路石雕。有翼的神兽为帝陵所独享，在唐代，北京地区虽无正统的皇帝陵墓，但却有僭

位称帝的史思明的墓葬。专家鉴定其为唐朝范阳节度使史思明墓的护墓兽，很可能因为种种原因史墓遭到破坏，地上石刻流散，最后仅能见到这唯一的翼兽了。另有一种说法，此地为营造陵墓的加工场，陵墓尚未完工，而史家大势已去，兽被弃置于此。今天此件带翅膀的护墓神兽在北京石刻艺术博物馆展厅内陈列。

（二）唐代小犀牛

长 50 厘米，高 20 厘米，宽 22 厘米，大理石质地，中华人民共和国成立后出土于丰台区永定河床淤沙之中。1985 年，该区段亦曾出土过一尊铁犀牛，现藏丰台区文物管理部门。同样是出土于丰台区永定河故道的小石犀牛，可能与上面那件石兽的时代相仿，同样也是唐朝。因为在丰台区的永定河故道里还发现了一尊铁犀牛，体量、形制都非常接近，有的专家定其为辽金之物，实际上二者应属同一时期。犀牛实际上是后来息水兽的早期形式，而息水兽实则是从很具象的犀牛演化而来的抽象神灵雕塑。据历史传说，大禹治水时，每镇住一水，则铸铁犀牛沉入水底，水患即除。又据野史记载，唐朝时，有好事者见黄河边有大铁链，于是套上多头牛捯寻铁链，铁链的尽头随即跳出一怪，有人说那就是大禹治水时的水怪，叫无支祁。无支祁一睁它那个"闪电眼"，吓跑了周围的人，又纵身一跳返回河中，那几头可怜的牛被拉入水中了。牛作为镇水之物，不外乎因这两个原因吧。后来颐和园中的镇水兽铜牛完全是一只趴伏的水牛。

（三）钞纸局中书户部分官题名记碑

作为普通碑刻，在北京来讲，元碑不算凤毛麟角。但作为一件特殊的碑刻——官员题名碑，那它就是少之又少了。确实还有比它更早的金代礼部令史题名碑，同时期的尚有刑部题名第三之记碑，但却出土发现于 21 世纪。

（四）纳兰家族墓石刻

历史上纳兰家族是清前期的显赫一族，其家族墓地在今海淀区上庄村，占地面积 340 亩，清前期共葬有 5 代 19 位，素有"小十三陵"之称。当时地上石刻牌坊、石人石马、石五供，颇为壮观。后经清、民国、"文化大革命"时期的破坏，地上石雕石刻多已无存。特别是在 20 世纪 70 年代，墓葬本身也遭到了破坏，随之出土了墓志等文物，如明珠墓志、明珠夫人觉罗氏墓志、纳兰性德墓志及纳兰性德夫人卢氏墓志、揆叙墓志及揆叙夫人耿氏墓志、揆方墓志及揆方夫人觉罗淑慎墓志等，现分别收藏于纳兰性德陈列馆、北京石刻艺术博物馆和首都博物馆。另外，作为纳兰家庙的东岳庙（在永泰庄村）的碑刻东岳行宫碑也被征集到北京石刻艺术博物馆了。其他如尼迓韩（明珠父）、郑库（尼迓韩长子）、永寿（揆叙子）、永福（永寿弟）、宁秀（永福子）等的墓葬，随着被毁，墓志都流失不知去向了。十几年前依然尚在的西花园上面刻有"井泉龙王神位"的井泉碑连同遗址也已荡然无存了。

（五）巴尔达奇墓碑

1976 年 4 月，德胜门外大屯公社华严厂生产队在平整土地时，发现了巴尔达奇的墓碑。碑偏白色，大理石质地，螭首龟趺。碑通高 323 厘米，宽 92 厘米，厚 30 厘米。额篆"敕赐"，首题"一等阿思哈尼哈番巴尔达奇碑文"，碑文汉满合璧，碑阴无字。后被征集到文物部门，今在北京石刻艺术博物馆露天陈列。就其碑本身的形制体量来讲，与其他碑相比，并无什么特殊之处，只是碑主需要特别交代一下：巴尔达奇是东北黑龙江地区的少数民族达斡尔族的著名首领；在清初同期的历史上，曾有三个叫"巴尔达奇"的人；他是清廷的捍卫者，也是清室的额驸。

后金天命十一年（1626）八月，努尔哈赤去世。皇太极即位后，继续对明朝用兵，为求稳固后方，对黑龙江流域的索伦部、萨哈尔察部实行招抚政策，索伦诸部逐渐归附。天聪八年（1634）五月二十七日，"黑龙江地方头目巴尔达奇率四十四人来朝，贡貂皮一千八百张"，以示臣服。后来巴尔达奇又多达 11 次带人贡物来朝，得到了清廷（后金）的赏识。鉴于他的忠诚，皇太极于天聪十年（1636）将宗室之女嫁给他，巴尔达奇遂成为"后金"的额驸。崇德四年（1639），索伦部长博穆博果尔发动了叛清的战争，黑龙江南北索伦各部均起兵响应，但以巴尔达奇为首的一部分达斡尔人却毫不动摇，"坚壁待王师"，站在清廷（后金）的一边，故其碑文记"倾心内附，岁贡方物。及同党相残，又能率尔兄弟协力纳款，真识时保身者矣"！也因此受封"一等阿思哈尼哈番"。

（六）乌古论窝论家族墓

1980 年，在丰台区米粮屯村先后出土了墓志三合、墓碑一通：金乌古论窝论墓志、金鲁国大长公主墓碑和墓志、金乌古论元忠墓志。墓志体量较大，边长在 100 厘米左右；墓碑并不很大，碑身还不足 200 厘米。金代历史本身就不长，又先后建了三个都城，自海陵王由上京迁建燕京的中都城，到金宣宗再迁南京，金朝政治文化中心在中都的时间统共也就几十年。志主、碑主为宰相、驸马、公主，而且撰文人、书丹人、题额者如李晏、邓俨、党怀英、张行简、周昂、庞铸等亦均为朝廷重臣。特别是篆盖人党怀英（1134—1211），金代的文学家、书法家，字世杰，号竹溪，谥号文献，大定十年（1170）进士，官至翰林学士承旨，世称"党承旨"。擅长文章，工画篆籀，称当时第一。能有这些名人留下遗迹的石刻非常珍贵，刻工亦属第一。为后人研究金代历史人物、宫廷事件、书法、碑刻形制提供了第一手资料。

（七）显亲王富绶石享堂

该文物是 20 世纪 70 年代从朝阳区架松村肃王坟出土的。肃王坟园寝内共葬有清代八大铁帽子王之一的和硕肃亲王豪格家族的四代五王。爱新觉罗·富绶墓地上原有墓碑一座，螭首龟趺，康熙十四年（1675）立，1983年移至日坛公园内保护。底下出土"石享堂"一座，1987年征集到北京石刻艺术博物馆，现于馆内西区露天陈列。地宫内所藏的这座精美华丽的地下宫殿——石享堂，就是朝廷送给墓主在地下享用的一座"银安殿"。此件文物与其说是一件文物，不如说是一座建筑，它是由数十件预雕件拼筑起来的，为清康熙十四年建，汉白玉质地，石仿木结构。面阔三间，进深三间，间间以龙柱相隔，计有12根盘龙柱、18扇仿木石门。盝顶式屋面，檐下飞椽错落，椽头饰花卉，封护檐饰如意卷边。须弥座式台基，仰覆莲，束腰处云龙纹，最下部饰圭角云纹。每间六抹双扇门对开，上部三交六蔓菱花窗，下部裙板饰宝相花，门缝处薄雕屈戌。盘龙柱满雕云纹及蛟龙出水，下仿唐式莲瓣覆盆式础；柱上、檐下额枋饰古建彩绘"和玺"与"一整二破"；斗拱则以多层间错角方形式表现，平身科、柱头科、角科不分，拱间饰火焰宝珠三颗。总之，其选材之精，雕刻之工，呈现之美，石仿木之巧妙，世所罕见。

（八）李伟墓

1977年10月北京市文物管理处在西郊海淀区八里庄清理了一座明代武清侯李伟夫妇合葬墓。此墓地位于海淀区八里庄慈寿寺塔西北约一公里。在东郊通州区永乐店镇政府附近也有一座李伟的墓葬，其实只是他的一座衣冠冢。因为墓主李伟就是通州永乐店人，也有人说那是李伟的祖坟。嘉靖间其女入侍太子，生神宗万历皇帝，是为历史上有名的慈圣宣文明肃皇太后，故而李伟成为国戚。其墓前立有神道碑，神道两侧有石雕文武翁仲各二，骆驼、马各二，獬豸一，是明代北京东郊较大墓葬。今墓已平，石雕石刻移入西海子公园内葫芦河南岸，后又移入漕运码头。

三、"文化大革命"期间石刻的损毁

据资料载，1970 年 1 月 23 日，北京市文物管理处向驻市直属文化系统宣传队指挥部反映：北京市水产公司、北京大学附属中学等几十家单位为修建防空洞到圆明园遗址拆挖砖石，已有 20 多天，圆明园遗址的重点地区，如大水法、西洋楼一带，遭到严重毁坏。4 月，明十三陵的石牌坊、永陵的台基石条被人拆走。11 月 24 日，汇报房山云居寺塔及石经的现存情况，"文化大革命"的几年中遭到破坏的有：武周长寿二年（693）清信女宋小儿敬造碑浮雕一佛二菩萨的手、面被砸毁；唐袁敬造金刚经碑碑额浮雕佛像的手、面被砸；雷音洞内 4 个佛石柱的部分石佛面被砸毁，雷音洞直棂窗被砸，洞内大唐云居寺石经堂碑残段被扰乱，可能有丢失；9 个石经洞中已有 6 个洞门旁的直棂窗被打破；两座唐代石塔门楣及两侧金刚力士的手、面被砸，北塔自然损坏严重。1972 年 3 月 13 日，北京市文物管理处对天坛等 18 处重点文物保护单位进行调查，发现大量文物被人为破坏，如明十三陵各陵宝城、明楼砖石被拆走；姚广孝墓塔被挖掘；潭柘寺砖塔遭破坏；金代镇岗塔平座外皮砖被剥掉，石制保护标志被砸毁等。还发现使用单位擅自在保护范围内进行施工建设，如五塔寺院内两年盖房六十余间，并在金刚宝座附近设粪池积肥。6 月 15 日，北京市文物管理处对明代意大利传教士利玛窦墓情况进行调查。该墓在"文化大革命"初期被拆毁，原有 3 座墓碑已就地掩埋。这仅仅是当时石刻损坏情况的一个缩影而已。

平谷丫髻山石刻，今天所有能收到、见到仍存的丫髻山碑刻都陈列在山上山下了，有许多碑座，却找不到碑身。

孔四贞墓及石门，在今天的海淀区公主坟。据传说，这里埋的是清代唯一的汉族公主孔四贞，又一说法是乾隆帝的女儿——"还珠格格"的原型和硕公主。实际上，孔四贞为清初定南王孔有德之女，曾为顺治母后（博尔济吉特氏）收养宫中，并认为女，封和硕公主，后嗣其父王爵。其墓早已被毁，但是墓门两扇一直存放在居民区内，后征集到北京石刻艺术博物馆。

郑王坟，在右安门外，占地二顷数十亩，最先建的是简亲王雅布的墓园。雅布为郑献亲王济尔哈朗之孙，简纯亲王济度第五子，康熙二十二年（1683）承袭简亲王。据记，该园坐北朝南，依次建有宫门、红墙、享殿、月台、宝顶。宫门外建有碑楼一座，立康熙四十二年（1703）螭首龟趺碑一通。砖砌高一丈多的红墙。月台上除雅布大宝顶外，还有小坟两座，为侧福晋高氏、郭氏墓。墙圈后边大山子之前，另有庶福晋墓两座。墓园内外植有松柏树。如今三环草桥以南已见不到任何踪迹了。《北京晚报》还报道此处地面尚有龟趺石刻等。

四、墓志的大量出现

陵墓石刻分为地上与地下两类，地上石刻如果不遭人为破坏，比如挪移、残断、丢失等，千百年来不会有太大的变化，比如像北京的明十三陵等。但在北京地下的石刻文物，如墓志、墓莂等，即便是在"文化大革命"期间，在文物部门进行考古发掘时，往往也能被保护下来的。如：

唐李永定墓志，1966年海淀区八里庄引水工程中出土。志主李永定卒于天宝十年（751）。

唐汝南郡周夫人墓志，1970年出土于宣武区（今西城区）马连道商场门前。志文简约，记志主夫人周氏为"京兆府万年县人"，系"唐银青光禄大夫德州别驾（周）俊府君之第九女。以元和三年（808）七月五日终于花严坊私第，享年五十有一"。此志记载了夫人系周俊之女，但为谁之夫人却丝毫未提。

唐王徽墓志，1973年海淀区清河镇朱房村出土。志主王徽是唐开元、天宝年间蓟州顺义郡开元观的道士。此志的出土，对于研究顺义区的道教发展历史有着极重要的作用，特别是对研究该区的文物古迹开元寺的始建年代等。志记"窆于故顺州城北平原，礼也"，与今出土地相差甚远，值得深入研究。

唐张乾曜墓志，1975 年出土于延庆谷家营村东北百米处。志主卒于元和八年（813）。

唐宋君妻蔡氏夫人墓志，1976 年西城区地安门西大街出土。志主系唐末时燕人，死后"窆于幽州幽都县界礼贤乡龙道村"。

唐阳氏墓志，1981 年在丰台区大葆台附近发现的唐代墓葬中出土。

唐王时邕墓志，1985 年在丰台区槐房乡六必居酱菜园建筑工地中发现的唐代墓葬中出土。根据墓志出土地点与志文对比研究，"邕志"载："会昌六年（846）姑洗月（季春三月）朔日（初一），卜葬于蓟县南一十三里广宁乡鲁村东一里之原"，可以大致证明唐朝蓟城南城边界的位置。另外，此件志盖背面亦有文字，首题"释迦牟尼画赞并序"，下部齐行断残，说明这是借用一块旧碑改作墓志的。而碑的内容与佛教有关，佛教文物向来被视作"圣物"，在某种程度上以实物证明了当时唐武宗李炎的"会昌灭佛"。

辽王泽妻李氏墓志，1970 年出土于丰台区丰吕镇桥南。志主李氏卒于辽重熙十二年（1043），十四年（1045）葬。该志为其夫"太中大夫、行给事中、知涿州军州事、兼管内巡检安抚屯田劝农等使、上柱国、开国侯、赐紫金鱼袋王泽"撰文。同出的还有其夫王泽的墓志，王泽卒于重熙二十二年（1053）。

辽董庠灭罪真言刻石，1970 年西城区阜成门外出土，同出有董庠及妻张氏的志石各一件，显然是墓志一合，夫妻合葬墓志，但却以"真言"与"墓志"的形式出现。董庠志文虽然短小，但已包含人名、官职及时间："故保静军节度使金紫崇禄大夫检校太傅兼御史中丞董庠"，辽寿昌三年（1097）。后附真言三条（灭罪真言、智炬如来破地狱真言、生天真言），祈求保佑墓主入土为安，体现了辽时人们对佛教的崇拜。

金吴前鉴墓志，1970 年出土于石景山区。志主卒于皇统六年（1146），葬于大定七年（1167）。

金石宗璧墓志，1975 年出土于通州三间房。志主卒于金大定十五年（1175），葬于十七年（1177）。

元昭勇将军张弘纲墓志，1972年朝阳区永定门外小红门村发掘出土。志主元大德五年（1301）殁，九年（1305）葬。

明刘珊墓志，1965年出土于朝阳区东营生产大队大山子马家坟。志主葬于明景泰六年（1455）。同地同时还出土有明刘永诚墓志，刘永诚系景泰、成化间御马监太监，为刘珊的叔父，卒于成化八年（1472）。

明王敬母白氏墓志，1975年出土于昌平区。志主殁于明宣德六年（1431），次年葬。

清纳兰性德夫人卢氏墓志，1972年海淀区上庄乡上庄村出土。志主为清康熙朝赫赫有名的大才子、著名词人、二甲进士、一等侍卫、满洲正黄旗人纳兰成德（性德）的夫人。墓志的形式较为特殊，为卧碑式，汉白玉质地，四框刻祥云蟒龙戏珠纹。同时同地还出土有清通议大夫一等侍卫佐领纳兰君（性德）墓志。

清诰封夫人张母杜太夫人墓志，1973年通州区张家湾镇张家湾村出土。志主杜氏系清顺治、康熙时人，其子张士甄曾历任刑、礼、吏三部尚书职。可惜此志出土后不久即磨灭不清了。同地同时还出土有清诰授资政大夫吏部尚书绣紫张公（士甄）墓志。

"文化大革命"期间出土的还有通州区唐故华阴郡司士参军李公（询）墓志、明昭勇将军坐营杨公（仁）墓志、明诰封东宁伯太夫人张氏墓志等。

第四章　科学发展时期的北京石刻研究

一、改革开放迎来了石刻学研究的新高潮

改革开放以后，收藏热的到来催生了人们对文物研究的热潮。由于自宋代以来收藏和研究的重点就是"金"与"石"，自然而然地，"青铜器学"与"石刻学"再成重点。然就"金"与"石"来讲，石较新，金略旧；石较易，金较难；石普遍，金稀见。作为理论和学问来讲，"石刻学"的确是一门新兴的学科。"金（青铜器）学"确实是个不下殿堂的"贵族学科"，研究和收藏的人群自然稀少；而石刻学研究的需求和实践就相对容易得多。改革开放以前，石雕、石刻往往得不到人们的重视，由于是文明古都，故北京郊野随处可见石雕、石刻；而青铜器一般只有在考古时才能发现。作为收藏来讲，青铜器大多是出土的，买卖收藏会招来麻烦；石雕、石刻则有许多属私人世代收藏的，对于其"国"与"私"很难界定，收藏起来更加名正言顺一些。人们逐渐视之为"高端收藏"，国家也越来越重视石刻石雕以及偷盗买卖的事情。诸多特点决定了石刻研究高潮的到来是不可避免的了。

二、碑刻的调查与拓片的收藏

《语石校注》，清叶昌炽撰，韩锐校注，1995 年今日中国出版社出版。该书为"北京石刻艺术博物馆丛书"第一本，也是石刻学真正成立以来的一部奠基之作，因何说此？前文提到清人叶昌炽著《语石》，是为石刻学的

先驱；民国柯昌泗著《语石异同评》，对叶氏原著逐条加以评述；今人陈公柔、张明善再加点校整理，最后中华书局推而广之。但毕竟未能跑出学术的圈圈。韩锐先生作为北京石刻艺术博物馆的职工，肩负着对石刻学的研究与教学的重任，校注《语石》，是为了"献给初从事石刻研究的青年和石刻、碑帖爱好者的一本入门读物"。这样一本70多万字的学术巨著就是一部考古学的基础读物、石刻学的必读读物，它全面解读了《语石》。据《前言》讲，十卷本的《语石》内容大致为如下的框架：一、中国石刻简史；二、中国石刻的地理分布及特色；三、中国石刻的分类；四、石刻文字体例；五、石刻书法史；六、杂识。

《中国碑帖艺术论》，蒋文光、张菊英著，1995年中国工人出版社出版。35万字的篇幅，并配以大量的碑影、拓片，从感官上已把读者带进了古代特有的"黑白艺术"的世界，让读者领略"黑老虎"的韵味。全书分为十二个章节，但从内容上只是两大部分，即"碑"和"帖"，叙述二者的演变和分合关系。如果仅从石刻学的角度，建议大家读一下其中几个章节：《何谓碑、帖及两者的区别》《石刻的特点和分类》《碑的形制及书丹》《碑的演变》《碑帖的历史价值和艺术价值》《碑帖拓本的重要性》。

《馆藏石刻目》，刘之光主编，何唯良、滕艳玲编辑。1996年今日中国出版社出版，为"北京石刻艺术博物馆丛书"第二本。该书虽属金石编目之书，但远比古"目"书更加科学，体现在它的编目的编排上（参见该书《凡例》八条）。其所收录的编目石刻均为石刻馆所藏北京地区以文字为主的石刻藏品，除法帖另行成册外，计有寺观、墓葬、会馆、墓志及其他共五类，分别为79项、106项、57项、91项及19项。每条目之下，除对石刻的规模形制加以描绘，书丹、撰文、篆额人加以介绍，来源、残损情况加以说明外，末尾总附一注，或多或少，根据研究情况。如"三晋庙增修碑"条下注：碑文追述了康熙年间创建马王庙，乾隆三年（1738）扩建及后来将马王庙改奉关帝易名三晋庙之经过。"为防备邻省侵占该地，同时亦不忘前辈创业之功绩，特拟文以记之。该碑同时刊刻其侧之碑撰文、书丹及重修、重记之人名。撰文人曹学闵，字孝如，山西汾阳人，乾隆十九年（1754）进士，历任刑科给事中，光禄寺少卿，内阁侍读学士等职。乾隆五十年（1785）正月赐千叟宴。不久擢宗人府府丞，以老告归。《国朝耆献类征》有传。书丹人冯廷丞，《国朝耆献类征》有传。"又如"宗人府颁恩碑"条下注："《北京图书馆藏中国历代石刻拓本汇编》有载。此碑原立清宗人府（民国后为公安局）。1948年为建天安门广场而拆除宗人府时被砸毁，被埋于中华门旧址地下。碑文上半部文字及立碑年代据《北京图书馆藏中国历代石刻拓本汇编》补。"

《中国的石刻与石窟》，徐自强、吴梦麟著，1996年商务印书馆出版，为"中国文化史知识丛书"之一。二位合作者系志趣相投的夫妻，均为北京大学历史系考古专业毕业。徐先生毕业后一直在国家图书馆工作，对于金石学、石刻学有较深的造诣，著述颇多。妻子吴梦麟老师毕业后一直在文物行业工作，亲临考古发掘现场、从事文物拣选与考古调查工作数十年，迄今仍在北京石刻艺术博物馆定期参与重大业务、学术委员会与培养年轻人的工作，孜孜不辍，发挥余热，先后发表论文数十篇，做文物考古、调查、保护、历史文物常识类讲座数十讲。此书虽然不足十万字，但几乎涵盖了中国古代石刻与石雕的所有方面，从通论到通史，到类别，到个案，以及石雕与石刻两种类型的关系等。

《中国古代石刻概论》，赵超著，1997年文物出版社出版，为"中国传统文化研究丛书"之一。如果说，学者们研究石刻学必先研究《语石》，其研究的成果，又与今天的博物馆藏品挂钩，既继承传统的金石学，又借鉴考古学理论，对全国石刻进行综合研究的，这恐怕还是第一部著作。据该书《前言》，作者本人做考古所研究生期间一直师从孙贯文先生学习历代铭刻。孙先生毕生从事石刻研究和古文字研究，青年时代即随陆和九先生钻研金石拓本，造诣极深，有很多独到见解，可惜未得其时，没能付诸文字。"有关古代石刻的全面研究，曾是孙先生嘱咐我需要进行的一项工作，并多所教诲。"作者在编写过程中还受到俞伟超、高明、阎文儒、宿白、严文明、马世长、周绍良、徐苹芳、杨瑾、傅璇琮、王去非、孙雅荣、孟宪钧、许晓东诸位先生的帮助。可见该书的分量，及大家对它的期盼了。该书分五大篇章：第一章中国古代石刻的主要类型及其演变，第二章中国古代石刻的存留状况，第三章历代石刻研究概况，第四章石刻铭文的释读与常见体例，第五章石刻及其拓本的辨伪鉴定与编目整理。

《北京石刻艺术博物馆建馆十周年纪念文集》，北京石刻艺术博物馆编，1997年北京燕山出版社出版。全书分为七大内容：一、石刻概论；二、专题考证；三、馆藏稽沉；四、古刻介绍；五、刻石赏析；六、整理与保护；七、石刻琐记。每个章节都有重要的代表性文章，均出自大家之手。如：吴梦麟《北京地区的文字石刻》、赵其昌《金中都石幢前坊考》、赵迅《从〈重修榆河乡东岳行宫碑记〉谈起》、张宁《北京孔庙进士题名碑》、杜仙洲《漫谈北魏的书法艺术》、徐自强《北图对北京地区石刻资料的搜集与整理》、刘之光《有关北京地区石刻四则》等。

《北京市志稿》（点校本），吴廷燮等纂，1998年6月北京燕山出版社出版。该书原稿存于北京市文物研究所，正式出版15册精装本，由北京社科规划领导小组提供资金上的支持。第9册为《金石志》，由刘卫东点校，共计撰写校勘记768条、20000字左右。《金石志》将北京市的"金石"依使用功能或地点分为七大类：卷一，《太学金石》；卷二、卷三、卷四，《寺观金石》；卷五，《故宫金石（苑囿附）》；卷六，《廨署金石》；卷七，《祠庙金石》；卷八，《名迹金石》；卷九，《陵墓金石》。特别要提出以下几点：一、吴廷燮《金石志序》值得一读；二、卷五《故宫金石（苑囿附）》另行，此中未含；三、虽曰"金石"但主要为"石"，"金"则不及十之一。

《古代石刻》，赵超著，2001年文物出版社出版，为"20世纪中国文物考古发现与研究丛书"之一。该书是有侧重点地介绍中国古代的石刻，也就是"发现"与"研究"，有三个研究方面：第一，历代碑石；第二，出土墓志；第三，汉代画像石。其他类别的情况在第四章节里。

《中国碑文化》，金其桢著，2002年重庆出版社出版。该书可以称为是一部石刻学的鸿篇巨制了。全书100多万字，所研究的就是一个主题——碑文化，也就是说，它不只是把碑当作文物来阐述，而是将碑及碑在人类社会上所引起的文化现象加以追源溯流、举例分析、专题论述。而且该书在行文叙述以及标题的撰拟上也算煞费苦心了，有时某章某节所要叙述的某问题、所要交代的什么特点，在标题上便一目了然。如：上篇碑文化发展史略之二胚胎孕育中的先秦碑文化、之四蒙受劫难的西汉碑文化、之十承上启下的隋代碑文化、之十七碑学复兴的清代碑文化等，既遵循了历史的线索又反映了时代特征。下篇碑文化专题专论之二十一碑与文字语言、之二十四碑与天文地理、之二十九碑与帝王遗迹、之三十四碑与宗教文化、之四十碑的历史价值等等。

《古代石刻通论》，徐自强、吴梦麟著，2003年紫禁城出版社出版，为"中国考古文物通论丛书"之一。此书是在20世纪80年代初期的《石刻学概论》的基础上扩充完善而成的。全书共分五大章五十五节，并附164幅插图。第一章绪论；第二章各代石刻；第三章各类石刻；第四章各地石刻；第五章附录：古代计时法举例。涵盖了石刻学的诸多方面，以及全国各地、历史各代各类石刻的情况，既方便初学者学习，又可为专家查阅、研究提高之用。

《北京文物精粹大系·石雕卷》《北京文物精粹大系·石刻卷》，是两部关于北京地区石刻文化的出版物，都是北京石刻艺术博物馆编著的，皆属于北京市文物局"北京文物精粹大系"丛书系列，由北京出版社出版。《石雕卷》2000年出版，《石刻卷》2004年出版。是书以图为主，说明和叙述为辅。《石雕卷》以时代为序，《石刻卷》以类别分章，使读者一目了然，方便理解寻找，另外前后附以数篇专题论文。《石雕卷》共收录了新石器时代、汉、北朝、隋、唐、辽、金、元、明、清、民国的石雕精品150余件，其中有著名的汉石人、秦君神道石柱、三台子汉墓石门、北魏太和造像、文海珍妻周双仁造像、文殊普贤万菩萨法会图刻石等常人或许很难看到的古代石雕作品。《石刻卷》强调的是有文字的石刻，按北京地区石刻文物的现状、存毁情况、数量及人们所能接受的观念将其进行分类，有摩崖、刻石、碑碣、墓志、刻经与法帖六篇。书非专著，文不至于冗长，图尚精美，旨在潜移默化地推广和普及石刻文化常识。

《中国古碑》，包泉万著，2009 年百花文艺出版社出版。此书字数不多，但图文并茂、资料翔实、论述充分，且其中插进作者挖掘出来的故事，读起来并不枯燥。此书之所以小而充实，关键是其所要叙述的"项目"不多，仅 15 条：一、御碑；二、功德碑；三、文献碑；四、经济碑；五、诗词碑；六、科技碑；七、反腐倡廉碑；八、民族团结碑；九、寺庙碑；十、墓祠碑；十一、三绝碑；十二、标示碑；十三、造像碑；十四、图画碑；十五、无字碑。从章节名称上看，比较切合现实。

《碑刻的故事》，吴克敬著，2009 年紫禁城出版社出版，为"文物的故事"系列丛书之一。此书不像其他石刻学类的著作那样注重对石刻的类别、历史、碑文的阐述、考证和分析，而是选择了碑刻中的一些特例加以典型性、故事性的描述。从书中并列出现的 39 个标题上即可看出这些碑刻的"故事性"来，如：令箴碑、遗臭碑、处方碑、良心碑、官箴碑、猿像碑、嘉禾碑、踹匠碑、戒假碑、戒欺碑、学规碑、水则碑、去思碑、先生碑、格言碑、梅花碑、窑神碑、安养院碑、教泽碑、旋风碑、照人碑、藏羚羊碑、鳄鱼碑、寒晖碑、家训碑、将军碑、仪制令碑、白菜碑、竹丰碑、太史碑、禁约碑、自由碑、党籍碑、蚕桑碑、棉花碑、守正碑、公道碑、改作碑、泥爱碑。有些碑刻甚至还是现当代的碑刻。文中语言也是非常生活化的口语，甚至使用第一人称的手法，令读者有身临其境之感。从书的后记中说该书系"大众收藏类图书"。

《新中国出土墓志·北京》(壹)，此书属于系列丛书，国家级课题，国务院古籍整理项目。全国以各省市博物馆、研究院所为单位承揽此项目，每收足 300 件以上的中华人民共和国成立以后出土的墓志类石刻即可结集出版，并得到国家资金补贴，统一由文物出版社印行。先后出版的有"陕西卷""河南卷""山西卷""江苏卷""北京卷"等共 19 卷，堪为鸿篇巨制。其中"北京卷",作者中国文物研究所、北京石刻艺术博物馆,主编王素、任昉,执行主编刘卫东,2003 年文物出版社出版。该书仅为《新中国出土墓志》北京市的第一分卷,共收录北京市北京石刻艺术博物馆、北京古代建筑博物馆及朝阳、海淀、丰台、顺义、昌平、门头沟、通州、房山、大兴、怀柔、平谷、密云等区县文物管理单位收藏墓志 411 方,均为 1949 年后出土或征集。其中,正文 393 方,"附一"3 方(年代不详塔铭和墓志盖),"附二"15 方(明清时期买地券)。最早为隋开皇九年(589)韩智墓志,最晚为民国三十年(1941)中兴宏慈广济律寺第九代住持现明老和尚王光德塔铭。绝大部分内容此前均未发表,具有很高的史料价值。

《新日下访碑录》,也是系列丛书项目,哲学社会科学正式立项课题,北京市社科规划项目,由北京燕山出版社出版,已出版三册——《房山卷》《门头沟、石景山卷》《顺义、通州、大兴卷》。该书是北京石刻艺术博物馆对北京地区现存石刻文物普查的一个带有学术性的总结,主编刘卫东。作为学术性的专书,该书以文字为主,不设拓片图片等插图。对于所收录的石刻,采取一事一议的方法,每件碑刻独立成篇,结构上是:1. 名称,为石刻做一个准确的定名;2. 解题,对于石刻调查研究的简介;3. 录文,要求准确,按照国务院古籍整理委员会规定的格式进行;4. 注释,对于有可能产生歧义及难于理解的词汇加以注释;5. 按语,对于石刻所能做到的考证、考辨、考释、考订等。

《贞石永固——北京石刻艺术历史文化》,王丹主编,2015 年北京联合出版公司出版。此书系北京石刻艺术博物馆"改陈"——北京石刻艺术历史文化展所作。由于展览与图书各自的特点,二者是不可能互相替代的,但是可以互相补充、相辅相成。在某种意义上说,二者不可或缺。其所展示和介绍的对象,基本上涵盖了所有石刻馆正在上陈的石刻文物,并以说明附述于下。

三、基建工程出土发现与毁坏的石刻文物

（一）平安大道出土石刻：石龟趺、东不压桥石刻

1997年政府决定了一项道路拓宽工程，即平安大道工程。遗憾的是平安大道工竣后，街道北侧被保留下来并修缮的诸多院落（不一定都是四合院）大门前并没有安置四合院的标志性石雕——门墩。这还是一位收藏上百对门墩的爱好者提出来的，他说自己本可以捐出来的，可惜没有人联系接洽。今天看来，实在是个遗憾！老北京的门墩就像四合院大门的眼睛，有大门而无门墩，简直就是"脸大无神"。

施工阶段最先出现的是一对石龟趺，是在育幼胡同口的位置，即今平安大道的南侧。两件龟趺都很大，长约330厘米，均较完整，偏白色大理石质地。当时《北京晚报》作了六篇报道，说明媒体与市民都开始关心出土文物了。那个地方南距元明时期的朝天宫，清代果亲王府、慎郡王府不远，北面与明代的广平库接壤，还有几座小庙，如翊教寺、普安寺、永庆庵、德福庵等。但分析此二件石龟趺的风格特征，基本上是明清之际之物，类似墓碑的龟趺，其体量之大，很难与这些庙宇相配，与朝天宫的时代又不相吻合，周围亦无任何考古发现，孤零零地出土了两件大型石雕，估计二次搬运的可能性极大，也就是说它不在原址。

随后的1998年夏季，在什刹海南岸，与北海后门斜向西相对的位置，出土了若干石桥构件。其中有石雕团莲花实心栏板、转关石等物，根据其位置推算，应该是东不压桥的构件。这些石雕件与高梁桥、庆丰闸等处风格接近，其年代在元明之际，说明这是在明清修桥时曾使用过的旧桥石料。

以上两处出土的石刻，最后都运回北京石刻艺术博物馆收藏。

（二）天安门出土石刻：10件石雕望柱、四行储蓄会石匾、刑部题名第三之记碑

1999年，为迎接中华人民共和国成立50周年，天安门广场整体进行改造，选用大量的石材对广场进行整体铺装，总面积约33万平方米。2002年，在广场南侧面对天安门中线东侧北数第一排东数第一根的华灯附近，地下大约5米处，发现了一共12件石雕望柱。望柱是明代风格，残完不一，长短不一，长者残高145厘米，径32厘米，上好的汉白玉质地，规格相同，柱头直径30厘米左右。其他望柱柱径均同，但柱头纹饰则分为祥云底浮雕盘龙与祥云底浮雕飞凤。看样子它们是有意被推埋到土坑中，其表面只有硬伤、土沁，几乎没有风化痕迹，这说明它们是在明代或清初修缮承天门前如千步廊等设施工程中，安装护栏时碰残而被替换下来的建筑构件。由于是皇家工程，马虎不得，有残即不可再用，只能就地掩埋。

不久，在天安门广场的西南角又发现了石刻文物。在地下浅表层出土了一块素面榜书石匾额，汉白玉质地，宽近200厘米，高约100厘米，阴刻5个正书大字"四行储蓄会"。从字体上看，完全就是民国特点，有颜字功底，又有魏碑的影响。后经查证史料，"四行"即民国时期盐业银行、金城银行、大陆银行、中南银行的合称。"储蓄会"成立于1923年，是四家民营银行的联合体，原址在西交民巷东口内，距今出土位置不远；由于是民国之物，所以被发现在地下不深处掩埋。

刑部题名第三之记碑也是在天安门出土的，2004年进行天安门城楼前地下电缆施工时发现。出土的位置是在天安门城楼前东观礼台后小夹道地下1.5米处，西距紫禁城中轴线约100米。出土时碑身与座分离，自然仆地，左下角已断裂为数块，汉白玉质地。典型的元代风格，首身一体，方首抹角，梯形素面方座。通高225厘米，宽82厘米，厚21厘米。碑首浅平雕二龙戏珠，主形额际。边框缠枝花，双面刻字。首题"刑部题名第三记"，额篆"刑部题名第三之记"。碑文分为上、下两部分，上部记文，"通奉大夫、

中书、参知政事、同知经筵事、提调四方慰言、详定使司事危素"撰文，"奉议大夫、詹事院经历潘通"书写碑文并篆书额题。碑末年款为"至正二十三年（1363）闰月甲午"。下部即官员题名。碑阴首题"本部吏人等题名记"。它的出土，具有十分重要的意义。首先，它的出土证明了元代"中书省"的位置，厘清了当时六部的关系；也证明了元代刑部的位置——在宫左（东），明清二代刑部均在宫右，即明代的阜财坊，约今民族饭店附近；清代在当时的天安门与大清门之间。其次，它的发现将之前存世与出土的题名类碑刻的"级别"提升至"部级"；为后来官员题名碑制定了标准规格；书丹撰文人潘通和危素都是当时的权豪大家；它的记文部分可以说是一部有关法律的论文。

（三）菜市口及菜市口南大街出土石刻：吴柳堂先生故宅碑、成立京城内外农圃研究所始末碑、滚墩石等

1998 年 8 月，在当时宣武区政府的推动下，拆除危旧房，拓宽马路，菜市口以南的马路，原为菜市口南大街。1999 年为中华人民共和国成立 50 周年国庆献礼工程，将此段路南通于二环路，于是定名为菜市口大街。在施工过程中，陆陆续续也出土了不少石刻。

位于南横西街的"粤东新馆"旧址，是清朝光绪年间兴建的，规模较大，原有房屋 78 间，占地 6 亩，并建有戏楼、花园。光绪二十四年（1898）康有为在此召开保国会成立大会。20 世纪 20 年代馆门口曾悬挂"清光绪戊戌政变前公车上书议政之所"横匾。会馆原有格局已不完整，许多建筑被拆改。在施工过程中，门口被扔出一件小型的滚墩石，相当完整。发现后第二天准备运回北京石刻艺术博物馆时，东西已不翼而飞了，非常遗憾！

在大街上路西原北半截胡同 41 号院的谭嗣同故居，是原来的湖南浏阳会馆。在施工时，周围被拆得七零八落，只留下这座具有时代意义的会馆等着政府的"决定"。当时门口有一对相当完整的石门枕埋于杂物之间，与破烂的门户相比，倒是比较稀罕，经与相关部门协商，将其征集到北京石刻艺

术博物馆收藏。

在北半截胡同的南边自然就是南半截胡同了，再往前不远处路西（也许是新开西门）的一个宅院，是吴柳堂先生故宅。门口躺着一块碑，又是施工时被清出来的，识读其碑面文字，即"吴柳堂先生故宅记"。吴可读（1812—1879），号柳堂，兰州人，道光三十年（1850）中进士。在岗正义直言，弹劾成禄，差点被同治皇帝问了死罪，被左宗棠保住。后做吏部主事，得罪了慈禧；光绪五年（1879），以死谏于蓟县的三义庙。他的忠义之举赢得了众多朝臣的拥戴，最后慈禧不得不下懿旨"以死谏言，孤忠可悯""按五品议叙"。文武百官、其生前好友聚资买下他的故宅，为其建祠堂。此事在民国马芷庠的《北平旅行指南》中有详细记载，但并没有谈及此碑；而此碑也并没有《绝命词》的内容。据《指南》记，"先生名可读，甘肃人，庚戌（1850）进士，由部员考御史。因参提督成禄，言激烈，清文宗震怒，交部议革职。后成禄查实拟大辟。穆宗立，起用，授吏部主事。光绪五年（1879）春，穆宗奉安，先生恳长官派为随员。葬事毕，诸臣均回京，吴独留，寓马伸桥三义庙。昼观乡人网鱼于河，夜著奏折……录正，并预购寿衣棺木，著绝命词等，拟自缢，屋梁高，仰药死。事闻，德宗优恤之，葬于惠陵外。志其绝命词和诗挽联于下：（一）绝命词：'回头六十八年中，往事空谈爱与忠。壤土已成黄帝鼎，前星预祝紫微宫。相逢老辈寥寥甚，到处先生好好同。欲识孤臣恋恩所，惠陵风雨蓟门东。'（二）门人马人龙和诗：'传钞谏草遍寰中，气节棱棱可作忠。百愿未谐留白简，一言有待属青宫。各行所志非求异，能得其安何必同。岂是鸿毛轻视死，不随湍水任西东。'（三）门人安维峻挽联（安字筱峰，后官御史。参李鸿章革职，发新疆。）：'朝廷亦悯孤忠先生乃独留千古，天壤自多公论弟子终莫赞一辞。'后人仿杨椒山故宅例，建祠祀之"。

细读碑文，实际上是补充了"建祠祀之"的经过，正可两相互证。此碑是由赐进士出身、诰授通奉大夫、赏戴花翎、内阁学士兼礼部侍郎衔、文渊阁直阁事、加三级秦州刘永亨撰文并书丹的。刘永亨（1850—1906），甘肃人，系吴可读的侄子吴安圃大儿子吴伯讷的同僚，在吴可读就义之前三年曾以学生的身份登门拜访过他。建故宅、拓修故宅、褒忠建祠、刻词立碑等，颇费了些周折，也牵动了不少人士，终于在光绪三十一年（1905）完成了全部故宅修建的工程。

在菜市口一带还出土过一件民国时期的碑刻——成立京城内外农圃研究所始末碑，同出还有一件同样规制的无字碑。碑文记载了民国十三年（1924）夏五月，京师四郊"园行"同人在宣南赁屋三楹组成农圃研究所，注册立案，用以联络团体、研讲园蔬之事。读碑文可知，"蔬食虽为日用必需，而史无专载，园学家各据一说，殊难折衷"。此"所"是在原来"园行"公会的基础上成立的，当时还都要去供奉"五圣"（山神、土地、花神、药王、龙王）。建立"研究所"，是有"广国用，藉便民食"的目的，"而又有裨于国计民生，为利斯溥"。重点研究"种籽储存"与"虫患防备"。然此"所"没能长久，此"址"也未能留下痕迹，此事却通过此碑记录下来。而那块无字碑呢，很可能就是当时为"研究所"将有大事，如修缮、扩建等而预留的，只可惜没能查到它的后续史料！

（四）甘家口出土的石刻：高忠墓石刻、逍遥墓石刻

2003年8月，在甘家口五矿集团西侧施工时，发现了明代太监墓葬一处。墓门联楹为单间石仿木结构，双扇门，素门钹，如意门簪四个，檐下内嵌式额，额双钩刻"皇明司礼监太监近斋高公之墓"，筒瓦硬山顶，青石拼砌。地上、地下部分早年被盗，故施工时仅清理出石门联楹、石构发券砌筑的玄宫一座，并出土墓志一合及超大体量的须弥座式石棺床。文物部门将以上石刻全部征集，墓志归文物研究所收藏研究，其他石刻被北京石刻艺术博物馆运回馆，进行原状露天展示。只可惜一整套的"玄宫"券石，因限于条件和经费未能运馆保存。研读墓志及查证史料得知，墓主高忠（1496—1564）自幼净身入宫，时在武宗朝，真正的得宠却是在明世宗嘉靖皇帝时。数十年间，他做过工程，"建四郊九庙、玄极宝殿、大高玄殿、皇穹宇、皇

史宬、雩坛、神祇坛、永禧仙宫、慈宁、慈庆、毓德、启祥等十二宫，及修葺七陵"；管过军营，提督十二团营；还做过公益，捐资置地，建护国寺（在今石景山区八宝山革命公墓内）；也有过低潮，吃了"壬寅之变"的挂落儿。可能就是在主管工程时，他偷偷给自己留好了寿材，大大超过了他可享受的规格，其旁同时出土并征集回北京石刻艺术博物馆的另一位太监的玄宫、棺床等明显小很多，这也姑且算是损公肥私、近水楼台的一例吧！

事有凑巧的是，就在同一工地的同一时间段内，相隔左右（东西）不足 30 米处，又发现了一处墓葬。规模与文物的体量等都小高忠墓好几号，有联楹墓门、玄宫、棺床，床上还有金井。唯独没有墓志，也无尸体等，又是一座空墓，怀疑它只是疑冢。石仿木的大门门头上，以剔地起凸法雕刻出门额一幅，上刻"逍遥墓"三字。床尾后面的墙上还留有对开小门双扇，虽然是窗户的位置、窗户的大小，但雕的却是门的样子。门户虽小，却有门钹、门槛儿、门枕等。从其"逍遥墓"三字上，或许能得到一些启发，来解释其空墓及墓主的情况。第一，或许它本身就是一座空墓，甚至墓主当时根本就没死，不定到何方逍遥去了。第二，墓主很可能是一位方外人士，和尚、老道等。第三，墓主是位太监，活着的时候很没有自我，还割掉了"祖宗"，做皇帝的奴隶，他期盼着下辈子的自由。

（五）明代遂平公主墓玄宫及墓志

在原海淀区鲍家窑有一座墓葬，有一座坟冢，人们都叫它驸马坟。2001年及以后，开始修五环，最先修的是今天的西五环一带，暂名"公路一环"。当修到鲍家窑时，那座驸马坟正好挡住了通路。文物部门要保文物古迹遗址现场，公路部门要完成任务，要对整个墓葬建筑做拆除。当时文物局有关领导曾与施工方进行交涉，经过一番商量，最终也没能将文物原址保护下来，也没能像公路遇到古树那样，分两边绕行。非常遗憾！文物保护政策和园林古树政策看来还是有些区别的！后来遂平公主墓志被北京市文物研究所取回研究，墓门联楹、双扇石墓门等被征集到北京石刻艺术博物馆，又是限于条件和资金，未能将"玄宫"整堂运回馆内保存。墓室早年被盗，仅余墓志一合，通过墓志得知墓的主人并非驸马，而是一位明代的公主——明光宗朱常洛之女朱徽婧（1611—1633），她的夫君是齐赞元。明代有规定，驸马不能与公主合葬，所以它不可能是驸马齐赞元的墓葬，也不是齐赞元与朱徽婧的合葬墓。到了清代公主与额驸合葬就成了顺理成章的事情了。

（六）苗大生墓志和苗澄墓碑

2000年，丰台区方庄小区中央音乐学院附中工地发现了一些破棺木和墓志一合。不论是墓葬被盗了，还是完全腐朽了，或是施工时被运走了，总算是有所收获的。当时墓志底、盖分开，盖左上角缺损，至少伤8个字。文物被运回北京石刻艺术博物馆内，后来被安排在第一展室陈列，特别是铁箍与墓志的缠缚方法也得到了充分展示。从志盖上的篆书文字可知志主的一些基本情况。篆曰"皇清诰封光禄大夫、总督四川兵部尚书兼都察院右副督御史大生苗公暨元配诰赠一品夫人苗母李太君合葬墓志铭"。又据志可知，苗公名澄，字大生，原籍直隶顺德之任县（今河北邢台任县附近），生于明万历壬子年（四十年，1612）二月二十七日，卒于清康熙丁巳年（十六年，1677）正月初二日，"本朝定鼎，公从龙入关，抱道甘贫"。《清史稿》有"本纪"。夫人李氏生于明万历丙辰年（四十四年，1616）十二月初六日，卒于清康熙庚戌年（九年，1670）七月初二日。墓志为康熙戊午年（十七年，1678）立，二十世纪五六十年代，在出土地附近（当时那个地方属丰台区左安门外马回甸，故墓志曰"将合葬两尊人于京城南马回甸之新茔"）尚有苗澄及夫人的墓碑二通，国图存拓。苗碑的首题是"皇清诰封光禄大夫总督四川等处地方军务兼理粮饷兵部尚书都察院右副都御史加二级正一品苗澄之碑"，官、阶、衔、职完全相同，仅仅一个用字"大生"，一个用名"澄"而已。再有，墓志系夫妻合葬墓志，故加夫人名号。夫人碑的首题是"皇清诰封一品太夫人李氏之碑"。

（七）康熙御制普济堂碑

此碑从广安门外一工地征集，那儿就是清代的普济堂原址。除此碑之外，原址已再无遗迹可存了。碑螭首龟趺，白玉石制作，龟趺头残断，碑身正面上部有明显的装载机挠痕，大痕两处，小痕八九处，损字17。除此之外，其他无大的明显伤痕及风化迹象。清康熙四十四年（1705）立，圣祖玄烨御制，孙岳颁书丹。

此碑雕刻手法上的与众不同之处就在于其碑框的线刻法：以双阴线刻出框子的轮廓，双线间填以云龙纹饰。或者说比较随意无规律地就其云龙所行之处而点以火焰纹，此火焰宝珠纹又是以压地隐起的手法表现的。仔细观察，其上框正中有两个神采奕奕的点点儿，那正是点睛之笔，是一条游龙的双眼，它恰恰游方到此一转头，形成了正面的龙首。现在此碑在北京石刻艺术博物馆内西区露天展示。

说到"普济堂"三字，大家一定会想这是一个药店的名称！是的，全国有多家以此为名的药店。但在300年前的清朝，那却是一个类似于今天养老院的机构。据碑文记，"京师广宁门外有普济堂焉……创建虽肇乎都城，效法期及乎寰宇……爰赐之额曰'膏泽回春'"。可见此堂在京师创建，为皇家机构，并且是独此一家，并打算推广到全国范围内。康熙皇帝亲自写牌匾。

普济堂到了清末转入民间，素有"老人堂"的称呼，而且设置多处。其实明清时期尚有所谓"宫人斜"，在阜成门外慈慧寺附近，建"静乐堂"，"砖甃二井，屋以塔"，用以藏有病临终之宫人。就连僧人们也建有类似的机构，如戒台寺内的"安乐""延寿"二堂，为出家人的终老之所。

（八）乾隆四公主墓：石人、石马、石碑、石牌坊

在民国马芷庠《北平旅行指南》中有记：二闸东河北有清福惠公主坟，俗呼佛手公主坟。"坟前翁仲颇为别致，服满洲装，项上挂有朝珠。"其他文

献也多有记载。中华人民共和国成立后墓上石刻等早已遭到破坏，其地留名曰"八王坟"，更有知其详者曰"佛手公主墓"。确实这是两座靠得比较近的清代墓葬。"八王"即努尔哈赤之子阿济格，"佛手公主"即乾隆四公主，被封和硕和嘉公主，下嫁大学士傅恒之子福隆安。2005年通惠河北路施工时陆续发现了史料记载的那些墓上石刻，而且还多了一些没有详载的。最南端的是一架四柱三间的石牌坊，用料讲究，体量巨大。南额"银汉分光"，联"马鬣景鸿仪心驰霜露，龙光垂燕翼气协风云"；北额"金枝毓德"，联"凤杳丹霄肃雍昭典策，翠骞碧落灵秀巩封阡"。从文字上可以知道它是一座女士的墓葬。一对清代衣冠的文武石翁仲也出土了，只是文官的官帽不知哪里去了（后有人回忆是有人拿走卖掉了），头顶上还保留着卯榫结构，是个遗憾。石马只出了一只残缺不完的，没有石兽。乾隆御祭太子太保兵部尚书和硕额驸一等忠勇公福隆安碑出土时也早已残损，龟趺、海墁、碑首都遭到不同程度的破坏。另外还出土了一件浮雕海水江崖缠枝花卉的券脸石，或许就是其原来地下玄宫的东西，或者是其地上神桥的拱券，为研究清代的墓葬制度等提供了第一手资料。唯有佛手公主的"佛手"仍然是个谜。一般认为，乾隆皇帝的四公主天生长了双"佛手"，即联蹼手。但可以从另一个角度来理解一下：公主，特殊的身份，即便是生来有生理缺陷，旁人也要隐晦地去说。蹼手固然是一种缺陷，但拽子也是一种缺陷呢，人的手臂不能回弯了，只能固定在某一个角度了，就像佛造像所施的各种手印一样，如"禅定印""施无畏与愿印""智拳印"等，也未尝不可以作为别解呀！

（九）魏忠贤墓石刻：石兽、石人、请建生祠碑、重修惜薪司碑

2003年、2005年，香山公园管理处先后发现了4件石雕，都与明代权阉魏忠贤有关。魏忠贤是明末宦官，明熹宗即位后，他开始平步青云，拉开了中国历史上最昏暗的宦官专权的序幕，一时厂卫之毒流满天下，一大批不满魏忠贤的官员士子惨死狱中；更有某些阿附之臣到处为他修建生祠，耗费民财数千万。他自称九千岁，排除异己，专断国政，以致人们"只知有忠

贤，而不知有皇上"。崇祯皇帝继位后，打击惩治阉党，治魏忠贤十大罪，命逮捕法办，魏自缢而亡，其余党亦被彻底肃清。香山碧云寺，是在元代的碧云庵基础上建设的，原为明代太监于经的预留墓地。魏忠贤占为己有，仿明陵旧制建为生圹，神道设石人、石马、石兽等。康熙四十年（1701），巡城御史张瑗在香山发现了魏忠贤墓，上报皇帝，下令"仆碑铲墓"。后来乾隆时期曾对碧云寺进行了大规模的扩建，除保留原来的门前石桥与石对狮外，其他均为添置。此次出土发现的两件文武翁仲和两件石兽，正是魏忠贤生圹前所配置的逾制石刻。

一对石兽左右对称，高昂其首，口吐长舌，坐比立高，身饰双翅。确实此兽非虎非狮，亦神亦怪。早先称作"天禄""辟邪""麒麟"，后来或者说北方叫作"异兽""翼兽""瑞兽""狮"等，源头可上推战国河北中山王墓出土的错金银翼兽，盛行于南朝的十多座王陵石雕天禄、辟邪，北京唐代史思明墓亦有翼兽出土，晚到明清海淀区功德寺的石狮，西城区西黄寺的石狮，可以看出其一脉相承的关系。一对石人（翁仲），一文一武，是香山公园管理处在铺设电缆施工时先后发掘出来的。文的儒雅憨厚，朴实无华；那尊武将，披坚执锐，眉头紧锁，怒目圆睁，头顶翘盔，身披战袍，足蹬战靴，双手执鞭，胸前护心镜，腰间束带，就连手臂处都包着护肘。其雕刻工艺细腻写实，不仅表现在军戎服饰上，还体现在威严肃穆的面部表情上，既刻出了八字上翘卷曲的髭须，甚至于连眉心痣、抬头纹这样的细节都淋漓尽致地表现出来了。它的服装纹饰都以左右对称的形式雕刻而成，唯独其战甲的下缘略有不同，一边是牡丹，一边是菊花，皆寓有尊贵之意。

有关魏忠贤的石刻，在北京石刻艺术博物馆内还有两通天启年间的石碑：一为露天陈列的题请普惠生祠香火地亩疏碑，一为重修惜薪司碑，两碑均为明代张瑞图撰文，前者内容即上报皇帝为魏忠贤建生祠，后者则是有关魏忠贤捐资重修惜薪司的事情。总之，都是以阿谀、赞扬为主。但是客观地讲，惜薪司鼓励大家节约柴炭，也未尝不是正能量的说法。

（十）八大处摩崖石刻

号称八大处第九处的摩崖造像，就是近二十年内才发现的。说是新发现其实也有些不确，据说此前好多游客在第八处的某个位置隔山沟往对面看，朦胧恍惚之中似乎能看见佛影，以至于有了谁能看到佛谁就有福气的说法。有鉴于此，管理方倒想搞个究竟。山沟里原来是杂草丛生，路径皆无，大家披荆斩棘，芟除杂草，生生地开出个山路来，于是佛也出现了，原来就在两个山路的回弯处小平台贴山的一面坐西朝东雕凿佛造像，并配以联额，"惟有径路修行，但念阿弥陀佛""南无阿弥陀佛"。靠下的摩崖是两尊并列的阿弥陀佛，靠上处的摩崖是一龛佛，两块摩崖碑。根据这两处摩崖上的文字，可知是嘉靖三十二年（1553）的作品，而且有一个叫"成玉"的比丘监理其事。它的发现，不意间又佐证了另一处石刻的年代，那就是门头沟区石佛村的石佛山。石佛山上的数十尊造像的特点，专家们的意见是大致的，认为是明代的，但具体是哪一朝，恐怕还不好定。其残存的年款处能看见"某某年"及"成玉"字，两处摩崖石刻应属同一时期甚至是同一位监工和尚完成的，同为嘉靖时期，按常理说，相差不会超过一二十年，也就是说应该是嘉靖二三十年间发生的事情。历史上的嘉靖皇帝是个不折不扣崇信道教的皇帝，但他并未"灭佛"。只是"上有所好，下必有甚焉者也"，当朝天子喜道不喜佛，王公大臣与百姓就不能对于佛教寺庙大兴土木，大型的佛事活动也不好太多开展，一切佛事活动都要受限制了。于是那些虔诚的佛教信徒们开始在离皇帝远一些的山里等处拜佛信佛，敬造佛像、开凿摩崖，上文说到的两例就是当时历史背景下的产物。

由"四照谷"向谷底，过去基本无人行走穿越，由于管理方开发"精印谷"，在施工过程中挖出了一块巨石，今天已戳立在那里进行展示，那是一块纯粹的随形自然石，高约300厘米，宽度接近高度。上面榜书"燕王"两个大字，别无题款，也未发现其他动刀痕迹。一眼便可以看出，那是民国时期的书法，有颜体，还有魏碑体，正是彼时的习尚。关键就是"燕王"二字。有人说这是燕王朱棣扫北时留下的纪念，并说燕王曾经由此经过，也就是说那是件明代初年的石刻文物，但有些牵强。第一，明代书法未见有此风格；第二，燕王扫北是一项艰巨的任务，其路线、行动一定经过严密的筹划，从这里经过没有任何意义；第三，既然是军事行动，其所留下的摩崖题记等必应显示一定的"军事"特点——急就章，不应类此而法书刻石；第四，"燕王"二字若新发于硎，无任何风化痕迹等。关于"燕王"的解读，应该是"燕玉"二字。第一，民国碑刻书法多有复古之风，草、隶书，小篆，楷体字、碑别字等大量运用，以体现其"国粹"情结。"王"字三横一竖，篆书中"王""玉"均为如此结构，仅是中"一"的位置区别了字义，靠上些为"王"，居中则为"玉"，正是贯穿玉片的象形。"燕玉"就是"燕石"，由于北京所产白色大理石质地纯净、白色润泽有如"玉"质，故尚有"汉白玉""白玉石""白玉""京白玉""燕玉"等称呼。所以前人之所以立此石、书此字，恐怕和立石人与"燕石"的特殊情结有关。近年原地再访，似乎"燕王"真成了"燕玉"，不知是谁镌刻了那个"丶"。

在"四照谷"旁的另一个过去人迹罕至的山谷里，也有几处摩崖刻字，有人辨认其为《红楼梦》的《好了歌》，不敢苟同，也无深入研究，希望感兴趣的读者能够进山实地考察一下吧！

（十一）"绩溪义冢碑记"和"绩溪义园记"石刻

经好心市民提供线索，在丰台区张郭庄一带垃圾场征集到了一件会馆石刻，名"绩溪义冢碑记"；后琉璃厂西街市民又捐赠了一件家藏多年的石刻，名为"绩溪义园记"。此二件石刻，实际是出自一处的先后两次刻写的会馆石刻。"义园""义冢"指的都是为大家所用的坟地之意，是安徽绩溪地区的绅商们集体筹资在京置办的坟茔名称。

（十二）于右任书写墓碑

在海淀区人民大学附近的一处工地征集到一件由于右任书丹的黑色花

岗岩石碑，是民国著名社会活动家、北京大学教授康心孚先生夫人的墓碑，文字简约，书体流畅，用材特殊。无独有偶的是，陶然亭公园内早年间亦曾收藏一件与此类似的石碑，经辨认，实际上也是于右任先生为康心孚先生书丹的墓碑。康心孚（1884—1917），名宝忠，字心孚，陕西城固人。早年留学日本，在东京早稻田大学研习法政和政治经济学，为章太炎的忠实门生之一。在横滨接待孙中山，发表演说，受到孙先生的赏识和器重。他介绍同乡于右任和孙中山相识。辛亥革命后回国，任北京大学教授。其父康寿桐，曾任四川某县太爷；其弟心如、心之、心远，皆为时代名人。

（十三）哈什屯墓碑

2006年底，在海淀区肖家河桥北工地征集到一件残碑，碑首与碑座不知哪里去了，当然也不好推断是什么形制。仅余碑身大部，左半损失约三分之一，下部损失约三分之一，还好，首题的部分留下了。从其齐刷刷的断面来看，石碑曾被用为建筑构件。碑阴刻法文，为1924—1931年比利时驻华公使Warzee D'Hermalle的墓碑，显然是后期改作的。碑阳碑主"哈什屯"。经查，哈什屯，富察氏，系满洲镶黄旗著名军事将领，世居沙济。其祖先富察·旺吉努，于清太祖努尔哈赤时归靠，授佐领。其父富察·万吉哈，袭领其佐领之职。哈什屯初任前锋校，隶属正蓝旗，清太宗时改隶属镶黄旗，以佐领擢礼部参政，仕至内大臣，加太子太保，一等男兼云骑尉，逝世后追赠一等公。其孙孝贤纯皇后之父、察哈尔总管、一等公富察·李荣保，李荣保之子保和殿大学士兼吏部尚书、一等忠勇公富察·恒（傅恒），傅恒之子兵部尚书、一等忠勇公富察·隆安（福隆安）。傅恒宗祠碑早年间被征集到北京石刻艺术博物馆，至今仍在露天陈列。福隆安，上文曾提，系佛手公主之额驸。

（十四）傅夸蝉墓碑

2004年从海淀区四季青郦城小区征集到一通非常厚重的墓碑，首题为

"大清国敕封光禄大夫镇守陕西西安等处地方将军三等精奇尼哈番加一级傅公之碑"。傅公，即傅夸蝉。此碑在 20 世纪 60 年代仍矗立原地，曾有吴梦麟、冀亚平撰写《傅夸蝉碑述略》之文，发表在《文物》杂志 1982 年第 8 期上。此碑再次出土后，又有朱志刚、刘保山在《北京文博》2004 年第 4 期发表《四季青乡新出土清将军傅夸蝉碑初考》一文，再次讲论该碑，从名称上看，他们肯定不知道此碑以前的情况，更不知道有人早已著文论述，致多少有些"添足"之意。碑文缕述傅夸蝉一生带兵打仗的战绩以及多次因功升迁的过程。由其原来袭父的阿达哈哈番（轻车都尉），一直升到精奇尼哈番（子爵）。特别是在其战绩中记有"进剿四川湖广贼郝摇旗等……贼伪益国公郝摇旗率所属贼排阵拒敌时击败之，生擒贼首郝摇旗"。

（十五）乾隆皇帝书"荡平归极"匾额

丰台区大井村出土石质匾额一件，上榜书"荡平归极"，居中上方钤盖"乾隆御笔"，四框缠枝莲，横长近 200 厘米，其他面均为粗斧剁痕。很多人都认为这是乾隆有称霸世界的大志，才得出此"狂言"，就连许地山也说其是"凯旋门"上的匾额。其实他们说得还真有点儿"误区"。结合石刻馆已经征集并展陈的广宁门外石道碑即可得出结论。事实上，原来它们有两座，一在大井村，一在小井村，小井在东，大井在西；小井有雍正所立石道碑一通，大井有乾隆所立石道碑一通，有改建石牌坊一座，东额"经环同轨"，西额"荡平归极"。今天乾隆所立石道碑与石牌坊及"经环同轨"石额，均已不见。"荡平归极"石额又得以重见天日，但却得不到正确的解释。很简单，它就是借用《诗经》中语形容道路平坦得像磨刀石一样——"周道如砥"，寓天下条条大路都最终归到帝京之意。可喜的是，原在附近明代万佛延寿寺的多臂观音像也保存了下来，仍在原址露天陈列着。

（十六）两件可疑的石佛头

二十年前，原崇文区 110 巡逻支队在赵公口长途汽车站附近发现了一个可疑的编织袋，无人认领，打开后发现是一大一小两尊石佛头，疑是被盗文物。于是请专家来鉴定，得出的结论：一是北周时期的，一是唐以前的，原本应该是整身佛像，被人恶意盗割，准备倒手转卖获利的。编织袋的持有者（当然他不应该是佛头的主人）很可能知道这是重要文物，看见110巡逻车，做贼心虚，立马躲了起来。负责任的警察将其交到文物部门——石刻馆手中。后来，两件精美的佛教艺术品一直在馆内第三展室展出，引来了不少文物爱好者，同时也引来了一位特殊的"观众"。大约在2007年，这位来自山东东营博物馆的张馆长先后"微服私访"了三次，流连于大个佛头的展柜前面，久久不能离去。后才得知，山东文物部门与北京市文物局领导之间沟通，确认那件佛头就是山东省东营市被盗割的张郭造像佛头。张郭造像是一铺隋代的造像。张馆长不经意的发现和两次的证实，最终使这尊"张郭造像"得以全身而立于东营市博物馆内展线上。

（十七）两方北魏墓志的发现

在2004年，市民张先生向有关单位提出：他家有一块祖传的墓志——北魏元始和墓志。20世纪30年代，其开当铺的祖父从广东人叶恭绰手中所购，当时就没有志盖。由于其祖父早已过世，所以叶恭绰为什么要出手、当时的交易价格是多少已无从考证。只知道其家族在此后70多年间历经战乱，生活颠沛、搬家十几次，但每次都将该墓志作为宝贝低调珍藏，始终没有出手。张先生说："小的时候，我不知道这块石头到底是什么东西，有什么用处。现在随着父辈离世，这块石头传至我手中，自己才开始对此产生兴趣，想弄清楚这块石头的价值。"据柯昌泗《语石异同评》记，20世纪30年代，番禺叶誉虎（恭绰）确实曾藏此石。在清、民国时期的金石书中，元始和墓志亦多被收录。如：罗振玉《雪堂金石文字跋尾》《芒洛冢墓遗文》《六朝墓志菁英》《墓志征存目录》《蒿里遗文目录》，吴鼎昌《慕汲轩志石文录》，赵万里《汉魏南北朝墓志集释》，范寿铭《循园古冢遗文跋尾》，郭玉堂《洛阳出土石刻时地记》，范腾瑞《国立北平图书馆藏碑目》，毛汉光《历代墓志铭拓片目录》等中均有著录，录文或跋语可参。《北京图书馆中国历代石刻拓本汇编》中，"元始和墓志"条记"志出土于河南洛阳，今佚。有盖无字"。《汉魏南北朝墓志汇编》记"志盖缺"。读志文，"元始和，字灵光，河南洛阳人也。大魏景穆皇帝之曾孙……春秋一十有七，以正始二年……寝疾薨"。可知元始和为北魏皇族，恭宗景穆皇帝拓跋晃为其曾祖。据查，曾出土的北魏墓志中亦有"元顺""元彝""元略""元湛"等，为"恭宗（或大魏）景穆皇帝之曾孙"，尚有"元瞻""元周安""元钦"等为"恭宗景穆皇帝之孙"，说明他们同为拓跋晃之后，彼此为叔侄、兄弟。文记"正始二年"为505年；春秋十七，推算其生年应为北魏太和十三年。故元始和的生卒年为489年和505年。另外一位藏家有另一方北魏墓志，即元瓛墓志。志主元瓛亦为"河阴之变"的受害者。

（十八）太监公茔墓碑

北京地区比较集中的太监墓地有那么几处，如海淀区玉泉山下柳浪庄一带、北京大学中关村一带、恩济庄一带等，大约埋葬了4700多位宦官。当然了，宦官不都是太监，"监"还有"太监"与"监丞"的上下级区别。大约在2004年，在西四环恩济桥东北的基建工程中就发现了一部分的宦官墓碑。由于墓碑主人都够不上太监的身份（在清代大太监往往朝廷能给他个四品官），因此这一批大致为15件的墓碑体量都较小，高不足200厘米，宽才50厘米，厚不到10厘米。又由于墓碑太过瘦长，立地不稳，所以当时的工匠们采取了下卯榫植地法。也就是说，把本该具备的碑座换为与碑身连体的不规则的出榫，使之埋入地下，再用泥浆沙子灰等将其固牢，将碑身露出地面。这也不失为处理小碑立地不倒的方法，另一种方法就是在碑座下面再加一个副座，如黑舍里氏圹志。又十年之后，在其东慈寿寺以西又出土发掘了数十座太监墓葬，多有玄宫石刻出土。

（十九）"无字碑"

提起无字碑，大家想到最多的就是"泰山无字碑"和"乾陵无字碑"。当然了，今天陕西咸阳乾陵为女皇武则天而立的无字碑上也有文字，只是那都是宋、金以后才有的游人题字，原本是没有的。其实在北京也有许多无字碑，最多、最集中的就是十三陵。在整个十三陵中，除第一座献陵和最后一座思陵有字外，另外的十一座都是无字碑。一般我们在十三陵的某座王陵所见到的是两通碑，一通是立在陵区前面的"神功圣德碑"，另一通是矗立在宝城明楼中的"圣号碑"。按理说，一位皇帝死了，会留下无数的"功德"任人赞颂，可是一个碑面哪里够使呀！最后的方法就是"此地无声胜有声"了，高规格、高等级的丰碑立起，"版面"反而空出，可能就是对死去帝王的最佳赞美方式了。当然也有例外，请看下例。

位于西城区阜成门内大街路北的始建于明代的历代帝王庙，在正殿景德崇圣殿的左右及前面分左右、分前后建有四座高大重檐黄琉璃瓦屋面的歇山亭式建筑。每座中间都"罩护"着一通高大的丰碑。正西碑亭中的碑最为高大，通高 784 厘米，也最为讲究，鼋龙碑首，龙鳞龟趺，福山寿海、鱼鳖虾蟹的海墁。立于雍正年间，阴阳面均未刻字。另外三座碑亭中的碑也相当高大，最矮的还有 600 厘米。有两通碑阴阳双面刻字，一碑仅刻阳面。正东碑与东南碑高度几乎相同，753 厘米左右。东南碑与正西碑建于同一时期，均为雍正朝；正东碑与西南碑建于同一时期，均为乾隆朝。或许其中还有什么奥妙可言。其实相对于乾隆皇帝来讲，在京城雍正时所建的御碑是比较少见的，有时往往是大臣代笔，如励宗万等。所以在如此重要、庄严、神秘的国家级的场合（祭祀三皇五帝、历代帝王和文臣武将的皇家宗庙）立了一通无字碑，肯定是值得研究的。

门头沟区出土的无字碑，是一通很完整碑刻，抹角方首，方趺座，体量不大，通高 200 厘米以上。它所在的墓葬实际上是一个空穴或者说是一个"疑冢"，大概是担心被盗吧，所以以"空"示盗。这不能不说是古代有钱人的一种"自我保护"意识！其实墓中一般也没有置碑的习惯和礼数，当然可能会有碑形的墓志，但那是极少数的情况。更为奇怪的是，与它相邻的又是一座有物的坟冢。二者是何关系就不得而知了。

西城区新文化街（旧称石驸马大街），就在今天的实验小学附近，几乎是在中央马路南侧的地下，由于施工，发现了一通大型碑刻。螭首、缠枝边框，龟趺已佚。碑体高大厚重，显然是够等级的人或事才能用的东西。但阴阳面是空白。为什么在城中之地能有如此高碑，而且是无字碑，它会不会是二次搬运来的呢？它最初建于原地是做什么用的呢？它的趺座哪里去了？至今仍是个谜。同出的还有半块丹陛。

当时宣武区"菜南大街"工程时，菜市口十字路口附近出土的民国年间刻立的"成立京城内外农圃研究所始末碑"，上文已交代过。同出还有一件同样是体量不大的形制雷同的碑刻，无座，也是无字碑。是否是该"农圃研究所"财力不足，还是其"寿命"不长，抑或是为其事先准备了碑材，不得而知。

东城区武学胡同居民院内出土的武学碑，乍一看也以为是一通"无字碑"。但仔细辨认，上面还是有字的，在其额题部位仍依稀可辨"重修京卫武学碑记"字样的篆书。据吴宽《匏翁家藏集》载："京师有武学，所以教诸卫武臣之子孙将世其官者。其始建于正统癸亥（八年，1443），制尚弗称，后朝廷以城东旧第赐故太平侯张公……诏改为学。"查历史，初建武学，有学生一百四十多人，由于他们多来自富贵、爵位之家，不肯努力用功。不到十年间，学生来上课者仅十余人，于是武学停办。后又恢复，才选此地。再后又因地点偏僻，改建西城大兴隆寺。原武学址于是荒废，重建碑就地仆倒，碑面经近500年的践踏，逐渐磨灭，成了"无字碑"。

德胜门也有一块无字碑，它常年躺倒在地上，有人脚踩经过，而无人问津。仔细看额题篆书，依稀可辨为"重修玄天上帝庙碑"，碑身没有文字，碑阴犹可辨某某太监等人名。由此可知最初碑应有字，可惜遍查文献无相关线索。根据碑的规模形制特点，其应为明碑无疑。据有关资料，原德胜门瓮城内有关帝庙一座，亦说有真武庙者。传说明初燕王扫北时，真武曾屡次显灵相助，因此朱棣在称帝后特加封真武之神为"北极镇天真武玄天上帝"。由于帝王提倡，真武信仰在明朝达到了鼎盛，京城开始普遍修建真武庙。而清朝的帝王则认为之所以能灭亡明朝，入主中原，有赖于"关圣帝君"的神佑，加封关帝为"忠义神武灵佑仁勇威显护国保民精诚绥靖翊赞宣德关圣大帝"。因此，关帝信仰在清朝亦达到了鼎盛，京城中又开始普遍增建关帝庙。可推想，德胜门瓮城内原有的真武庙此时已被关帝庙所替代。庙中"玄天上帝碑"即成为无用之物，弃置一旁，历经五百年的风雨磨蚀，其字迹模糊漫漶，为后人留下了难解的疑团。玄天上帝，为古代神灵之名，实为北极玄武星君的化身，道教称之为玄武大帝、真武大帝、真武帝君、荡魔天尊等。主宰北方之神，其形像龟蛇合体。其祀像披发黑衣，金甲玉带，仗剑怒目，足踏龟蛇，顶罩圆光，从者执黑旗。也有的庙中真武神像旁边塑龟蛇二将，或金童玉女。

京西海淀区温泉镇辛亥滦州革命先烈纪念园滦州起义纪念塔前、辛亥滦州革命先烈衣冠冢后、冯玉祥节书礼记巨型摩崖之前就是一通无字碑，系卧碑式，须弥座，仰覆莲；僧帽顶，饰夔龙纹。四框饰回纹，整体显得既华丽又高档。但正背面均无字。据说该石碑下为一烈士衣冠冢，可能也是"此时无声胜有声"吧。

中国军事博物馆家属院内有一通石碑，螭首龟趺，体量不大，通高不过300厘米。正背面均无字，也许是由于太沧桑了，以至于原有的刻字均磨蚀掉了，值得深入研究一下。观其外观，详其形制，究其纹饰，应该是明代之物，历年长久，保存条件恶劣，并且长期仆倒在地，置于墙角多年无人问津，都有可能是造成其"无字"的诱因。

北京大学东门对面某社区门前也有一通无字碑。此碑确系无字，看样子是一块雕好、磨好的碑材。体量不大，系一通民间碑刻。

四、打击走私抢救下来的石刻文物

（一）云居寺唐塔

云居寺北塔院东北角小唐塔曾遭遇劫难，在 1997 年的一个夜晚，有几个盗贼带着作案工具，主要是千斤顶，朝着他们事先踩好点儿、选好的目标下手了。他们用千斤顶将此塔一层以上顶起，将方形塔室的后背，即南面的塔身石板取下，这块石板的背后，即石塔里面朝门的一面。其中一位颇有些蛮劲儿的汉子像乌龟一样背起这块石板就跑，直奔他们的农用车，装车走人，自以为干得神不知鬼不晓的。冥冥之中，似乎真有神助，也或许只是巧合吧！那个时候，普通的农民兄弟好像还不习惯使用名片，有个事儿联系的，就临时写个字条儿揣兜里。这几个人里的一位就赶上这事儿了，他们作案时，忙乱中在草丛里丢了一件破旧上衣，上衣的兜里揣着这样一个字条儿，公安就是根据这个线索展开破案的。那么，这些盗贼为什么要偷这座塔的后身呢？下面有必要介绍一下：东北角的唐塔，大理石质地，方形六层密檐式，建于唐朝开元十年（722）。其右外壁刻写梁高望书《大唐易州新安府折冲李公石浮图之铭》。塔室内左、右、后内壁是精美的浮雕作品，左右壁是供养人雕像，后壁一佛二菩萨联龛，主尊结跏趺坐于高须弥座上，施无畏予愿印；二菩萨微侧向里，左右侍立莲花座上，三尊均带背光。雕刻精美，完好无损，由于经过了千余年来虔诚信徒们的膜拜，其表面锃光瓦亮的。这样一件精美绝伦的传世佳品，确实能勾起一些趋利之徒。他们不择手段，不计后果，不知深浅，犯下了滔天不赦之罪，当然最后也落得个自取灭亡的下场了。

（二）河南会馆大门墩

河南会馆原位于宣武区上斜街路南 36 号和路北 27 号，始建于明末万历年间，是河南新郑人、明大学士高拱所创建的，初名"中州乡祠"。清康熙十年（1671），河南睢州人、工部尚书汤斌正式建成中州乡祠，同时又在对面修建大厅，名曰"洛社"，聚众讲学。清咸丰末年，河南武陟人、户部侍郎毛树棠又扩建为河南会馆，也叫"嵩云草堂"。同治末年毛树堂之子、兵部尚书毛昶熙与河南项城人袁保恒在馆内修建"精忠祠"，掀起了祭祀先贤的活动。而后同乡互有捐献，至清光绪时，会馆已有大小厅堂斋舍130余间，成为河南在京会馆中占地规模最大的会馆。河南会馆后来也成为维新派的一个议事处，为戊戌维新运动做出了贡献。

河南会馆的门墩明显比其他要大很多，高79厘米，长95厘米，宽35厘米。其实在清朝，胡同四合院的门墩，虽然没有官式工程做法等书的规定，但绝对不可以大胆妄为。所以这对超大型的门墩，一定是光绪时期河南会馆规模最大时的作品，多少也有些"维新"的意味吧！

门墩是2008年在两广大街拆迁工程中征集来的，当时曾经被两位农民用人力三轮车"偷运"走，后被公安半路截获，转交北京石刻艺术博物馆。

（三）查抄的墓志

在历次的北京市文物稽查非法买卖文物走私行动中，都会有古代墓志的收获。《中华人民共和国文物保护法》规定，地下出土物归国家所有，因此在文物旧货工艺品市场所发现的正在买卖的古代墓志一类的文物，肯定是在必查必究的范围内。当然，有些民营的博物馆也很重视墓志的收藏，但他们是花钱购买，在市场上的收获远比国家的博物馆查抄的要多，比如松堂斋民间雕刻博物馆、科举匾额博物馆等。北京市文物部门及北京石刻艺术博物馆所藏历次公安查扣查没的墓志类石刻中有许多已被收录到《新中国出土墓志·北京》（壹）中，读者可以参阅。比如：唐姬君（处真）墓志、唐卢龙节度驱使馆□王府参军吴郡朱曰□墓志、明故刘（辅）母吴氏（惠金）墓志、明故镇国将军万全都司指挥通知杜公（俊）墓志、明故奉直大夫户部浙江司员外郎李公（鼎）墓志、明故封太宜人董（链）母戴氏墓志盖、明故董氏三叔（链）墓志以及明故母王（锡卅二）孺人周氏墓志等。

五、北京市文物局的石刻检查小组

20 世纪末，由于房山云居寺小唐塔、海淀车耳营北魏太和造像等失窃案，引起了北京市委市政府领导的重视。市领导对文物系统作出指示，要集中精力保护田野石刻，首先要对北京地区的田野石刻做一个摸底调查，以做到心中有数，有针对性地加以保护，不让犯罪分子有一丝一毫的可乘之机。由北京市文物局牵头，组织了面对全市范围内的石刻检查小组。大概是四个小组，分为东、南、西、北四片儿，每组三到四人，主要针对北京郊区那些田野石刻较多的地方，比如像房山区、石景山区、门头沟区都属于重点区。

六、北京石刻艺术博物馆的石刻普查

从 20 世纪 60 年代迄今，北京市文物部门曾在 1957、1962、1983、1995 年组织过四次全市范围的文物普查工作。石刻文物保存现状是普查工作中的重要内容。1987 年北京石刻艺术博物馆成立后，积极开展了对北京地区石刻文物的全面调查，先后对市属 18 个区县的石刻进行普查、登录、拍照、捶拓，至今已完成了东城、昌平、顺义、房山等 16 个区的调查，获得了大量的一手资料。收集拓片近 3000 张，调查登记表 2000 余张，石刻档案照片 4000 余套，绘出石刻文物分布图 12 张。北京石刻艺术博物馆的石刻普查具有非常重要的意义：第一，它开创了石刻普查的模式，为后来继任者提供了经验；第二，它摸清了底数，为后来的工作打下了基础；第三，它获取了大量的资料，这些都属于第一手的资料；第四，它宣传了文物保护，特别是石刻文物的保护；第五，它为"新日下访碑录"课题打下了坚实的基础，《新日下访碑录》就是它的成果。

《新日下访碑录》是对北京地区原有的 18 个区县现存石刻文物进行调查后所做的带有学术性的工作总结。所著录的碑刻，均为石刻普查小组亲见、亲拓、亲拍、亲录的。拟收录 1500 通左右的碑刻。按照书的体例要求，每个区县各自独立，每件碑刻自立成篇。结构形式整齐划一，均由五大部分组成，即石刻文物的准确定名——碑名，文物形制的专业描述——解题，碑刻的录文——录文，碑文中疑难字句的解释——注释，碑文的考证说明——按语。五大部分的重点主要集中在"按语"上，体现了课题的核心成果。在定名上严格遵循"名从主人"与"简而不乱"的原则；录文上一改以往"原字原式"和"纯简化字横排直录"的原则，严格规定了能够体现原格式的符号，以及简化、异体、繁体字的用字原则。根据各区县石刻文物的特点，在编著时各有侧重，如房山区、石景山区的重点在唐朝和佛教的碑刻，门头沟区的重点在摩崖石刻，大兴区的则在皇家苑囿的碑刻，通州区有些是商会与寺庙碑刻，顺义区更有一些属于民俗碑刻。该书是北京石刻艺术博物馆石刻普查小组自20世纪90年代以来对北京地区石刻进行专项普查的一个科研成果，是通过实地考察所获取的第一手珍贵资料。其创新点就在于，它不仅延续了金石学考证、辩讹、论史等套路，还从考古学的角度对每件石刻做全方位、纯客观的解题，带有新式标点的录文使得读者们更容易使用和参考。另外在对石刻的描述等处，尽量使用既学术又通俗的语言，即便是非专业的兴趣爱好者也同样不至于有语言或专业上的障碍。

七、北京市第三次文物普查

为了加强新的历史时期北京市文物保护工作，继1958年和1981年两次全市文物普查后，北京市文物局于1997年开始，组织全市区县文物干部，在全市范围内进行了第三次文物普查。目的是复核查清全市文物资源现状，以及第二次文物普查后长达16年的变化情况，分析成果、研究对策、制定发展规划，为新世纪文物事业的发展奠定基础。

1957年10月，北京市人民委员会公布了本市第一批39项文物保护单位。1961年国务院公布的第一批全国重点文物保护单位中，北京市有18项。为进一步掌握北京文物分布和遗存情况，市政府于1958年开始，在全市开展了第一次文物普查，共登记各类文物古迹 8060 项。

1981 年，根据国务院的部署，为查清全市文物遗存情况，市政府组织了第二次文物普查。这次普查新登记了 4780 项文物古迹，加上"文化大革命"后第一次文物普查保存下 2529 项，统计结果为 7309 项。第二次文物普查的突出成果是远郊区县古墓葬、古动物化石、古窑址的大量发现；城区革命文物、近代文物的调查以及大量零散文物的征集。

北京市第三次文物普查，重点是针对第二次文物普查以来本市文物资源分类、统计不合理的情况，以查清现状、摸清变化为目的，依据国家文物局的分类统计标准进行规范化的统计为原则；同时在专家的指导下，制订详细的工作计划，确定以区县级文物保护单位为普查重点，对第二次文物普查成果进行全面复查。为加强对文物普查工作的领导，市文物局专门成立了领导机构、工作机构和专家指导组，以确保普查工作的顺利实施和工作质量。1997 年 4 月，全市第三次文物普查全面展开，截止到 1999 年底，第三次文物普查报表全部完成。

第一次文物普查统计数据：石刻 3898 项。

第二次文物普查统计数据：石窟寺与石刻 1035 处。

第三次文物普查统计数据：石窟寺石刻，市一级 6 处，区县级 155 处，登记在册文物 874 处。

八、北京地区石刻研究的成果

《北京地区摩崖石刻》，王晓静主编，2010 年学苑出版社出版。该书系北京石刻艺术博物馆研究成果之一，是学科专项中之专项研究调查成果。由北京石刻艺术博物馆业务人员组成的石刻摩崖调查小组，对北京市范围内原十八个区县的摩崖石刻进行现场调查，获取第一手资料，返馆以后进行整理、分类、编辑、研究，对全市摩崖石刻的分布情况、存毁情况、历史著录情况、今人调查研究情况有了一个全面的了解，从而完成了研究。在该书

《北京地区摩崖石刻综述》之"二、北京地区摩崖石刻概况"中记："北京地区石刻摩崖历史悠久，分布广泛，内容丰富，数量众多，形式多样。据实地调查以及参阅相关文献和资料记载的不完全统计，北京地区现存的摩崖石刻410余则，房山、门头沟、丰台、石景山、海淀、昌平、延庆、怀柔、密云、顺义、平谷等十一个境内有山的区县均有分布。若将各类有关文献以及一些'驴友'博客中记载的摩崖石刻全部相加，北京境内现存摩崖石刻的数量可能接近或突破500则。"全书以区县分，以同在一处的摩崖为一基本单位，罗列各条如下。每条定以名称，缀以解题，并附录文、图等。在书的前后还附以"北京历代摩崖石刻区县分布一览表""年代索引""北京地区摩崖石刻之最"。

《北京地区基督教史迹研究》，吴梦麟、熊鹰著，2010年文物出版社出版。北京社科规划"九五"课题。基督教在唐朝时已传入北京地区，并且留下了遗迹。其后尤其是在明清，传教士大规模涌入，逐渐得到了朝廷的认可，并且皇帝赐谥立碑，划以墓地，发展信徒也逐渐增多，形成了规模。研究围绕着北京现存的近百件传教士碑刻展开。这些碑刻，极具时代特点，兼有中西方碑刻的色彩。既然是在北京生根的东西，首先材质的选择、雕凿的工艺、规格形制等要符合北京石刻的规定；既然有些还是皇家谕祭碑，则有其特殊的碑文书写形式；既然碑主是西方传教士，则碑刻的样式、纹饰等带有鲜明的西方特征。大部分碑文还是以汉文、拉丁文合璧书刻的。结合史料、学者以往的成果与这些文物实物及北京地区所留下的基督教史迹共同研究，为北京地区基督教史迹勾勒出一个大致的线索。全书共分五章：第一章基督教的产生与传布，第二章北京景教史迹文物研究，第三章北京天主教史迹文物研究，第四章北京东正教史迹文物研究，第五章研究成果。对于北京地区两处100多通耶稣会士碑刻的研究，主要体现在第三章之"二、北京天主教史迹文物概述"内。

《记忆——石刻篇之一》，北京市通州区博物馆、北京市通州区文物管理所编，2010年北京出版集团公司、北京出版社出版。该书凝聚着通州区文物工作者（主要执笔者周良）的汗水，他们对馆藏的自唐到清 37 种墓志进行著录，加以调查说明、录文、注解、配图。特别值得提出的是，他们对于每一种墓志所作的"注解"，在百条左右，有个别达到近 200 条，体现了研究者对墓志研究的深入细致和认真。这项繁难和艰巨的工作，主要是由周良、李颖霖和刘祥带领年轻同人来完成的。据说"本书编写历时两年，十易其稿，约 30 余万字"。所收录的通州区出土墓志也很有特点。比如金棣州酒院使商仲良墓志简约而保留史料价值，全文不满 50 字，"酒院使"一职为研究金代职官与经济提供了第一手资料。又其中明弘治辛亥（四年，1491）明岳正妻宋夫人墓志，为其女婿、后来的大学士、扬名后世的李东阳撰文、书丹与篆额，弘治癸亥（十六年，1503）明岳正妻周孺人墓志，亦为李东阳所撰文，经过十二年，其爵、衔、官、职已大有提升，由原来的"奉议大夫、左春坊左庶子兼翰林院侍讲学士、经筵官兼修国史"而至"太子太保、户部尚书兼谨身殿大学士、知制诰、知经筵、国史官、会典总裁"了。明正德癸酉（八年，1513）明通州处士单纪墓志，仍为李东阳撰文，又过了十年，从其爵衔"特进光禄大夫、左柱国、少师兼太子太师、吏部尚书、华盖殿大学士"和"致仕"可知，他已经获得了朝廷给予的极高荣耀，并且已经"光荣退休"了。从此方墓志还可看出大学士李东阳赋闲家居的"闲"情，这次的撰文对象既非亲戚，又非官员，而是一位"处士"，也就是一位从来没当过官的乡绅而已。大人物李东阳能据"状"为不相识的人写墓志，或许是因为"闲"，或许是因为"钱"，谁也说不好。还有一合明进士（按：此应是"乡进士"）宁平墓志，是一篇白发人为黑发人所作的泣血之作，即七旬翁父亲为围棋奇童儿秀才宁平所作。以第一人称手法所写的文章，读起来感人肺腑，同情之心油然而生。志文记"儿讳平，字子衡……以'璧湖'自号……六岁能围棋，其取舍于方罫间，若有神授之者。七岁而知名，当路少师西涯李公、邃庵杨公，召至京师，据枰对垒，与语终日，竟无一长语，崭然见头角。二公谓'宁氏有子矣'。冢宰乔公亦善弈者，时常简儿为平齐小友云"。此儿虽少，但朝廷的关系不少。

《会说话的石头——北京的石刻文化》，北京石刻艺术博物馆编，2007年学苑出版社出版。该书系"北京石刻艺术博物馆科普丛书"之一。全书分两大部分："艺术的奇葩——北京的石雕""文献的宝藏——北京的石刻"。第一部分分四章：一、陵墓石雕，下系"明十三陵神路""石牌楼"及"石像生"等；二、建筑装饰石雕，下系"雕花石柱础与北京的金代帝陵""形态各异的历代石狮"及"御路大石雕"等；三、宗教石雕，下系"北魏太和造像""唐万菩萨法会图大型浮雕"及"李文安石塔"等；四、园林、庭院装饰小品，下系"流杯亭'曲水流觞'石刻""北海公园内的'仙人承露盘'"等。第二部分七章：一、摩崖与刻石，下系"色树坟东魏武定刻石""我国年代最早的大型刻石——石鼓文"等；二、石碑，下系"墓碑""功德碑""祠墓碑""学校碑刻""纪功碑""城建水利工程碑刻""宗教碑刻""会馆碑刻"及"长城碑刻"等；三、墓志，下系"唐王时邕墓志""辽韩佚墓志"及"金乌古论家族墓志"等；四、刻经，下系"乾隆石刻十三经"及"房山石经"；五、经幢，下系"昌平区黑山寨金代经幢"等；六、石刻联、匾，下系"平则门石匾"等；七、法帖刻石，下系"乾隆摹刻淳化阁帖残石"、乾隆刻"三希堂法帖"及"敬和堂法帖"刻石等。为方便初学，在叙述间仍杂以石刻文化、艺术、技术的小常识，如"线雕""浮雕""圆雕""石刻""石雕"解词等。

《北京辽金元拓片集》，北京辽金城垣博物馆编，王清林主编，2012年北京燕山出版社出版。书以辽、金、元三代分为三章，以著录拓片加文字说明的形式，开本较大，印制精良，不加录文、注释与考案，是一部纯资料性的石刻书籍。一共收录拓片146种，分别为辽代"丁求谨墓志铭""董庠灭罪真言""北郑院邑人起建陀罗尼经幢记"等38种，金代"赵珪墓碣""鲁国大长公主墓志""吕澂墓表"等42种，元代"李氏墓碑""帝师殿记碑""回光信公灵塔"等66种。

《北京石刻艺术博物馆藏拓片编目提要》，北京石刻艺术博物馆编，2014年学苑出版社出版。该书是对北京石刻艺术博物馆历年收集保存的石刻拓片所做的整理和编目工作。收录范围为北京石刻艺术博物馆建馆以来收集保存的各类石刻拓片，包括馆藏石刻的拓片和多年来博物馆对北京地区原十八个区县石刻进行普查时所获拓片，以及通过交换、购买、捐赠等方式获得的石刻拓片。编排体例按一石（或一组石刻）一条，首列名称，下系年代、首题、额题、书撰人、镌刻人、尺寸、书体、行数、字数、来源等，并附有简略按语，对石刻现状或流传经历作简要考证。碑或石刻阳、阴、侧年代不同者，按年代较早者排序。编目分类依据形制、内容和功用等，分为墓碑、墓志、坛庙寺观类石刻、祠堂类石刻、教育类石刻、会馆类石刻、经幢塔铭刻经类石刻、艺文类石刻、艺术类石刻、其他类石刻等 10 类。该书收录拓片共计 1516 种，其中墓碑 259 种，墓志 472 种，坛庙寺观类石刻 353 种，祠堂类石刻 35 种，教育类石刻 25 种，会馆类石刻 76 种，经幢塔铭刻经类石刻 68 种，艺文类石刻 74 种，其他类石刻 154 种，艺术类石刻暂不收录。收录的 1516 种拓片，其来源如下：东城区 59 种，西城区 141 种，崇文区 44 种，宣武区 120 种，朝阳区 62 种，丰台区 50 种，石景山区 67 种，海淀区 303 种，门头沟区 85 种，房山区 135 种，通州区 63 种，顺义区 47 种，昌平区 62 种，大兴区 14 种，怀柔区 12 种，平谷区 39 种，密云县 43 种，延庆县 51 种，另有北京地区具体区县不详者 93 种，以及石刻原址不详或不在北京而现存地在北京者 26 种。

《妫川碑石录》，程金龙著，2014 年北京出版集团公司、北京美术摄影出版社出版。《碑石录》名称的提法，暗示了其所收录范围的广阔性、多样性。除大家耳熟能详的石碑外，还有其他一些石刻的种类，比如墓志、摩崖、牌匾、刻石等，涵盖了延庆范围内所有石刻，既有延庆乃至北京市范围内非常著名、文物价值极高的缙阳寺功德碑，连同其碑阴的缙阳寺庄账碑，又有在北京市范围内较为稀少的烧窑峪石窟寺及多处石刻摩崖造像、太平寺地图碑等。延庆是个相对封闭的地区，其地方文化有比较鲜明的特征。基于这一点，延庆的石刻必然会有与众不同之处，比如材质上的不同，在北京的其他区县选择碑材，一般使用大理石、青白石、绿砂岩居多。房山、门头沟、石景山等地所产的大理石，一般多为艾叶青、汉白玉等成色。延庆所产花岗岩常用来制作石狮子、镌刻石碑，其所产大理石则颜色偏重，发灰发黑，间或有绶带状纹路，在碑身上显现出彩缦飞舞的样子，非常别致。另外在碑刻的造型上，显得比较自如，不受规矩的约束。就算是京城较为常见的石狮子也会有所不同，与其说风格不像京城的，不如说它干脆就像山西、河北的。两只虎眼圆睁，平视或者上挑（干脆就像长在脑袋顶上了）；虎脸类似猫脸，雕工不大细腻，多少有些卡通化倾向。原因之一，花岗岩材质；原因之二，延庆到河北比进京还近些，从延庆到山西比到京城还方便。在历史上，外地对其影响很可能较之京城要大些，在这些文化产品上必然要打上一定的烙印。由于是山区，是京北要塞，地理位置重要，元朝时帝王去上京必经此地，明代政府非常重视，督建隆庆州，迁民以实之。长城、城关、军事、摩崖的石刻很有特点。建城记、修城记、疏浚护城河碑记、防务分界碑、敌台台号石额、长城修建题名、长城题诗刻石等种类繁多。书分十一章，阅读之后即可见一斑了。第一章城池衙署浚河碑记，第二章州县乡社学创修碑记，第三章寺庙创修碑记，第四章宫观创修碑记，第五章知县县令德政碑，第六章杂碑记，第七章长城修建碑记，第八章长城题诗碑记，第九章摩崖造像题刻，第十章神道墓志碑记，第十一章仁人烈士纪念碑。

九、胡同四合院的门墩——老北京们的记忆

对于老北京人来讲，40年前也许谁也不会在意一对对小小的门墩；30年前，可能有人会留心收集；20年前，恐怕有人就会打它们的主意了。这说明门墩越来越为人们所重视，门墩越来越值钱了。门墩是由门枕与佛教石窟寺的守门石兽衍生而来的，门枕最初只起结构作用，石兽最初也只有守门和护法的功能。门枕最初也有木质的，与门槛、门框、门扇等组合在一起，如果没有门枕，门槛搭在哪里？门框落在何处？门扇即无立轴之地。门框架不起来，门楼又缘何而建呢？大门建起来，由于封建等级的作用，以及

大门、二门、旁门的不同，而又分为王府大门、朱红大门、广亮大门、金柱大门、如意门、随墙门、蛮子门、月亮门、垂花门等。相应地，门枕也随之"进化"。先是石、木并用，后来由木转石；先是在枕的前立面加以装饰，后来又在枕的前部起墩儿，所起的墩儿造型各异，寓意不同；最后整体也发生了变化，有了一定约定俗成的规格形制。从结构上分：须弥座带门枕，枕带槛槽儿与海窝儿；枕上起墩儿。墩儿分抱鼓形、书箱形、狮子形与异形。以抱鼓形门墩为例，须弥座上前后横置两面小腰鼓，两鼓之上透迤铺饰荷叶。荷叶分两侧下垂，半遮半掩。之上承托大鼓，左右两侧鼓面边饰鼓钉，鼓子芯雕饰不同寓意的图案；鼓前浮雕兽口衔环或宝相花，鼓顶趴伏小兽一只。以上只是对抱鼓形门墩基本形式的一个描述，南方门墩的结构造型等与北方稍有区别，其他差异与其他形式的门墩此不赘述了。

北京的门墩同样也是来源于门枕，门枕有石质也有木质，纯粹起一个结构作用和一定的装饰作用。木门枕不起墩儿，石门枕有的就起墩儿了。起墩儿后的石门枕讲究也越来越大。当然了，门墩雕刻得比较成熟应该是在明代，在北京发现最早的门墩是辽代的。但真正在使用上有比较成熟的"讲究"还应该是在清代。

门墩是老北京四合院不可缺少的组成部分。如果说，胡同、四合院是老北京的标志的话，那门墩就是四合院的"双眼"。门墩是四合院大门不可缺少的组成部分，如果大门没有了门墩，大门就会垮塌下来，这就是门墩的建筑结构作用。一座气派的四合院大门，比如王府大门、广亮大门、朱红大门，如果仅是安装了一对不起墩儿的门枕石，那它的气派何在？主人的身份何在？这就是门墩的等级作用。即便是一座简单、低档次的随墙门、蛮子门、如意门，假设没有设置一对门墩，总会觉得缺点什么，这就是门墩的装饰作用。综上，其实就是老北京门墩的特点。细说起来会有更多的故事传说，此不具言。

（一）早期的门墩

2012 年在北京房山区长沟镇坟庄村西北发现并发掘了唐代幽州刘济的墓葬。墓葬虽然被盗，但却留下了不少石雕石刻，如棺床、墓志、长明灯、石门等，石门槛与石门框的表面都留下了精美的线刻图案。特别是石门的两侧、门框之下是一对"石门枕"，虽然没有起墩儿，前部也留下了线刻图案。这可以说是迄今为止在北京地区发现的最早的门墩了。

（二）辽代门墩

国家图书馆收藏了两幅辽代门墩拓片，原系端方旧藏。从拓片的轮廓形象来讲，应系两个门墩的外立面，也即有图案文字的两面。原物似乎只应该算作"门枕石"，因为它并没有起墩儿。两幅拓片上均有文字，亦均有宝相花图案，但不相同。门前右枕的前部开光图案系双兽隐现于宝相花卉之中，外复框以花瓣纹饰。隔过"槛槽"，其后面四角缠枝花加双回文的四框之内，镌刻"大安三年（1087）五月二十三日萧仪置门枕一副李义造"。门前左枕的前部几何纹开光内减地刻宝相花一簇，其后几何开光内镌正书字"时大安三年五月二十六日萧仪置门枕一副潍阳石匠张实刊造毕记耳"。一副门枕有两条同年同月不同日的记载，说明这副门枕的雕凿费工在三天。人物有三位：萧仪、李义与张实，说明萧仪是需求者、花钱者、置办者，李义是雕凿门枕者，张实是镌刻文字者。

（三）金代门墩

地安门附近曾有一个"金门墩儿"，据说为北京"五大镇"之一。据说为金代铸"金门槛儿"，当然可能只是铜铸的美称而已。

一位藏友收藏了一副凫形门墩，简直就是"石雕玉作"。其一，材质精良，属汉白玉质地，由于历史久远，周身包浆浓厚自然，玉态明显。其二，造型美满浑厚仿生，极像一对养得肥硕的家禽，妥妥地在捉对戏耍。其三，实用性，它就是门墩，起墩儿、槛槽儿、拖枕俱在。其四，所不同的是，其卧凫形"墩儿"是单独凿成，再置于门枕前部的口沿儿内，这正说明它是由单独的门枕石向门墩过渡的一种早期形式。根据它的各方面特点，初步认定其为金代之物。

（四）元代门墩

一位藏友收藏了一对大型的抱鼓门墩，鼓子芯里减地平钑雕刻出"胡人驯兽"图案。以其超大的体量，再加上其特有张扬的图案内容，可以断定它是元代的石刻。北京石刻艺术博物馆进门木牌楼下面也有两个门墩，据说是元代后英房遗址的出土物，其实只是一个滚墩石，由中一截两半而已。

（五）门墩忆旧：三次门墩展

1. 2002 年第一次门墩展

2002 年，北京地区大规模基础建设，如拆迁工程、康居工程、城市设施工程等正在方兴未艾地进行，老北京原来多如牛毛的胡同、星罗棋布的四合院正在逐渐地消亡，很自然的，四合院的"眼睛"——门墩，不是被毁、被贱卖，就是被渣土车清走，总之门墩即将退出历史舞台了。有一位李伟先生，致力于老北京门墩的收藏，他主动拿出了 200 个门墩，与北京石刻艺术博物馆合作，搞了一次在当时规模最大的门墩展"京城忆旧——百对门墩展"。五塔寺院内将近十亩的草坪就是展览的现场。制作了几处四合院大门结构的模型，搭建了场景，将门墩按类分组进行"列阵"式的展示。同时还制作了一些配套副产品，如汉白玉雕制小门墩、门墩拓片等。特别是专门为此还搞了一个规模不小的开幕式、研讨会。观众们进入展区，首先看到的是一副张贴在"四合院"门框上的楹联——"当知天下本无弃物，真非我辈不肯维新"，对门墩本身是一个惋惜，对这种形式是一个肯定。

2. 2007 年第二次门墩展

"500 门墩展"是石景山北京国际雕塑公园春节庙会组委会与天津的大

收藏家张先生联合举办的活动。张先生共计收藏了征集自北京、天津、河北等地的各类门墩近 600 个。陈列方法是随会场布局而沿墙、沿路摆放。

3. 2009 年第三次门墩展

在石景山北京国际雕塑公园举办，仍然是天津张先生的收藏。所不同的是形式，专门为这三百对门墩搭建了台架，在一个几百米的围合空间，将这些门墩"成形"地分层上架陈列，打破了门墩在四合院门前原有的格局—— 一左一右隔河相望，前墩后枕压于门下。以单独、集中、分散、多样为原则陈列，收到了良好的效果。所谓"单独"，就是单独为门墩做展；所谓"集中"，就是将这数百个门墩集中在一处展览；所谓"分散"，是说打破原来成对门墩固有的格式；所谓"多样"，是说成对门墩的陈列方式各有不同。

十、改革开放以来损失和被破坏的石刻

在古代的北京便有不少损毁石刻的"犯罪"记录，如今仍存于法源寺中的唐张不矜撰、苏灵芝书的悯忠寺宝塔颂刻石，其字里行间出现了不少改刻的痕迹，体现了"安史之乱"的"乱"而无绪，部下炒主子"鱿鱼"的情况。1985 年，丰台区槐房乡出土的唐王时邕墓志，志底的背面是一篇断滥的碑文——《释迦牟尼画赞并序》，正是"会昌灭佛"的证据。被盗走和损毁的石刻有如下一些。

（一）岩上村元代石狮

这是北京地区现存仅有的几对元代的大型石质门狮之一，与其他元代石狮不同，不仅体量较大，姿态也不同，其他多为坐姿、卧姿，但此为走姿，并且有明显的扭头意识，也许是便于左右双狮对语吧。石狮曾被盗往河北，最终为河北公安查获。2007 年房山区文委将其迎归，不想近些年又被盗走一只。据说这对元代的石狮是岩上村张姓大户家的东西，而张姓大户又是张驸马的后人，现已无从查考。总之石狮已有 800 多岁了。这个时期的

狮子有一个明显的特点——塌腰、转腰。此狮高 100 厘米，长 120 厘米，侧身转首，身体侧后面着地，前腿一直一曲。上次被盗又被接回的石狮暂时就放在了村委会院里，前后有两拨儿人登门求购，村委会严词拒绝。结果在 2013 年的 5 月夤夜，有 8 个黑影蹑手蹑脚地手拿撬棍等工具，非常迅速地将石狮抬到了等在外面的车辆上，一溜烟开走了。当时的这一切都被请来“看家护院”的李大爷从扒开的窗户里看到了，但一个人也对付不了那么多的人，没办法，就那样眼睁睁地看石狮被人盗走了，之后再通知谁也晚了！据说后来还是破案了，没得准确消息。

（二）中山寺菩萨像

房山北白岱村以北、云居寺以西一公里处，山根有个山洞，洞里有一尊白玉观音石雕坐像，高近 200 厘米，观音大衣披肩趺坐，胸前饰璎珞，双手施禅定印。按理说这应该是一尊菩萨相佛像，其头部在前几年被盗，不知去向。说来被盗也挺有故事，据说早有不少人士对该造像感兴趣，不管是想买，想拉走，都没办成。因为“地理位置”决定了偷盗的不易，洞前有一段软土山路，想要把石像整体运走非常不易，耗费时间、人力、物力，响动太大，很难得手，恐怕东西还没出洞，就已招来了公安。于是偷盗者就打起了观音头像的主意，自古以来，凡是偷盗佛教造像一类的石雕艺术品，大多不易整盗，只偷佛头。观音像曾被人盗割头部，后偷盗者因被人发现而逃走。村里将洞口以铁门固护，最终还是没能逃脱犯罪分子的毒手，头部被盗割取走，至今去向不明。

（三）清绵愉亲王碑

爱新觉罗・绵愉（1814—1864），是清仁宗嘉庆皇帝第五子，谥曰端，亦即和硕惠端亲王。母为恭顺皇贵妃钮祜禄氏。其墓原在房山区青龙湖镇，由于中华人民共和国成立后修建崇青水库而遭淹没，此碑原扑倒在崇青水库的南岸坡道上，因为体型巨大，既不能搬走，也不易砸毁，只是背面风化严重，剥蚀累累。据说水库下面就是绵愉的墓葬，枯水季节还能看到一些地宫建筑遗迹，玄宫石门也在附近闲置。墓碑的体量相当巨大，有 20 吨重，这在清中后期的王爷碑中应该说是绝无仅有的一例。碑首碑身一体，螭首，碑身侧面与四框雕龙刻蟒，选料精良，雕工细腻。有那么一天，人们忽然发现它失踪了！地上竟然没有留下太多的痕迹，这也真是现代化建设之后才能实现的事情啊！

（四）谷积山罗汉塔石刻

去过房山区谷积山的人应该都会有一种感受，那就是——天下名山僧占多。北京地区的山野寺庙有雄踞山峰的，有漫布田野的，有独占山坳的，还有层叠而起建的。唯独谷积山院，千年前选址初创，从辽至民国、现代，历代不断修缮，高僧大德的住持，香火旺盛，风水绝佳。何以见得？到得山根，远远望去，大山后倚，三峰突兀，峰各一塔，鞭塔、铃铛塔与罗汉塔，形成后靠之势，又似莲花背屏。沿中峰往下看，那组古建筑群就是谷积山院，或说灵鹫禅寺，辽代初创。大殿的背后有辽碑、元碑各一通，大殿内及前院有明碑、清碑、民国刻石若干。不但如此，在大殿前脸的左右开窗过木位置反嵌着神秘的梵文壁藏，明间券门下部是浮雕精美的墙腿石，这些都保存得比较完整。但是位于其东后侧的罗汉塔就没那么幸运了。先是地宫被盗，盗洞开在塔南侧中部，地宫下原有彩绘《释迦涅槃图》一幅，在内室北壁；内室的东西二壁是线刻成碑框、碑首及碑文的刻石。原本还有一通碑刻也被抛置在外。再次被盗的是塔身的束腰座（座的束腰部分浮雕以罗汉等）。最后偷盗者又将塔刹盗走，在他们偷盗塔座石雕得手运至山下的过程中曾被人呵斥，未能得手，但塔已被破坏了。

（五）陇驾庄汉白玉石井圈、双头异兽

门头沟区陇驾庄原 268 医院，实际上是建立在原清代显亲王爱新觉罗·丹臻园寝的一所军队医院。院内已起建楼堂馆所，除中院靠西侧有石碑

一通及残件若干，前院有汉白玉雕花井口外，已经基本没有什么遗迹可寻了，当然原来的宝顶处仍有略高于平地的冢土堆及松树，专业人士一眼便可看出那里原来应该是座园寝。十多年前的一个夜晚，陇驾庄派出所的民警在巡逻时发现不远处有两个形迹可疑的黑影在晃动，近得前来才发现是两位民工模样的汉子用一根铁杠穿过一件重物，吃力地小跑着往前赶路，民警追上截住他们，一看所抬之物原来是一件怪兽形石雕。这件石雕即是陇驾庄显亲王园寝之物，它长得很像狮子，但又身附鳞片；它有两个身子，但却共用彼此内侧的前后腿，两个头分别转向左右，也就是说它是一只石雕连体兽。之所以这样雕刻，与它的使用很有关系，估计应该是在神桥雁翅处的望柱头，由于雁翅处是个折角，在一根望柱上雕望兽，它到底应该往哪边望呢？古代聪明的工匠就想出了这样一个设计，用以满足一兽守两边的问题。最终，这尊连体石兽被北京石刻艺术博物馆征集收藏并展出。而那件汉白玉雕花拼砌石井圈则在一个大雨倾盆之夜不见了踪影。

（六）北魏太和造像

北京市海淀区车耳营村北魏太和造像被盗案，是 20 世纪末轰动全国的一桩文物被盗大案。案发后仅半年，公安部门就将此案侦破，案犯被捉拿，但也有漏网在逃至今仍未归案者。大家知道，在北京地区，除民间收藏、博物馆收藏的，石雕造像类文物中能够得到专家学者们公认的北魏时期的石刻文物仅此一件，造像的落款中有"魏太和十三年"（489）（一说"二十三年"，辨认的原因），由于在造像记中有造像者"阎惠端"的题名，故又称"阎惠端造像"。这是一件选用附近盛产的花岗岩雕凿的独石造像，火焰背光衬托出造像一铺，一佛二菩萨，佛赤足立，与常人等高，施无畏印和与愿印，二菩萨协侍两侧，身长不足佛之一半。背面上部浮雕数十尊圆龛小坐佛，下部铭文题记。两侧雕榫孔，以便与其他相衔接。侧面观看整体略呈勺状，向上、向内收分。佛像采用了高浮雕的方法，也即浮雕部分高出底子部分二分之一以上。主尊高约 165 厘米，与人的实际身高基本一致，实际上它就是一尊地地道道的佛教"等身像",与当时北魏时期的佛教风尚相吻合。只有在魏晋时期的造像最体现"等身"的特点,之后或大或小,基本上不大遵循这个原则了。

(七)昌平区学宫(隆庆卫儒学)石坊

明代弘治十七年(1504)建。昌平,古名隆庆卫,还有自己的县(卫)学,至今建筑无存,遗址难觅,唯有四柱三间石坊一座仍在原地矗立,并有石质棂星门残存。八达岭高速路沿线居庸关辅路西侧,四根冲天柱上趴伏着四只瑞兽(又名望天吼)。前几年,在夜间被人盗取,由于防范及时,仅盗走两只,一直在追查中。此石坊,简单厚重,纹饰线条清晰大气,火焰宝珠、云板与犼的比例匀称。

(八)通州区土桥及镇水兽刻石

通州区土桥,因为有个明代的土桥而定名。所谓"土桥",并非此桥是"土"筑,而是因为桥上是黄土铺面的,它原来只是一座木桥。在老北京的郊区或北方农村有很多土桥,土桥实际属于季节性的桥梁,桥面填土夯实,旱时为土,雨时为泥。通州的这座土桥实际是一座地地道道的石桥,明朝万历年时将原来的木桥改建成平面石桥,清代乾隆年间又进行了重建。桥洞一侧的金刚墙上还有乾隆时修缮的刻铭。二十年前,它还矗立在交通要道的旁边,偶尔还起着横绝水面、沟通水路的作用。但就是在房地产商无度开发扩大建筑范围的时候,不知不觉,在文物保护界不大知晓的情况下,土桥被无情地原地掩埋了。一座古老的石桥沉入了渣土之中,在周围水泥路面的中央通道上露出了两道石踏栏板的顶部,原来仅存的一只镇水兽还"漂浮"在地面之上。让人担忧的是,曾有不少文物贩子在打它的主意呢!

(九)原崇文区三里河石桥

在2002、2003年修两广路时,就挖出了这座明代石桥,很完整,很美观，桥两头雁翅有走狮顶桥，狮长 130 厘米，高 145 厘米，宽 38 厘米，为四足站立式，爪下尚有海水江崖浮雕相衬托。当时也没有什么更好的办法保护、展示，或作为遗址留存，草草地就回埋了，总以为这是没有办法的办法。2011 年，为修地铁 5 号线，再一次挖出了这座石桥，恰逢它就在地下铁路沿线，专家曾建议在不影响轨道正常运行的情况下，正宜将其做一个恒温恒湿的密闭空间展示，让市民乘地铁从此经过时可以感受一下古代桥梁的成果。但最终石桥还是被"就地掩埋"了，非常可惜！

（十）北京大学临湖轩圆明园鱼洗

临湖轩是原来燕京大学校长司徒雷登的住所，是一组具有园林风格的古建筑。后来燕大校长陆志伟、北大校长马寅初先后入住，英国学者、经济学导师林迈可亦曾住过院内西侧房。后来这里被改为贵宾招待所，"文化大革命"期间，还曾是"梁效"写作组的据点。再后来作为北大外事处专门接待外宾的地方。中心小院里，地面铺着石子甬道通向各排房间的正门，在两条甬道交叉地带摆放着两个石雕花盆，白色的大理石制作，颇具中西结合的特点。石盆分为二组合，盆体与底座，俯视盆的平面呈长方形，内部挖成凹槽，留下了简单的斧剁痕。盆的外部以高浮雕雕出狮子滚绣球的图案，在盆的四角处的高浮雕小狮呼之欲出、张牙舞爪。在狮与狮之间以麒麟、老干松枝相衔接，形成所谓"满雕"的效果。底座上下平面呈正方形，立面呈变形梯形，中部收腰，具有弧线之美，而且上面还有"大明永乐"的年款（怀疑是后来补刻的）。就是这样两只圆明园鱼洗式的石盆居然在 2007 年被盗走了一只。情况大致是这样的：一天清晨，有人发现临湖轩中的两只石盆中的一只位置发生了变化。由于盆体和座是可以分开的，盆体已被人搬到 20 米之外的老树旁的土地上了，斜躺在那里，好像是匆匆忙忙、慌慌张张地被扔到了那里，很显然那里绝对不是目的地，可能正搬的时候被人发现了。此事惊动了北大校方，有人报案，公安、文物稽查会同校保卫部门一起在现场勘查，自然是发现了许多蛛丝马迹，也知道这是招贼惦记了，暂时破不了案，只能叮嘱大家，千万注意，加强警卫，坚决不让犯罪分子得逞！现场会开完了，也就曲终人散了。石盆被挪回了原位，一头还沾满了黄泥，显然是还保留了当时被盗至草泥地沾满泥土的样子。又过了一个月左右，传来了消息：那个曾经被移出院外的石盆被盗出了校外。一个月前的行动实际是在投石问路，人家看没有什么强有力的防范措施，就在夜里开着卡车或工程车一类的把文物堂而皇之地运走了！当时北大可以进出车辆的西校门只要交上一元钱便可以随便出入。问题就出在这里了！事后总结经验教训，假如当时对进出校门的车辆，尤其是运输车辆，采取登记留底的方式，也能有破案的线索了吧！

（十一）石景山区康熙墓志

21世纪初，有一位好心的市民打电话说有石刻欲捐给北京石刻艺术博物馆。在那位先生工作的自来水厂征集了他保留的一件圆盘型构件，怀疑其为传统造纸厂或染坊等用来配重的东西，中心穿孔部分有齿轮卡扣，用以与主杆连接。他家中也有两件石刻：一件汉白玉雕云龙纹的柱头，尺寸较小，不够皇家级别，自云系王爷墓上之物，而且说有人欲出10万元购买，暂时不考虑赠予。一件是清康熙时墓志志底，记得边长约为80厘米，厚约20厘米，蝇头小楷，密密麻麻。由于已经商量好，主人同意让石刻馆工作人员征集回馆，暂时靠放在他家大门口的左侧。几天后去征集时，门前已经空空如也！只得作罢。

（十二）朝宗桥碑

昌平区沙河镇朝宗桥，系明代正统十二年（1447）工部右侍郎王永寿督工所建，有将近600年的历史了，同时间的还有在其南边相距2500米的安济桥，只可惜安济桥短命。民间传说，此二桥督工大臣一忠一奸。奸臣偷工减料，提前完工，受朝廷褒奖；忠臣一丝不苟，工期稍长，反招杀头之祸。其实只是故事而已。朝宗桥也不像民间所说，是一位叫"朝宗"的大臣所建，而是因为其所处之地为明朝帝王们的"谒陵之路"，也即"朝拜祖宗之路"，桥取名于此。桥梁取材花岗岩，为七孔联拱拱桥，实心栏板，方望柱，结构敦实，装饰简单。四角驳岸原有四只息水兽，今仅余一只，雕琢威严大气，毫无繁文缛节，体现了明代特征。桥北头路东，立螭首龟趺碑一座，汉白玉雕成，明确落款明万历四年（1576），距今将近 500 年。碑额篆"大明"，碑身双钩榜书"朝宗桥"，正背面相同。与百多米长的大桥相比，显得那么的洁白、秀美，500 年来未受一尘之染。可惜，改革开放以后，小广告到处张贴，一天碑身忽然被写上红字办证广告，于是铺天盖地，次日书丹布满周身。城管部门愤而严管，人没找到，以涂料遍刷碑体。第二天又"红满全身"，谁还能有办法？后来干脆做了一个玻璃罩。

（十三）明十三陵思陵

明十三陵思陵一对石烛台被爆"失踪"近一年后，昌平区相关部门于 2017 年 3 月证实思陵石烛台被盗，并立即组织公安力量成立专案组，全力以赴开展侦破。同时，启动问责程序，对十三陵特区办事处党政主要负责人等 4 名处级干部及相关人员进行了免职处理。专案组经 10 余天的侦查，将一个专门盗窃石刻类田野文物的团伙抓获，十三陵思陵被盗案告破。这个专门盗窃石刻文物的团伙，从 2010 年左右持续到 2016 年 11 月，在北京境内盗窃、倒卖文物案件多达 12 起，除了在世界文化遗产十三陵思陵盗取一对石烛台外，还曾于 2015 年某一天，在怀柔红螺寺景区红螺寺第一会议室院内盗窃石槽子一个；2015 年某一天夜间，在香山植物园内盗窃石香炉一个；2016 年 4 月间，黄某、齐某、顾某、刘某、刘某等人到北京市昌平区十三陵镇悼陵监村，盗窃明十三陵思陵石五供烛台二个。2016 年上半年，林某将"石瓶"以 15 万元的价格卖给了冯某。2016 年 10 月 25 日，在海淀区北京航空航天大学院内盗窃石碑一个。2017 年 4 月 7 日，专案组先后将林某、王某（女）、冯某等 3 名犯罪嫌疑人抓获，在冯某家中将被盗的两个烛台起获。此案终于告破。

（十四）灵照寺石狮

2013 年，延庆区灵照寺门前高台上左右一对明代的石狮被盗。原本在高台之上，双狮下面还有高高的底座。这里本身就是文物保护单位，同时也是延庆区陈列保护各种石雕石刻的场所，大门外还配装了摄像头，居然还能被盗，说明盗窃者的疯狂。一位每天经过这里的孙先生当时发现了情况并及时报案。后查监控录像发现，9 月 27 日凌晨，有一辆面包车停在寺庙前，下来六个人，将两个石狮直接装车抬走了，用时仅仅 12 分钟。事发后两天偷盗者被警方控制，此案告破。原来他们是想以 30 万元的高价卖给一位庄园老板。

（十五）环秀禅寺石刻

2014 年，房山区青龙湖镇环秀禅寺石刻被盗。这座寺庙早已不是第一次被贼光顾了。这座仅余三间的无梁殿可并不简单：前立面，三个石雕拱券，系一门二窗；进殿内，后壁是三座联龛，龛高龛阔不亚于中门，都是"六拿具"图案，三龛顶部尚有满云纹式横披；殿之顶，嵌刻石雕藻井。这样一座荒废无人的殿宇，有如此优美的石雕，早就被贼惦记着了。韩某、梅某二犯疯狂盗窃时，被当地群众发现并举报，此案当即告破。

十一、老旧石刻已成收藏家们的新宠

文玩石历来为文人墨客所青睐，东坡得砚、访碑，宋徽宗造艮岳作《御制艮岳记》，米癫（芾）拜石，作《研山铭》，米万钟爱石，作《大石出山记》等。

（一）案头石

过去人们都住着蜗居，家里仅有的是大衣柜、写字台、书柜、床具等最基本的生活和学习用品，哪里还有闲钱置办文玩呢。改革开放以后，收藏成了热门话题，同时也成为有些人的营生，人们大大方方地搞收藏。过去那些有钱的人也开始玩儿文化了，过去有文化的人又开始玩儿赚钱了。总之，文玩从文人的那边转向了大众的这边。案头石包括案头小石狮、笔架山、石雕砚、灵璧石、太湖石摆件等，特别是那些古人曾经玩儿过的、留下了笔迹的东西更为有价值。

（二）石盆景

过去尤其是皇家苑囿中常见，用作园林点景之物，一两件奇石，比如木变石、瓜子石、灵璧石、太湖石、英石等。

（三）石鱼洗

北京石刻艺术博物馆藏百子图鱼洗、葫芦蔓鱼洗、平面梅花瓣形鱼洗、元代残断鱼洗、北京大学鱼洗、戴笠府鱼洗。

有一件非常精美的鱼洗，原座已佚失，形式阙如，今座系后配，但可知其应为两体结构，也即座与盆的组合。盆体高41厘米，直径111厘米，大理石质地，重约半吨。专家们根据其形制、特点、图案等分析，认为它是乾隆时期圆明园式的东西。文物本身显得高端大气上档次。首先它选用的是汉白玉，温润莹洁，毫无风雨浸润的痕迹，保存完好。其次，它的造型非常"仿生"，就类似一只大号的瓷碗，有口沿儿，有碗壁，有鼓腹，有收底，比例协调，绝无造作之感。内部中空，斧剁以成；口沿儿线刻，无妨大局；重饰外腹，剔地多层。四周随盆形外面雕刻开光图案四组，是以中国的传统图案"百子图"为素材的。但其设计布画、雕刻手法却是中西结合的，尤其是其中的一组最值得交代一下：画面上共出现四个人物，一个老者，三个顽童。老者脱帽塌背弓腰地坐在石鼓绣墩上，两小童牵两绳同拉一车，一童在车后，面对观众跳起做飞鹰展翅状。车上有物，原来是老者的帽子，但老者仍不愠不怒，慈态可掬，面对观众。细看二童，也有区别：一童前腿弓后腿绷只顾埋头拉车，后脑示人，绳儿是直的；另一童脸露坏笑，斜视车与跳起的同伴，绳儿有曲度，显然是在偷懒。再看那个小车，虽然早在明定陵发掘的皇帝礼服上的织锦图案中见过，但那个车与二十世纪六七十年代犹能见到的"鸭子车"之类的相同，但在体量、形式及玩法上却有很大的不同。它有些像今天的"滑板"。为什么那个时候会有这样的"轮滑"？为什么那么有动感？为什么有种呼之欲出的感觉？试做分析如下：一、它虽然不是轮滑，但是却有轮滑的外观；车后跳起飞鹰展翅的男孩似乎更像在做"跳板"运动。无论如何，它还有两根牵绳，注定了它的使用功能是拉车而非脚踩滑车。可能是当时的设计者进行了一定的艺术夸张，使一两百年后才出现的事物提前"显形"了；二、这一组画面是在平雕线刻的花草树木背景的映衬下浮雕出来的，借助盆沿儿的卷口作上限，借势盆腹向盆底的收分内敛展示人物，周围仍以传统的莲瓣作框饰；三、由于其设计上采用的是西方的焦点透视法，而非东方的散点透视法；又由于在塑造人物方面，打破了中国的传统，运用了西方的人体解剖学的原理，特别是在处理人物体态、骨骼肌肉、衣褶纹饰的层次明暗、细节刻画等方面，所以才有极强的动感和与观众呼应的效果。

（四）石座

有碑座，有石供座，有佛座等。

（五）门墩

有抱鼓形门墩、书箱形门墩、狮形门墩、异形门墩、不起墩儿的门枕石、上下马石、上轿石。

门墩这种石刻在过去来讲并不稀罕，可以说满大街都是，因为北京就是以胡同四合院著称于世的！四合院是胡同的基本单位，而门墩呢，堪称四合院的"眼睛"。门墩在北京的实际存在，最早可以上推至辽代。实物虽然不存，但文字拓片却留在了国家图书馆。其他老北京上万对的门墩，其大致的年代一般都在清、民国之间，元代、明代的很少见。

北京石刻艺术博物馆藏的一件九狮戏绣球门墩，清代，石灰岩质地，高 72 厘米，宽 24 厘米，残长 41 厘米。这件精美的门墩，2000 年由原宣武区房管部门征集到馆时，就早已失去了它的另一半，就这样"孤零"但不"寂寞"地在北京石刻艺术博物馆的"精品厅"内陈列着，常常会引起观众的驻足与惊叹。这是因为，门墩虽小，花样不少。按普通抱鼓形门墩的常理来讲，其正面兽口衔环之下，大多仅浮雕装饰出一组宝相花来，但它却不同！乍一看，是一堆球球；仔细观察，原来是九只狮子共同戏耍一只绣球。九狮各具神态，一球暗藏于中，大狮高踞鼓顶，仰天张嘴，四肢委地，似乎表现出一种爱抚和喜悦的心情，颇有些扬扬自得之意。如果仅在抱鼓的正面雕刻繁缛复杂、做工纤巧，恐怕会给人以顾此失彼、头重脚轻之感，此门墩的设计者完全考虑到了整体协调、上下比例、左右呼应、传统继承与潮流时尚诸方面的因素。第一，这个门墩继承了普通抱鼓形门墩结构的传统，不会使人有一种"四不像"的感觉，其基本结构就是圭角云纹、石门枕、须弥座、上下枭、束腰、槛槽（断缺）、海窝（断缺）、荷叶、双小鼓、大立鼓、鼓子芯、鼓钉、伏兽（狮子），所以它上下比例结构完美匀称。第二，由于门墩的前脸儿一反常态过多的装饰，很容易把它雕成前后失偏、上下失重的效果，但是它却合理地规避了这个问题。其方法就是：以透雕、镂空雕的手法雕刻九狮戏绣球，而不是简简单单地浮雕，以免看起来有累赘之感；最后大狮高高在上，统领全局。第三，在繁缛的同时，也注意避免重复。鼓前的九狮戏绣球，从上透迤至下，既美观舒展，也简省了小鼓及须弥座锦铺的装饰。第四，大鼓的双面鼓子芯，起台辟圆形平面，镌刻了规整的文字瓦当图案，上刻"延年益寿""吉祥如意"瓦文体篆书字，有与众不同的"金石"韵味，这与清乾嘉之后金石研究收藏的热潮是分不开的。

（六）刻帖

帝王刻帖，上有所好，下必有甚焉者也。

刻帖据说唐朝已经开始了，但苦无实据。所谓"帖"，可以理解为选取古代书法家的书法作品摹勒上石，成套、成系列，不止一石一版，有一定的规格形式，拓印后便于装裱装订的那种专门用来拓印观赏的石板和它们的产品——拓片以及拓片的产品——拓片册。石刻馆藏有几部丛帖及单帖刻石，如"敬和堂帖""诒晋斋帖""间架结构九十二法""滥竽斋诗帖""草书要领帖"。

《草书要领》，据说唐代成书，欧阳询等奉敕集二王（王羲之、王献之父子）草书以成。实际上，它是唐天宝中诸多名家奉敕集二王草书而成。明清已有刻石帖本流行，至清末石则无存、佳拓难觅。清人李云麟历时一年募款翻刻，分仁、义、礼、智、信五集，后附五集补遗，共集草字 4000 个。

石刻馆藏草书要领刻石，系再翻刻本，玄武岩质地，个别有残损。计29 件，正反刻，长、宽、厚不等，均长 93 厘米，宽 30 厘米，厚 8 厘米。单石每面均刻 5 组，字界高均 23 厘米。通读全篇，感觉气韵一致，一气呵成。但略嫌工整，其于序、跋、表文等处，统一以小楷刻就，对照曾出版原帖，非李云麟原刻，估计为清末民国之龙云斋、翰茂斋、文楷斋、陈云亭镌碑处等作品，但仍佳绝珍贵。

草书起源于西汉，章帝时"以草视篆隶稍易，故章奏亦用之，名曰章草"。楷书至晋代始成；篆、隶后，笔法纵而成草。故草为篆变体，行为楷变体，不可混淆。草书难写，即有字典，查找为难。《要领》则合理地解决了这个问题。全书共分五集，五集各有规律可循。其中《仁》《义》二集，仿《说文》以部首为序；《礼》集按间架结构排列；《智》集集中了结构奇险之字；《信》集则将字形相近容易混淆者类列其中。

《草书要领》为习草书者圭臬，百读其书则得其要领。古人奉《草书要领》为"草书正法"。原则有二：点书不参行楷，转折收缩不背篆隶；表里精粗，以刚柔交济为合拍。流弊有六，曰：脆、野、滞、枯、肆、弛。

根据附刻的李云麟《募资重刊草书要领启》《募启书后》《智集跋》《五集补遗增补序》所言，李刻此帖，可谓千辛万苦、不惮烦难，仅欲使后学得窥全豹也。虽经一年，刻帖始成。但实际的工程，是在庚寅年（1890）才最后完成，跨度四年。李家原有世传《草书要领》集帖一部，得以悟草书真谛。因思草书有纵横变化之妙，但罕有示人以规矩准绳之书。独此含珠圆玉润之美，实为艺林盛览。于是常置行箧，闲事临摹。同治戊辰（1868）遭兵变，《智》《信》二集被毁。历经20年的寻找，终于获《信》集。由于担心此诀一失，草书正法从此断矣。拟取现有之《仁》《义》《礼》《信》四集翻刻，以广其传。所欠《智》集一帙，则以家藏临本参互，并以诸石刻中之堪为矩度者附后补其缺略。唯资力窭乏，独志难成，所望诸君子共成善事。丁亥（1887）仲夏始议，蒙邹刺史、朱太守、刘观察之力，于孟冬（1888年元月）即购贞珉、觅良工，惨淡经营。原本只想就原帙翻刻，因原刻字体缺略过多，乃摘录遗文并参考成法，规模粗备。尚需款益巨，而深虑不继。从丁亥（1887）冬，到戊子（1888）春夏间，有多人相助，秋八月工将竣，而费仍绌十之二。适又得续助巨款，始克有终。之后己丑（1889）孟陬，又对《智》《信》二集做了个别修改。直至庚寅（1890）季春（3月），做完《五集补遗》，才算最后完工。出资捐助者共有17人，其中除达官贵人外，仍有为后人所熟知的金石学家，如爱新觉罗·盛昱、南皮张之万、长沙曾国荃、吴县潘祖荫等。

《诒晋斋法书》，俗亦名"诒晋斋帖"，十六卷。清嘉庆二十四年（1819），钱泳摹勒上石，永瑆自书或临书，计六十二种。爱新觉罗·永瑆（1752—1823），号少厂，一号镜泉，别号诒晋斋主人，乾隆第十一子，被封成亲王。自幼酷爱书法，生自皇家，得天独厚，名重一时。又善用笔，推广董其昌"三指悬腕"为"拨灯法"。曾奉嘉庆皇帝旨意，将所藏晋、唐、宋、元、明诸家法书摹刻上石，拓而为帖，装池成册，出版问世，是为《诒晋斋法书》。由于受到广大文人爱好者的好评和竞相购买，帖石多拓而招致磨损，进而重加剔刻；由于是帖海内风行，翻版者众，后人真伪莫辨。

摹勒上石者实际是当时的一位大名士——钱泳（1759—1844），初名鹤，后改泳，字立群，号台仙，一号梅溪、梅花溪居士，江苏金匮（今无锡）人，侨居苏州。长期做幕客，足迹遍及大江南北，见闻较广。善诗、书、画，远近闻名。工篆、隶，精镌碑版，作印师三桥（文彭）、亦步吴迥，有缩小汉碑，集各种小唐碑石刻行世。钱泳以米芾学书过程，强调要"博学众家，撮优取之"。著有《梅花溪诗钞》等。

《群仙高会赋帖》系"诒晋斋帖"永瑆自书六十二种之一，属临古帖。拓片高 80 厘米，宽 29 厘米。之前尚有赵孟頫书、汪由敦临本行世，然帖的章法格式稍异。《群仙高会赋》落款"洞宾撰"，显然是托名吕洞宾所作。吕岩，字洞宾，号纯阳子。道教全真派祖师，传说"八仙"之一。唐朝实有其人，山西籍，有文才，能诗善属文。《全唐诗》收录其诗二百余首。著述颇丰，有《吕祖全书》《九真上书》《孚佑上帝文集》《孚佑上帝天仙金丹心法》等，亦系托名。读赋文，时间与地点均不明确，人物虽是"群仙"，但称名亦仅及"洞宾"及"钟离老师"而已。其他则以"海上诸仙""群仙""吾侪""列班仙友"指代，使读者恍入神仙之列，偶有飞升之感。文中列举人间美食、仙界奇葩，所饮琼浆玉液、所歌白苎之词、所赋黄粱之曲，最后"觥筹相错，赓和竞逐，吹洞箫、击渔鼓、敲檀板、舞秦楚，彩袖翻而云翻，羽扇挥而月舞，玉山未颓，冰壶不竭"。的确有些曲终神不散、离境似黄粱之意。赵孟頫本早已佚亡，汪由敦临本反类二王，诒晋斋本则更显个性，清劲秀逸，字体平正；摹刻精湛，刀刀见工。

爱新觉罗·永瑆上嘉庆皇帝奏折刻石，长 86 厘米，宽 36 厘米，厚 8 厘米。内容是一本较为简单的奏折，是清成亲王爱新觉罗·永瑆上奏给嘉庆皇帝、他的胞弟爱新觉罗·颙琰的，目的是"恭谢天恩"。双方虽为兄弟，但毕竟君臣有别，所以行文中谨慎小心、不越雷池，客气得完全没有体现亲情。但不能仅仅视其为一篇君臣对话的短文、一个简单的奏折，字里行间犹能悟出一些道理来。首先，"臣永瑆谨奏，为恭谢天恩事。本月初七日，军机大臣传旨，令臣将平日所写字迹自行选择刻石"。后又说，"再臣有书斋，号为'诒晋'，曾见于恩赐御览诗中，刻成即以为卷名"。这让我们知道了"诒晋斋帖"（《诒晋斋法书》）是如何产生及名称的由来。其次，是"诒晋斋帖"于何时产生。篇末落款"嘉庆九年八月初八日"，可知为嘉庆九年

（1804）事，文中"觅工摹刻，约计明春恭呈御览"。可知大规模刻帖应在次年（1805）进行。虽说文中套话缺少亲情，但下对上（或说哥对弟）的感激之情充溢其中。"臣闻命之下感激欢忭，窃念六书之末岂比六事之涓埃？何期一艺之微，犹蒙一人之眷注。"虽然他把文字之事、刻字之工形容为"六书之末""一艺之微"，但毕竟是他所钟爱，因此他"感激欢忭""感忭下忱""恭谢天恩""扈驾回京后，即遵旨办理"。

帖石的首行刻"成亲王书"，两方印章"诒晋斋印""成亲王印"，并有"嘉庆九年岁次甲子八月，奉圣旨摹勒工石"字，实际是前一篇文的落款。由于是丛帖，连续刻石，前后连缀，故前款落后石上，后款再落后一石上则不足为奇了。

又刻嘉庆九年上谕："朕兄成亲王，自幼精专书法，深得古人用笔之意，博涉诸家，兼工各体，数十年临池无闲，近日朝臣文士之工书者，罕出其右。"

"见泾南写此"诗帖，是一首成亲王永瑆自书他人的诗词，收录在《诒晋斋法书》刻石上，拓片高87厘米，宽36厘米。末书"见泾南写此，不知何人作"，说明此诗名为"见泾南写此"，但不知何人所作。"泾南"意指泾水之南，在今安徽泾县。山南水北，自古为风水极佳之地，实际也风景秀丽。看来原作系诗人游览该地、得到朋友的热情款待有感而发的诗句。因何道此？这要从唐代杜甫的《陪裴使君登岳阳楼》诗谈起。诗的原文："湖阔兼云雾，楼孤属晚晴；礼加徐孺子，诗接谢宣城。雪岸丛梅发，春泥百草生；敢违渔父问，从此更南征。"很明显，"雪岸丛梅发，春泥百草生"就是"见泾南写此"诗的用典来源，这也许是永瑆独喜而刻书此诗的原因吧。当年的大诗人杜甫在今湖南岳阳老朋友裴使君（裴隐）的陪同下登上了岳阳楼，共同欣赏美景。对老友近日的热情款待不禁产生了由衷的感谢之情，故比喻为"雪岸"再生的"丛梅"，"春泥"中的"百草"，生机勃勃、春意盎然。但是"见泾南写此"诗的诗意似乎与杜诗稍有不同，是由春意盎然而忽感岁月的流逝。末署"少广"，钤印"成亲王"，正是它的落款。"少广"，并非"少廣"，实为"少厂"，"厂"非"廠"，实为"庵"。"少广"，系永瑆字号。

"淇水""太行"帖刻石，实际上是一副被永瑆选中并刻入"诒晋斋帖"中的绝好对联，拓片高36厘米，宽86厘米。此联上下分书于二石，限于规格不能一联一行一石，而改为八字占四行、一行两字刻写。虽然楹联的气势、榜书的雄伟、章法的特殊不易领悟，但从其刻石所反映的特有的刀法力度、字法结体上犹能悟出一些软硬书法互相转换的味道来。其书法既有宋四家的风格，又有金石的韵味，还有点儿漆书的味道，不愧为书法之道、刻石之精。另外，对联的艺术也很有讲究。"淇水"对"太行"，一水一山；"烟波"对"松雪"，一烟一雪；"半含"对"映出"，一敛一放；"春色"对"青山"，一因一果，无论从对仗工整，还是词性搭配，以及意境、平仄上都是符合审美与韵律要求的。字虽不多，隽永深长；意虽不永，味道极浓。总之上联写水，下联写山，通过水的"半含春色"、山的微露青色，来引起人们对晚冬近春美景的流连。淇水，在河南省北部。古为黄河支流，南流至今汲县东北淇门镇南入河。太行山又名五行山、王母山、女娲山，或作太形山，隶属山西省，为东北、西南走向。这水与山，互为表里，景致互为依托，晚冬与早春，此景遇上此人，产生此情，即得此联，必大为畅快。

（七）各类奇石

太湖石、英石、大理石、花斑石、磬石、松花石、徐公石、钟乳石、泗滨石、灵璧石，是古代奇石的种类名称，今天还有一些新开发的石头，如大漠奇石、大化石、彩陶石、轩辕石、三峡石、阳关石、黄龙玉、五彩石、泰山石、黄蜡石、九龙璧、菊花石、海百合石、肉石、墨石、彩霞石、黄河石、绿泥石、紫袍玉带石，等等。在古代，奇石属于雅玩一类，文人所特有，富人所附庸。今天全民玩石，多少有些滥了。今天的"收藏"，无论从人群上，还是从种类上，都可以说已经是"泛滥"了。今天开发的许多种类，在过去仅仅是一种石材而已。有些玩儿的是形，有些玩儿的是壳、有些玩儿的是浆、有些玩儿的是纹，总之玩儿的都是"奇"。

现在市面上也有许多关于石、奇石、景观石、观赏石等石文化的书籍，有一本叫作《中国石文化》的综合性出版物值得介绍一下。《中国石文化》，孙庆芳、孙毅著，《经典文化系列》丛书之一，2007 年时事出版社出版。该书文图并茂，由于所表现的是"石"文化，书中所有配图、照片等均以黑白色调表现，不用彩色照，反而显得优雅、有韵味。资料性、学术性和科学性也极强，形成自己的理论系统。纵的方面，它从历史上阐述介绍了自女娲采石补天一直到民国时期，人们对石文化的认识、理论与实践的活动。其中穿插以各种相关的传说、故事、历史事件、石与名人等，同时客观地解读了一些相关古籍文献，如《山海经》《说文解字》《抱朴子》《素园石谱》《本草纲目》《石雅》等。横的方面，也就是从科学的角度，对一些常用的"地质学术语"做了系统的解释，如石的化学性质及物理性质，从矿物学的角度、矿物的晶体结构、矿物的特性、矿物的形态诸方面做了介绍。运用大量的篇幅，从实用雅玩、辨识交流的角度再加笔墨。如"文房彩石"之"印石"，分为寿山、青田、昌化、巴林；"砚石"，分为端砚、歙砚、洮河砚、红丝砚等。在"清供雅石"中，全面介绍了山石、水石、卵石、戈壁石、板片石的各种分类特征等。特别是，针对那些赏石爱好者们最有用的章节，即第六篇赏石实践，又分为"雅石赏玩""雅石评价""雅石的采集交流"各节。

十二、石刻的保护、修复与展示

石刻的保护始终是伴随着人为的破坏、自然的损害而并行的。"保护"并非仅是今人的"成果"，古代早已有之。在北京地区，先说云居寺。从隋末唐初的静琬发愿刻经开始，一直到明代末年在城内石灯庵补刻经书，上千年间，不仅仅是刻经，还有补经、编目、研究、竖碑等类似于今天"文物保护"的工作。

今仍立在房山区云居寺石经山第六洞前，由辽代赵遵仁撰文、王诠书丹的涿州白带山云居寺东峰续镌成四大部经记碑，碑一侧刻"虞部郎中通判涿州军州事王仁洽大康六年（1080）四月一日到此提点镌碑"。不仅是通理大师继续了静琬大师未完的事业，镌刻了"四大部经"，而且朝廷还派专门的命官到现场"提点镌碑"。又有元代贾志道撰并书丹的重修华严堂经本记碑，尾题"时至正改元（1335）夏五月初八日高丽国比丘慧月立石""补写经板高丽国天台宗沙门达牧，金玉局提领李得全、李得、程仲玉刊"。这里出现了"补写经板"一词，以及"金玉局提领"的官职。后来还有明代的张普旺、民国的陈兴亚都做过不同程度的保护工作。

清钱泳《履园丛话·杂记上·金石文字》记，孙渊如（即孙星衍，曾著《寰宇访碑录》）观察尝言："吾如官御史，拟请旨着地方官吏保护天下碑刻。"

民国时期法国的工程师蒲意雅氏在其所著《记西域云居寺》一文中就曾对"村人"毁碑表示过愤慨。该文第一章《西域寺之路程》："龙门口与东甘池之间，小山麓下，过山峡后，有村落，旁有王侯巨墓，惜未入观。迤至东甘池村，继复西指南甘池村。倘游者时间从容，可迁道北行，经北甘池村，抵山凹处，越稻田中小河上之环洞桥，抵西甘池村，北折至灰质岩下，可游胜泉寺与泉源。泉源处，树木荫翳，风景宜人。胜泉寺前，有方塘一，树木环绕，亦甚幽雅。塘有光绪年石碑一，碑文为乡人剧去，相传昔时村人与僧门，不胜，剧其碑以泄愤，此亦可谓下愚之尤甚者。"

唐朝的云麾将军李秀残碑，原在今良乡地，不知何时为人所毁，改凿为柱础，没于泥土草莱之中。明代万历时北京有个宛平县尹叫李荫（字于美，号岼客，内乡顺阳人，嘉靖举人），他的人在衙署清理地面时发现了六个柱础，上面似乎有些字迹，原来就是李北海云麾将军之碑。字体轻逸而老正，有如颜鲁公体，计存180余字。李荫专门建造了一间小屋，把残碑嵌砌在墙上，周围种植花柳加以装点，并名其屋曰"古墨斋"。后来，桐城派文学家翁方纲根据旧拓摹刻于石，并镶嵌于法源寺悯忠阁东外壁，算是基本上复原了碑的原貌。

（一）不太成功的保护——有机硅涂料

在二十世纪八九十年代，北京市文物保护部门在全市范围内选择了若干试点，比如天坛、孔庙、真觉寺等，对其中的石刻文物进行了涂抹有机硅（环氧树脂）的保护。经过了数十年的考验，事实证明那是个不太可取的"经验"。当然，也没有找到更好、更行之有效、更经得住检验的办法来。石雕石刻风化腐蚀的问题，恐怕在 21 世纪内也未必能彻底解决。它是石头的顽疾，它是石质文物的癌症，在目前情况下也只能使用延缓的方法来解决，根治是无望的。通过有机硅进行"保护"的文物，会产生几大问题：1."眩光"的问题，由于石表"穿衣"，有贴附异物，会造成其质感的变化；2.尤其文字石刻，由于有"贴膜"的作用，文字的部分作传拓非常不易；3.时间一长，石头有"层起"起鼓、剥落现象，就好比人的烧烫伤的结痂脱皮现象。有机硅涂上后，虽然增强了石刻的憎水性和固化力，但是也堵塞了石头的毛孔，使其无法呼吸，久而久之，附着在文物表面的有机硅就会牵连着表层的石块成片脱落。所以，对于石刻的保护，只要是附膜式的，要求"膜"必须符合或接近这样几点：1.尽量降低"眩光"的度；2.不影响原文物的质感；3.具有一定的伸缩性；4.有一定的透气性；5.不受环境温度的影响；6.具有可逆性。也就是说，石刻的化学保护所使用的涂料等，使用起来不能过多地影响文物的质感，而且一旦涂料老化，可以取下重换新膜，或自行"消化"吸收掉。另外，"化学保护"的提法有些不妥：第一，"化学"给人一种恐怖感；第二，它也不是真正意义上的"化学"保护；第三，正确的说法应该是"化学配方、物理保护"，因为在化学产品的使用方法上的确是"物理性"的。经过若干年的研究试验与实践证明，任何对石刻保护拍胸脯下保证的"试剂""良药"均是经不住考验的！真正的良方应该是注意随时观测病害石刻的"病情"发展，及时调换"药品"。根据时代发展和病害石刻的情况，做好随时升级换代的准备。关于这方面的理论可以参考被收录在《北京石刻艺术博物馆建馆十周年纪念文集》中由赵迅翻译、高念祖校对的德国文物保护专家罗尔夫·维尔先生的《应用丙烯酸树脂全浸渍法保护石质文物的经验》。

（二）古崖居的保护

有记者采访古崖居石刻风化情况时，延庆区文委负责人讲，十年前去古崖居时官堂子门前的两根石柱还有一米多高。而几天前再看到时，已经风化得只剩不到 3 厘米的石碴了。又听说在 2000 年，山顶上裂了一个小口子，没想到仅四五年时间，已经风化成一道"鸿沟"了。导游介绍"现在只要用手轻抚岩体，就会有岩石颗粒脱落"。

由于延庆古崖居特殊的地理位置、特殊的历史背景、特殊的石质情况，其石质的风化与脱落程度可以说是愈演愈烈，几年前的一道石缝今天已演化为一道裂缝。如何保护，如何控制？引来了十多家生产石刻保护试剂厂家的关注与试验。管理方首先在文物的附近选择了相同质地的山石划定区域，哪个厂家的药液使用后即在周围画上圆圈标记，也有采用"纳米"技术的，经过若干年的"考验"，最终选定效果最好的一家。当然了，古崖居的保护，绝不是单单的一种，不能采用一视同仁的办法来解决古崖居石质文物的所有病害情况。

（三）番字石刻的保护

番字石刻位于密云区的一座小孤山。山东西长 50 多米，最高处 7—8 米，在小山的南面石壁上刻有 20 多组文字，基本上都是佛教的"六字真言"。在东山坡上，有一块高约 200 厘米的立石，石的东面石壁上刻有一个大型番字，字高 100 厘米有余，宽约 30 厘米，估计应是"十相自在图"。从字体上讲有三种：梵文、藏文和蒙文。有专家认为它们是明清时期留下的少数民族古文字。本书认为更像是元明时期的特点。由于它们属于摩崖刻石，天天蒙受着风吹、日晒、雨淋以及随时有可能来袭的人为破坏，21 世纪初当地文物部门与乡村政府联合采取了一些必要手段。他们对市级文物保护单位"番字石刻"，顺山加盖了罩亭，有效地遮挡了上面的落雨。三面灰瓦红墙与山体形成了一个围合的院落，正面建起三开间的仿古门房，这样不仅对正面、左右边吹来的刚猛山风有一定的减弱作用，同时对人为破坏起到了一定的震慑作用。另在村口的阳关大道上跨街建两柱五楼的五彩木牌楼一座，额书"梵字千古"，使专为寻番字石刻而来的游人老远就能认清路线。只是可惜，在另外一处山体镌刻的"十相自在图（十一字真言）"还暂时没有采取措施，而且那里的石质要疏松一些，条件差一些，如何保护仍是个问题。

（四）大觉寺石刻的保护

大觉寺的石刻保护可以说是一个成功的范例，在它的保护范围里有辽碑一通、清代乾隆刻石十件。辽碑由于岁久，早已半埋土中。当时将碑整体"拔出"地面，下砌砖石平台，达到了既美观又隔潮的作用。碑立之后，外罩碑亭，亭在色彩与装饰上接近周围古建筑风格。亭的大小与"透明度"既要协调，还要保证通风、遮雨、挡风。类似的这种保护要遵守几个基本原则，但由于局部小环境的差异，可以允许略做调整。比如有些条件不太好的地方，碑刻的朝阳面光照强烈，还可以考虑加进"防紫"的设施太阳膜之类的。大觉寺另外十件假山上乾隆诗的刻石，因为是附刻在山石上面的古迹，所以保护时得考虑设计一下，仍以框架玻璃的形式，以三面罩住刻石部分，同样也起到了保护和美观的作用。同类型的保护还有东城区小麻线胡同某宅的乾隆御笔联额石刻及清华大学校园内出土的明代田弘遇墓志。

2018 年，清华大学校园内出土了一合明代墓志，实际上是田弘遇为其祖父田少溪与祖母党氏所作的迁坟记。志文记葬于"西榴村"，访之故旧，清华园内墓志出土地以前的确曾名"西柳村"，四五百年间名称的改变是再普通不过的了。田弘遇之所以为其祖父母迁坟，是听了风水先生的话。而此前田少溪的另一个孙子田佳璧为了追求利益，轻信了别人的谣言，将原本在此地安葬的祖父母迁到了他处。结果，田家连遭不幸。这次迁回后，田家再次兴旺了起来。最典型的例子就是田弘遇的闺女做了崇祯皇帝朱由检的贵妃，被封"恭淑端惠静怀皇贵妃"，田弘遇深深地感受到了迁坟的意义，认为是祖上有德，于是特聘请当时的三位达官贵人为墓志撰文、书丹、篆盖，他们分别为赐进士出身、资政大夫、礼部尚书兼东阁大学士何吾驺，赐进士出身、奉直大夫、詹事府右春坊右谕德兼翰林院侍讲王铎及赐进士及第、资政大夫、礼部尚书兼翰林院学士姜逢元。

（五）万寿寺经碑的修复

万寿寺中西路慈禧太后"梳妆楼"以北的后院内，原有两通乾隆时期的"经碑"，在"文化大革命"时期遭到了毁灭性的破坏，几乎是"粉身碎骨"了。十几年前，有关部门曾对那件相对破损较小的摩诃般若波罗蜜多心经碑进行尝试性的修复，效果不错。原来的一堆碎石终于又立起一座螭首龟趺的丰碑了。同类的保护还有卧佛寺中大殿前的二碑，一通雍正御碑为励宗万书丹的十方普觉寺碑，一通乾隆御笔诗碑。前者碑身上中部有通裂一道，还伴有缺字，修复时根据旧拓补足。后者碑身上部与碑首相接处有横向阙残，亦据旧拓补足。这几例修复，都是在对原物无损的前提下粘接补修的，还是坚持了对文物本身"最小干预"的原则。

（六）北京师范大学中的卜舒库碑的保护

2004年有人爆料，在北京师范大学校园内四号学生食堂后院厨房的一角有石碑文物，其所处环境堪忧。由于被食堂的油烟天天侵蚀，蔬菜等也常临时放置于龟背之上待择待洗，一座偌大的清代螭首龟趺墓碑有误落尘埃的意思。媒体披露、广大市民关注、专家考察之后，校方迅速采取措施。将碑清洗之后完好无损地移至校园北部的一个小花园中，虽然没有外覆盖罩之类的保护设施，但相对小环境空气清新，视野宽阔，仍不失为一种保护措施。类似的保护还有位于通州八里桥的清雍正御制朝阳门外石道碑（通高近700厘米）、大兴德寿寺双碑（通高近750厘米），丰台"荡平归极"石匾额、董其昌书"关侯庙碑"等。卜舒库是清朝康熙年间的一位功臣，武二品衔副都统职，享有拖沙喇哈番（外所千总，云骑尉）爵位，死谥"刚壮"。

（七）冰窖口胡同清端顺长公主碑的保护

今天积水潭以北的冰窖口胡同，清代属于北郊，路北的一处大院内曾经是清端顺长公主（1636—1650）的坟茔。20 世纪 80 年代，享殿被拆除，碑被就地掩埋。2004 年再次施工时碑又被挖出，再无其他发现。怀疑过去墓穴曾经被盗，另外碑的出土亦稍离原址。总之孤零零一座墓碑，在单位大院，如何加以保护？如何附带展示？如何不引起"不吉利"？这也是很费心的事情。最后碑在原出土地立起，下面补配了精美的海墁，改原来的坐北朝南为坐西朝东。顺便介绍一下，由于清初碑无定制，故此碑高、宽、厚异于常碑，螭首龟趺，四框蟒龙纹，仅碑阳居中大字刻书满汉合璧"端顺长公主"五字，汉文双钩刻。碑主系清太宗皇太极之十一女，获封固伦公主，曾下嫁噶尔玛索诺木，15 岁即卒。

（八）德胜门无字碑的保护

德胜门城台之上有一通偃卧的无字石碑，长期以来没人理会，基本上就是块比较碍事的"垫脚石"。十几年前，德胜门古钱币博物馆相关领导决定要一看究竟，于是找来起重工人，将此"卧碑"立了起来，成了一景，也算是对文物石刻的一个保护性利用吧，同时还安放了说明牌。牌文如下：此碑阳面无字，唯额题篆书"重修玄天上帝庙碑"。

（九）碑林的保护

石刻石雕的文物保护一直遵循着这样一个原则：原地保护有价值，就要原地保护；原地保护没有价值，就采取集中保护的办法。复制修复等需要本着一个"最小干预"的原则。其实不仅是北京，全国各地的文物部门也都是这样的；而且不仅是现在，即便是古代也不例外。为什么？因为古人比我们还重视文化，如果有谁撕扯了一张带字的纸，都会有人出来制止，何况文物乎？全国范围内有很多今天还保存完好的古人石刻集中保护的古迹，多已成为景点。如著名的曲阜孔林，杭州西湖西泠印社的汉三老石室，江苏镇江焦山碑林，西安孔庙（今为碑林博物馆所在地），河北邯郸赵城遗址、保定莲池书院，广西桂海碑林，台湾台南孔庙、台南碑林等，以及各地的孔庙、关庙等。这些本来就是古迹，本来就有一些碑刻，后经历代不断增刻添加、外石移至，以致今天成为遗址公园、博物馆、碑林等。

北京有两处大型的西方在华传教士的墓地，一个是在海淀正福寺，一个是在西城滕公栅栏。两处墓地同时也是两处传教士碑林，正福寺的碑刻大部分进入北京石刻艺术博物馆收藏陈列，滕公栅栏仍于原址陈列，即今车公庄中共北京市委党校院内，仍是两处碑林。实际上，滕公栅栏的碑林早在1900年曾遭破坏，1903年重加修葺，分为相隔不远的两个陵园，集中保护，共计63通石碑。在东园内南墙上嵌墙刻石上记载："此处乃钦赐天主教历代传教士之茔地。光绪二十六年（1900），拳匪肇乱，焚堂决墓，伐树碎碑，践为土平。迨议和之后，中国朝廷为已亡诸教士雪侮涤耻，特发帑银一万两，重新修建，勒于贞珉，永为殷鉴。大清光绪廿九年（1903）秋月立。"

（十）南郑行宫御制诗石刻

南郑行宫又名半壁店行宫，位于房山区半壁店村北，是清代皇帝出京谒西陵的第二座行宫。此处原驻有八旗兵丁，清亡后无人守护。至民国时改建为小学，因无人管理，加上风雨侵蚀，毁损严重。七七事变校舍被焚，弦诵中辍。后来拟恢复行宫小学，不易，遂选址于长沟为小学，即今之长沟小学址。据民国三十三年（1944）六月十五日，由田洪波撰文、王志儒书丹的《创建房山县六七八区联立长沟镇小学碑记》："时行宫小学旧有乾隆御笔石刻二十七方，苦于无处安置。乃于民国三十二年（1943）冬，与海亭公议建大礼堂五间，将刻石移置于内。于严寒酷暑可得集会之所，而古物亦获保存，一举两得，人人称善。工程于翌年春葳事。"行宫虽因修建小学被改毁，但乾隆御制诗刻石却因用来镶砌教室内壁而得以存留至今。该教室坐南朝北，因刻石规格不等，各墙所嵌刻石不一。此不具论。

（十一）麒麟碑

东城区的麒麟碑胡同，民国时就叫"麒麟碑胡同"，但是人们往往简称为"麒麟碑"。明朝时胡同中有大同总兵（亦曾为甘肃总兵、宁夏总兵）仇鸾（1505—1552）的宅子，府门前的照壁是一座石屏式的石刻，正面屏表高浮雕麒麟一只，头向外甩，毛发飞扬，气势非同一般，是北京地区仅有的一件。仇鸾攀附权相严嵩，约为父子，后来又因争宠而得罪严嵩，以致招来革职之祸，忧惧而死。影壁推倒，碑埋地下。一直到民国时期，碑又被挖出，后来移至鼓楼楼内保护至今，完好无损。中华人民共和国成立后，又在胡同的南口挖出了两只石狮子，是元代的塌腰狮子，后被移至白塔寺大殿前陈列展示。据麒麟碑复杂的身世以及它在京城绝无仅有的情况分析，它的时代应该在明代或以前。

（十二）铁影壁

今天北海公园北岸澄观堂前有呈棕红色的影壁，俗称"铁影壁"。它实际是一座石影壁，是用大体量的火山岩雕刻而成的，今天早已成为北海公园的一道风景线，也是老北京人的一个谈资。但实际上很少有人知道它的来历。这座铁影壁实际上是民国时期从铁影壁胡同的德胜庵移来的。之前明朝时，此物又是从德胜门外的一所不知名的庙里移来的，那是一座元代的寺庙，它是庙前的影壁。可能是这种火山岩比较坚硬粗糙不易受刀的缘故，石雕整体上显得敦实、朴拙、厚重、简约，以整石圆雕出连首的壁身和独立的须弥式壁座，高189厘米，宽350厘米。仿砖木结构雕成歇山式顶及沟头滴水，并在正反两面以浅平雕手法刻绘出异兽、云纹、花草、奔马图案：主图是一只栖居山林的回头麒麟，护卫着两只幼狮；另一面则为狮子滚绣球。当然了，这也是元代的特征。据说铁影壁在民国时曾经差点被一个叫约翰的老外带着人马和工具给偷走，因那时候的人和寺里的僧人有极强的文物保护意识，约翰才没有得逞，但打碎了一个吻兽。经协商，在 1947 年，国民党政府行政院和北平文物整理委员会及北海事务所，合力将此石刻文物迁至北海今址保护起来。直到 1986 年，又从原铁影壁胡同旧址处找到了它的须弥座，这样才算真正完璧归赵了。由于"铁影壁"是坐北朝南，裸立在"光天化日"之下，无遮无拦，自移至北海以来已近百年，所以北面的纹饰雕刻明显比南面风蚀得厉害。

（十三）雕马上马石

文物局的后院有一对上马石，在西跨院与中院相通的大门前头西尾东地原状陈列着。这一对上马石，还真不知来自何处。但知它是用上等汉白玉石料制作，以上等的工匠雕刻而成，当然还离不开颇具巧思的设计。从整体上看，它应该属于清早期或更早的东西。与一般上马石所不同的是它的构图。第一，北京的上马石一般都要保证两层台，因为它的体量在那儿，长 120 厘米，高 80 厘米，宽 60 厘米左右，很适宜上下马。外地也有三层台的，但总高不会有太大差别，或许是考虑为小脚女人的方便而设，那样形象上显得略有些烦琐，不够大气。第二，要保证其下部有个明显的底座，即压地隐起四周向外推出一个圭角云纹的座儿，其他部位素面无纹饰。第三，复杂些的，在其第一层（高台）上面及前立面往往剔地浮雕一定的图案，如团莲花、宝相花、蝙蝠衔钱（寓福在眼前）等，或在第一层台施以锦铺，及起凸雕草花地垂方巾等。能满足以上三项雕饰的上马石，已经算是高端大气上档次了。可是这对上马石，与这些高端的相比还是与众不同的。首先是它的材质，此不多言。其次是它的雕工，除了两层台面以外之处满雕满饰。最重要的是它的设计，当然也要包括实施即雕刻的水平了。先在每石的四个立面剔地出框，无纹饰。然后在框内再大做文章，双石的四个大长立面共计雕刻了形象生动的神马一十二匹，每面三匹。马足踏海水之上，海水间或有鱼鳖虾蟹；周围祥云缭绕，祥云再有单朵与三幅云之分；水之间杂以江崖，两侧的江崖上部还冒出了灵芝一样的祥云。实际上不论是海水还是江崖，不论是祥云还是灵芝，它们都是以"静"的形式来衬托马的"动"的状态的。每面的三匹马，都是以写实的手法表现出来的，比如它并没有长翅膀，也没有火焰纹装饰等。它们都是朝着一个方向奔跑，甚至达到了"翻蹄尥掌"的程度，有昂首向前的，有回首前奔的，有高尥后蹶的，还有埋头向内侧看而仍不减速度的。若仔细观察，还会发现这马的动态肌肉是完全符合解剖学、仿生学原理的。它们奔跑起来，那个马鬃的乍起、尾巴的上翘，脖颈的扭动，都是在衬托它的奔跑。特别是跑起时四条腿的位置，总是有一蹄着地，这原本被说成是当代科学家的发现却在那时就应用到艺术上了。每面的三匹马，每石的六匹马，双石的十二匹马，以每三匹为一组，都是朝着一个方向奔跑，就像是一幅连环画。如果说四个主画面有些"疏可走马"的话，那么余下的那四个立面的图案则显得有些"密不容针"了。图中以异兽、狮子、老虎、麒麟、牛羊、鹰隼为主，再衬之以海水江崖、枯藤老树、荷花池塘，禽兽等仍赋以动感，花草等仍予以生机。就这样一对上马石能不是出自帝王之家吗？距之绝对距离不远的麒麟碑胡同，原来曾有明代总兵仇鸾的宅子，麒麟碑是其屏风，还出土过一对元代的塌腰狮子。虽然这里在清末是曾为兵部尚书的志和的宅子，但上马石即便归其所有，未必为其初造，或许与麒麟碑胡同有些瓜葛。另外，海淀区摩诃庵也保留了一对这样的上马石，但是保存现状、材质、雕工等远不及此，为明造，或许借鉴了这对的经验，又造出了更好的作品。

十三、石刻文物的开发与利用

古代石雕石刻既然那么美，那么值得欣赏，那么有价值值得收藏，那么我们能否将这种美继承和发扬呢？用于"文创"，布置园林，上展陈列，城市雕塑，装点庭院，家庭陈设，书案装饰，藏于密室，赠送朋友等。

石刻石雕经过近两千年的沿革和发展，有几种常见的形式，如摩崖造像、画像砖、画像石、碑碣、墓志、塔幢、刻经、刻帖、石构建筑等。乾隆时期，在皇帝的授意或者简直就是设计下，工匠们造出了许多别具一格的石刻形式。

乾隆皇帝将原来在文献上记载的"燕京八景"重新做了厘定，并根据不同的地理环境设计创造八通高大的石碑，碑面御笔榜书八景之名的四个擘窠大字，碑阴御制诗单道此景。无疑是给即将流失的文化赋予了新的载体，使其再生、长生。"八景"最早成名于金章宗明昌年间，乾隆十六年（1751）更名为"太液秋风""琼岛春阴""金台夕照""蓟门烟树""西山晴雪""玉泉趵突""卢沟晓月""居庸叠翠"。八景碑的规格形制并非完全相同，往往是根据其所处地理位置、题名概念而设计建造的。比如卢沟晓月碑，在卢沟桥东北，其自身体量并不明显高于另外的七景碑，但是外罩非常有气势的碑亭，与环境相谐调。

石鼓，本非京产，但是自从唐朝被发现，金元以来被掠至京城，即"占籍"北京。历朝历代研究著录不断，特别是到了乾隆时期，皇帝亲自重新厘定了石鼓文的内容，虽然可能并不尽如今天古文字学家、金石学家之意，毕竟是掀起了当时的研究考证考释之风。不但如此，乾隆皇帝还将石鼓移至孔庙大成门内陈列，并为石鼓文作序。又命工按照他的排序与厘定的文字，重新制作了两套石鼓，一置孔庙，一置承德避暑山庄。两套石鼓尺寸不完全相同，但形制基本相近，真真正正就是个"鼓"的样子，有鼓腹之形，有蒙皮之样，还有鼓钉，甚至鼓钉的排列也很有艺术性。虽然石鼓的形式历朝历代皆有，但是自从乾隆厘定石鼓以后，天下学府书院私塾几乎家家以此为门前装饰。但有一点，各府州县学、书院、乡塾等，尚无仿制"乾隆石鼓"（带有乾隆厘定篆书的石鼓样式）者，也许是不敢"犯上"的缘故吧！

四面碑，之前也有，比如明代田义墓田义碑，但是乾隆四面碑是有其特定的套路的，比如四龙攒尖碑首，高大的碑身，以及浮雕天王、力士的束腰须弥座，上下仰俯莲，下部圭角云纹，如北海小西天（极乐世界）前四方碑等，大多出现在比较庄重的场合，如永定门外燕墩碑等。

昆仑碑，又名"昆仑石"，是顶部抹角就像方形印章，下面具有特殊形式底座的碑。既然名为"昆仑"，那么就要有一定的象征意义，所以，碑有宽宽的底座，表面浮雕山脉云气之形，两侧的凹槽中本来还应有两座"小山"的，可惜今天的都不见了。这样看来"一主两从"比较完整，符合古代"主从"观念，一座"孤山"肯定是说不过去的！另外，它还像一座"笔架山"。北京地区一共有乾隆时期的昆仑碑6处9通：颐和园2，北海1，南海2，南海子1，圆明园2，潭柘寺1。昆仑石是乾隆时期特有的石刻形式，是乾隆皇帝诗文书法的载体之一，也丰富了皇家园林的景致。

流杯渠（流杯亭、流杯池），圆明园2，南海流水音1，潭柘寺1，故宫乾隆花园1，恭王府花园1，妙高峰七王别墅1，除南海流水音为明建外，其他几座均为清建，大多为乾隆所建。实际上据说曹操时期即有类似的人造沟渠，王羲之时期进行了完善，辽金时期已有流杯渠了。这可能有些像屈原与粽子的发明，之前已有这种食物，只是未完善。

知鱼桥，北海濠濮间和颐和园谐奇趣中各有一座"知鱼桥"，石桥桥头配建石牌坊，与其他配有石牌坊桥不同的是，它只有一座，可能是园林牌坊或者说就是"知鱼桥牌坊"所特有的现象。其他道路石桥如未遭破坏一定是两座牌坊，如北海大桥的"金鳌""玉蝀"坊、房山琉璃河桥的"玄恩""咸济"坊（亦曾名"利民济世""天命仙传"与"永明""仙积"）、八里桥之"永通桥"坊等，缘于它们是公路交通桥，没有方向性。而知鱼桥呢，分明要告诉游人从哪边进哪边出，当然有坊的这边是入口了，固可理解为具有导向性了。

夔龙碑，僧帽顶，大卧碑，四体合璧碑，大多都是清代乾隆时期的产物，或者是乾隆时期较多见的碑刻形式。由于风水原因所创造的石雕石刻，燕墩、八景碑、明堂图、石香炉（上有八卦符号）、门前狮、仔角梁套兽等可以说是应运而生的。

谈起碑碣的产生，那可说来话长。大致说来有三种说法：1.系棺说，汉碑的近上部位往往有一个圆孔，名曰"碑穿"。据说将此"碑"立于墓侧，拴绳通过这个碑穿，用来将棺木（也有石棺）缓缓置于坑葬底部。当时的"碑"也有木质的；2. 测日影说，将竖立的石碑作为"日晷"使用，立于"子午线"上，观察日影的位置，来断定"时辰"；3. 系牲说，准备用来宗庙祭祀的牺牲，临时拴到庙外所立的碑身上，以备使用。

（一）中西合璧

北京石刻艺术博物馆的"石雕展厅"里有一尊长着一副洋人面孔的石羊，双前腿后屈，双后腿前屈，非常"傲娇"地蹲坐在那里，然而说是"蹲坐"并不准确；但说是"伏卧""趴伏"，也不恰当。一般的动物，冷眼跟它一照面，总会有几分人的模样，尤其像驴、马之类，比如像是个大长脸的小伙子、老大爷之类的。但是看到它怎么也觉得像年轻时期的"阿里巴巴"呀。之所以具有这些"洋人"的影子，还是因为有"洋人"的因素。分析如下：1. 身姿，除四肢保留"中式"石羊特点（驯服、奴态）外，其他不受"封建束缚"，毫无"媚态"。2. 仿生雕，胸腹虽然丰满，仍有立体感，不似平常仅仅雕出外形而无牵动神经；前腿膝肘关节的骨感、肌肉感，完全是根据解剖学原理造就的；四个分瓣羊蹄及蹄腿衔接处，简直就是活羊再现！前蹄底朝后，后蹄底扣地。3. 面部雕刻，羊脸长，鼻梁高而长，眉棱骨高耸，眼窝深陷，双眼圆睁，嘴角露出圆孔，上嘴唇"起阳"刻饰一周，全是"老外"特点。4. 前侧45°观看，那神气，那姿态，那长相，怎么看都不像一只中国的羊！

北京石刻艺术博物馆征有一件圆雕石人坐像，据说是为纪念一位绸缎庄的创始人而创作的，从着装上判断，大约在民国之际，也许纪念的是清代的先祖。以纯白晶莹的汉白玉制成，迄今表面无一点侵蚀痕，仅仅是头部断掉。对襟大衣，布缝扣襻，老头乐的棉鞋，孙中山发型。眉眼五官非常传神，双手、衣纹皱褶写实雕刻。记得刚征回馆，断头在桌，好几个人经过时突然回头，说有人看他（她），实际是人们经过石人头时余光与石人相遇的"电感"，可见其雕刻手法非常现代，充分地掌握了人体仿生原理。可以说这件石人是对古代石雕造像的一个总结，同时又是现代人像雕塑艺术的开启。

前些年在鹫峰国家森林公园内发现了十几件高约两百厘米的仿木石门扇。居然把本应该在檐下的一斗三升式斗拱浮雕到石门的上端，有人说它原本是石塔的对窗，不太可能！因为至少在北京，能用得上这个尺寸的塔都是砖塔，大都五六十米高，而且大都为人们所熟知，还是砖雕的门窗较多。再有，密檐式塔的八个面，仅有八个对窗或对门，双扇门窗的上面尚应有横披窗或半圆形顶窗，单面的门窗两侧尚有素面砖墙，其宽度不少于门窗开面的。所以无论是门还是窗不可能与上面层檐接壤，故其斗拱附刻于门窗顶部是没有道理的。而且一斗三升斗拱，很少在京城建筑上出现，反而是汉代石刻比如崖墓之类的，会做出一斗三升的石仿木效果。因此，此两套（不全）仿木八卦石门扇极有可能是民国时期的作品，具有营造学社设计作品的特点。

（二）假山石与叠山凿石

将自然的石头应用于园林之中，古人早已有这个追求，《南齐书·文惠太子传》："多聚异石，妙极山水。"古人也做出了典范，"叠山"是有理论根据和艺术规律可循的。如明清之际的文学家、诗人、美学家李渔的《闲情偶寄》之《居室部·山石第五》记："幽斋磊石，原非得已。不能致身岩下，与木石居，故以一卷代山，一勺代水，所谓无聊之极思也。然能变城市为山林，招飞来峰使居平地，自是神仙妙术，假手于人以示奇者也，不得以小技目之。且磊石成山，另是一种学问，别是一番智巧。尽有丘壑填胸、烟云绕笔之韵士，命之画水题山，顷刻千岩万壑，及情磊斋头片石，其技立穷，似向盲人问道者。故从来叠山名手，俱非能诗善绘之人。见其随举一石，颠倒置之，无不苍古成文，纡回入画，此正造物之巧于示奇也。譬之扶乩召仙，所题之诗与所判之字，随手便成法帖，落笔尽是佳词，询之召仙术士，尚有不明其义者。若出自工书善咏之手，焉知不自人心捏造？妙在不善咏者使咏，不工书者命书，然后知运动机关，全由神力。其叠山磊石，不用文人韵士，而偏令此辈擅长者，其理亦若是也。然造物鬼神之技，亦有工拙雅俗之分，以主人之去取为去取。主人雅而喜工，则工且雅者至矣；主人俗而容拙，则拙而俗者来矣。有费累万金钱，而使山不成山、石不成石者，亦是造物鬼神作祟，为之摹神写像，以肖其为人也。一花一石，位置得宜，主人神情已见乎此矣，奚俟察言观貌，而后识别其人哉？"这是在讲"城市山林"的理论，可为今天借鉴。他说"另是一种学问，别是一番智巧"。即便是文人，出口成章，描述山川如画；即便是画家，神来之笔，顷刻千岩万壑，一挥而就，对此叠石之法，亦会黔驴技穷的。"故从来叠山名手，俱非能诗善绘之人。见其随举一石，颠倒置之，无不苍古成文，纡回入画，此正造物之巧于示奇也。"俗话说，三分工匠七分主人，园主高雅与低俗，所招致的工匠也有区别。"主人雅而喜工，则工且雅者至矣；主人俗而容拙，则拙而俗者来矣。"由此可见，与石雕石刻相同，叠山造园亦讲"神韵"和"细节"。故非纯理论的，亦非纯艺术的，乃是理论与实践结合，技术与灵感迸发的创造。广义地讲，仍属于"石刻"的范畴，石"雕"的技巧。

自然界中的石头，如果赋予它文化的内涵，加以烘托、装饰，取个美名，合理利用，这也是古人的"文创"，化腐朽为神奇，化丑陋为美妍。著名的书画作品《砚山铭》，为宋代米芾及其子米友仁的杰作。2002年拍出了3000万元的高价。此画是围绕着一块自然石展开的，"砚山"是一件山形砚石，篆书题"宝晋斋砚山图，不假雕饰，浑然天成"。如此一方山形砚图铭有如此高价，如果是原石，不是价值更高了吗?!

故宫景福宫中的文峰石。在通向景福宫门的西侧是一座小花园，北面小月门，门两侧五彩（实际是八色）虎皮（称"蔓冰纹"）墙，直接看到的是文峰石的侧面，而转出景福宫门，再朝向月门，才是文峰石的正面。有人说那么大的一座观赏石放在院里，形成了一个花园观赏效果。其实不仅如此，乾隆皇帝有他的想法。他专为此石作的诗中道"玲峰既峙文源阁，文峰讵复藏岩薮"，原来他是为了保护一座奇石，并与另一奇石"玲峰"配对的。颇具想象力的玲峰石在圆明园文化意味浓厚的文源阁前立，而此石名"文峰"则立于颇具园林风格的小院内，说明乾隆皇帝重视文化的程度。此石虽非南太湖石，亦非普通顽石，其瘦、透、漏、皱特点皆具，还多了一个"大"字。"身材"高大，但不占其他"地盘"；上小下大，周身富于变化；不死板兀立，整体似乎有螺旋上升的态势。由于是"文峰"，牵动"文脉"，故此石的峰顶部朝主殿（东北向）探出连体造型石一枚，细赏正是麒麟瑞兽，似与不似之间，像与不像之际，暗含着"麟吐玉书""绝笔获麟""麒麟献瑞""麒麟仁兽"故事。特别是该石的正面右下方嵌石一方，上镌乾隆御撰书《文峰诗》一首，暗讽宋朝以石亡国、劳民伤财之意，暗寓自己选石如选人的心理。而这块平整刻石的背后，很可能就是此峰要命的"生理"缺陷，就如此巧妙地遮掩了。

钓鱼台国宾馆是金元以来园林遗址，遗迹犹存。行至养源斋前复南行不远处，小河边西岸立太湖石一座，高约三米，下小上大，造型有如云朵蓄集，亦颇有升腾之状。石面上部题篆"云根"二字，近顶部复有民国加拿大汉学家福开森补刻款。自古名曰"云根"的古迹或造型石不在少数，其意境均源于唐朝诗人王维《终南别业》的"行到水穷处，坐看云起时"。然此石看石质不似北太湖石，怀疑为辗转来京的"艮岳"遗物。

"山飞水立"石屏，海淀区挂甲屯教养局胡同的吴家花园最早是清代雍正年间果亲王爱新觉罗·允礼的赐园。袁世凯统治时期，吴鼎昌买下花园，改名吴家花园。园中除山水花卉、亭台楼阁之趣外，更有一座花梨木座偏灰色大理石屏风，在前厅东部的八角攒尖亭中。其纹理显然是一幅水自天倾、山隐水后的图案。左上方刻隶书"山飞水立"四字，可以直观地看到"山是飞的、水是立的"图案效果，落款"臣阮元"。阮元，清代学者、经学家、金石学家，乾隆五十四年（1789）进士。左下角钤印一方"臣托津恭藏"。托津，富察氏，满洲镶黄旗人，清朝大臣。通过这两处落款可以推断，这是富察托津收藏的宝贝、请老臣阮元取名题字的。试想，这样一幅取自自然、沉重的"山水画"，再加上硬木的托架，置于中堂，该有多气派！石屏今藏于北京石刻艺术博物馆，比较遗憾的是已将原花梨木底座（文物）换以新座，而且未按原型制作。

　　其实古代还有一些不言而喻的奇石，人们在传颂天坛皇穹宇"回音壁""三音石"时，不能忘记还有一块"龙凤石"。祈年殿内地面正中心的位置有一块圆形带有"图案"的灰白大理石。仔细看会发现，它并不是人为刻绘的，而是自然形成的纹理，祥云之中隐约可见龙抱凤的图案，简直是太神奇、太应景了，在封建帝制时代其乾坤、天地、阴阳、龙凤、帝后，象征意义不言自明了。颐和园排云殿内陈设着一件不太起眼的八仙桌。桌面嵌大理石芯。石纹黑白灰相间，实际上它是一个自然形成的行书"寿"字，正合为慈禧祝寿之用意。

十四、石雕石刻的鉴定

　　在真正走近石文化之前，应该先了解一下石雕石刻文物的鉴定问题。

（一）石刻石雕鉴定的六点

　　原则：科学（观念的科学）。

　　询来源：在文物定级标准上，如果来源不明确或根本就没有任何来源线索的东西就非常遗憾。

　　读文字：古人留下的文字是颠扑不破的真理，也是今人最难仿造的东西，更是寻找破绽的突破口。

　　端造型：凡是珍贵的文物，一定是一件精美的艺术品。石雕石刻文物一定是有型的艺术品。因此它的造型特点就一定是该类石雕石刻的优点。

　　详风格：文物是具有一定历史属性的东西，既有历史属性，当然就会打上历史的烙印。一件比较珍贵的文物一定是一件具有鲜明时代特征的文物。

　　看皮壳：所谓"皮壳"，就是岁月沧桑给文物表面落下的痕迹，如风化痕、碎裂纹、次生物。

　　找细节：所有都看到了，以上五点都完成了，再进一步地深入，比如细细端详、显微镜下看文物、寻找蛛丝马迹等。

（二）举例说明

1. 元代大龟趺

此龟趺异常巨大，足足有 26 吨重。这在北京的所有"龟趺"中，也数得上前几名了。仔细观察会发现，它身上的风化与破损的情况与其他龟趺有些不同，从感觉上总以为它很老，这就对了！因为它已有六七百年了。1984年，西城区西四大街南侧的育强胡同施工现场挖房基时在地下 2 米处发现了这件大型石雕。头至尾长 470 厘米，宽 207 厘米，高 141 厘米。首前吻部残缺，背部的榫眼亦略残损，上面的巨碑不见踪影。根据记载，此地应为明初朝天宫的附近，故此怀疑它与朝天宫碑有关。北京的朝天宫是一座大型的道教宫观，它是仿照明初洪武时期南京的朝天宫而建于明初宣德年间的。据《日下旧闻考》载，当时有巨栋三千间，宫内有三清殿、通明殿以及普济、景治、总制、宝藏、佑圣、靖应、崇真、元昌、元应九殿，东西建具服殿以备临幸。明代该宫为道箓司所在地，规模宏大，为当时北京最大的道教宫观。可惜，天启六年（1626）的一场大火，十三重殿宇全部被焚毁。北京的朝天宫遗址在今西城区阜成门内大街以北，南自宫门口、东廊下、西廊下，北至玉皇阁、今平安里西大街，西至福绥境，东至狮子府一带。所以，发现龟趺的地点应属于原朝天宫的范围。而据《帝京景物略》记载，明代朝天宫后（北）即元代天师府所在地。有元碑三通，即赵孟頫张天师像赞碑、大道歌碑及虞集黄箓大醮碑。从龟趺的风化及形制、规模上看，具有明显的元代特点，应属天师府遗物。到后来清代的《日下旧闻考》中，已不见著录，也是个佐证。但确也是限于实物及资料，目前暂时无法得知其为三通碑中的哪通碑了。而且从仍存于世的元代碑刻来看，此龟趺为北京地区最大的元代龟趺。

2. 唐武周造像

唐武周时期，石灰岩石质地，高 70 厘米，宽 45.5 厘米，厚 18 厘米。

在北京石刻艺术博物馆第三厅展览的这一铺造像，历经十年，通过两次努力，从河北民间征集到馆。一面剔地为龛，龛内雕佛、菩萨、罗汉、神兽，另三面刻字记文，文中杂以"则天造字"，如"日""月""年"等。

3. 陶然亭出土的石龙头

2009 年，北京陶然亭公园东南部地下电缆施工时发现了一件巨型石雕，目测大约长 130 厘米，宽 100 厘米，厚 80 厘米。偏白色的大理石质地，圆雕方法，质量在 3000 公斤左右。神秘的龙头石雕与陶然亭有什么关系呢？出土地在公园东南角，属于历史上原黑龙潭的范围，黑龙潭井眼的位置距此东北约 60 米处。据说黑龙潭里有一条黑龙，仙人将其制服，用铁链拴住，就压在这眼古井里。中华人民共和国成立后，有人看到这口古井还有 2 米多深。我们今天所熟悉的以清代康熙年间由工部郎中所建陶然亭为基础发展起来的公园，在历史上唐代有窑台、元代建慈悲庵、辟黑龙潭，明代设立黑窑厂，清朝建修陶然亭，并在黑龙潭祈雨等。

其实，此巨型圆雕石龙之首应系元代末年帝王下令出资并安排优秀的工匠雕凿的非常优秀的艺术作品，它体现了当时工匠的水平和当时的社会风尚。元朝统治中国的历史仅有不到一百年的时间，蒙古民族虽然汉文化的水平不高，但其手工艺水平却非常高超惊人，这从至今犹能于博物馆或民间看到的出土或传世的玉雕器物上即可反映出来。龙首石雕的出土，有力地证明了元代在今陶然亭范围内建潭的史实。频繁的改朝换代，让许多当时的雕塑作品都还没来得及完成就被遗弃一旁了。所以，龙首石雕可能就是当时的一个城市雕塑，就放在黑龙潭的中心。而且，它还是用汉白玉雕的巨龙，正好也起到了镇压黑龙潭中黑龙的作用。之所以说它是元代而非明清两代，文献记载清初黑龙潭的盛况，却未曾提及此龙首石雕，说明当时虽然有亭、有潭，但未必得见此巨龙。设想如果当时人们能见到它的尊容，文人学士们会轻易饶了它吗？

与现存明清石雕石刻相比，此龙雕石质不仅细腻适刀，而且莹洁滑润，水头十足，几乎没有风化，其材质相当优秀，其历史必当久远，属于北京或河北地区所产"燕石"的"老坑"料。就是今天偶然出土的元代石雕石刻，其表面并没有那么多的风化、剥蚀等情况，这说明近千年前的石材开掘尚处于初期阶段，生态保存良好，水分饱和，相当于玉中的"籽料"。

那么，龙头是做什么用的呢？龙头的底部与颌下面均为斧剁平面，尤其是后者，肯定需要与其他平面相附着，故其独立竖于潭池内昂头吐水不太可能。最有可能的是它居高临下，颚下贴墙，张嘴吐水。龙头的后面还有一个小孔，一直通到前面的舌头，就像人和动物的嗓子眼（喉咙）。可以想见，这样的设计，不单是为了美观，而是具有实用价值。它的作用就是过水，这极有可能是一个排水或喷水设施。

北京地区的黑龙潭，著名的实际上有三处：其一是密云黑龙潭，位于石城镇鹿皮关以北。其二是海淀黑龙潭，位于海淀区黑龙潭路附近。其三就是陶然亭的黑龙潭。而历史最为久远的当属陶然亭中的黑龙潭，有记载称其可以追溯到元代。然而这个说法却一直缺少物证。石龙头的出土证明了原先的记载，说明元代黑龙潭确实存在并且就在陶然亭附近。

4. 天安门出土望柱的年代

前文已经介绍过了，天安门一共一次性出土了12根残断程度不同的石栏望柱，汉白玉质地，可谓选材精良，柱径30厘米，表面雕龙刻凤，可谓极高的等级，但是它们为什么会成堆地出现在5米以下呢？又为什么没有留下一点儿风化痕迹呢？分析认为，如此等级的石刻，只能是帝王使用，今日的天安门前正是古代的"前朝"之地，帝王所拥有。从它仅有硬伤、土沁而没有风化伤和腐蚀痕，出土于地下5米的活土层来看，它们当初一定是被安排在非常重要的场合，不然不会选用那么好的材质，定下那么大的规格，也不会出现在那个地方。既然是为帝王服务，不能出现半点儿差错，石栏板、望柱在安装的过程中出现磕磕碰碰的事情肯定是避免不了的，但只要是出现了"硬伤"就一定要替换，这些带"伤"的石头就地掩埋，于是出现了上述场面。今天天安门广场中轴线的位置，其两侧正是明代的千步廊，廊前带护栏，应属合理的推断。

5. 乾隆御墨子儿

制墨需使用墨泥、墨模。墨模框范墨泥，可以压出墨块，晾干后即可研磨使用。有许多人收藏有各种图案的墨模，如"竹林七贤"等。拿出一块成墨，一般人会说墨分油烟和松烟两种。可是当呈现的是这样一块"墨"的话，又做何解释呢？这块墨高26厘米、宽10厘米、厚2厘米。它的图案正是"竹林七贤"，侧立面还有"胡开文"的款、乾隆年款，背面是白描起凸刻竹节形，其上篆书"青琅玕"以及线刻竹笋的造型。拿在手里沉甸甸的，用来研磨不发墨，仔细观察，原来是石头一块。如此精美的图案、如此精细的刀工，如果是一块玉的话雕琢切磋之下，其效果完全可以达到。但对于一块石头来讲，可以算是勉为其难了。这又是怎么一回事儿呢？通过对它的研究可知，原来制墨不一定只是以墨模压出墨块，还可以是首先制作"墨子儿"，再以之为"墨公"翻模制作。从其侧面落款可知，它是在清乾隆时期胡开文制作的御墨。上面的"竹林七贤"图案，在明代程大约的《程氏墨苑》与方于鲁的《方氏墨谱》中都有，中心人物是魏晋时期嵇康、阮籍、山涛、向秀、刘伶、王戎及阮咸七人，他们是当时玄学的代表人物，大都"弃经典而尚老庄，蔑礼法而崇放达"，生活上不拘礼法，清静无为，常常聚众在竹林喝酒、纵歌、抚琴、长啸。它描绘的就是"竹林七贤"聚会饮酒的场面。既有"一饮八斗方兀然"的山涛，也有"醉如玉山颓其巅"的嵇康等。而阴面的"青琅玕"也是此墨向来的雅号；竹笋的造型则表明了其龙子龙孙的皇家血统（御墨）。

附　录

北京的石刻与石刻史料

引言

"金石学"学科的存在，可以说是很久很久以前的事了，但"石刻学"学科的建立则距今不远。拟对石刻文物进行研究，就不得不了解二"学"之间的分合关系。要想对石刻文物有更深入的了解，就不能不研究石刻史料，不能不亲自踏查文物古迹中的石刻文物本身了。

大约在 1000 年前的宋代，在社会上，权豪阶层兴起了一股收藏品玩青铜器与石刻的热潮。随着前朝铜器与镌刻有大量文字的各类石刻不断出土，专门研究它们的书籍也日益丰富起来，如吕大临的《考古图》、王楚的《博古图》、欧阳修的《集古录》、赵明诚的《金石录》、洪适的《隶释》《隶续》、薛尚功的《历代钟鼎彝器款识法帖》、郭忠恕的《汗简》，明代于奕正的《天下金石志》、赵均《金石林时地考》，清代孙星衍的《寰宇访碑录》、王昶的《金石萃编》、叶昌炽的《语石》等。文人学者们也常常撰写碑文（书丹、撰文、篆额），如苏轼、黄庭坚、米芾、蔡襄、欧阳修、揭傒斯、元好问、赵孟頫等。在文人的文集与笔记中也常能见到此类的文章。这样，从宋到元就逐渐形成并完善了所谓的"金石学"。但受当时研究方法与研究对象的局限，金石学还只停留在对金、石古器物、古石刻的著录与列目上，而且金、石不分，并未真正形成一门"学科"。

近现代以来，金石学的内容大大丰富。而石刻本身又形成了比较独立的体系，有了摩崖、造像、刻石、碑碣、墓志、经幢、塔铭这样的门类。于是，在 20 世纪 80 年代，北京图书馆学者徐自强先生率先呼吁建立一个专门的学科"石刻学"，对有关石刻方面的实物、资料、拓片等加以整理归纳研究，一门新型的学科就这样孕育诞生了。

关于"石刻"，应该有广、狭两义的理解：广义上说，凡是经过人工雕琢的用于社会生活的石质产品都是石刻，其中包括技术产品和艺术产品；狭义上讲，石刻就是经过人工镌刻、处理、设计、制造的具有文字内容的石质产品。石刻也可以从历史纵向理解为两种情况：早期的石质产品属于"技术石刻"，如原始人的石斧、石凿、石磨盘、石磨棒、石哨、石饰品等；真正的石刻，进入了人类社会以来的那些则可以称之为"艺术石刻"，这些石刻真正融进了人们的审美意识，也反映了人们的文化理念等，以文字、纹饰为主。另外，"石刻"与"石雕"，统言之均属于石刻。析言之则平面为石刻，如碑碣、墓志、刻石等，立体为石雕，如石翁仲、造像、石狮、石虎等。所以，如果从广义上说，北京地区的石刻与全国各地的一样，在原始社会早已有之了（古时早已有"雷公斧"的记载），而且不断被出土发现。从狭义上说，北京地区现存与陆续发掘发现的石刻主要集中在隋唐以后的辽、金、元、明、清、民国各期，此前则只有少量的发现。而狭义上所说的石刻则是本文的重点。（云居寺石经及帖石除外，另有专论。）

一、北京地区石刻的现状及发掘发现情况述略

（一）北京地区石刻现存情况简述

北京经历了几千年的历史变迁，战争、动乱、自然灾害、灭佛毁道、政治鼎革等，石刻文物建筑可以说是屡建屡毁、屡毁屡修。像唐朝时期在陕西发现的"岐山石鼓"10 枚，后来运至北京，得到了乾隆皇帝的重视，其上面镌刻的"石鼓文"由原来的 700 多字，漫漶到今天的 100 多字，物存字

毁。历史上非常著名的《水经注》中所记的"庚陵遏"云，蓟县故城（今石景山一带）大城东门内有三国魏征北将军建成乡景侯刘靖碑，实物早已不存了。云麾将军李秀碑也是经过辗转迁徙，毁坏，发现，收藏，再毁，而最终被改作柱础了。"文化大革命"时期，损毁的石雕石刻更是不计其数。中华人民共和国成立后，随着工农业、国防建设的发展，城市的开发、建设，自然环境的破坏，"酸雨"逐渐成为石刻的"天敌"。近几十年来的酸腐蚀并不亚于之前数百年自然损毁的程度。一项简单的理论测试可以说明，道边一通碑，每天面对经过的上万辆车，每辆车排气管排出的废气都会对碑刻造成或多或少的污染，而一个排气管所喷出来的废气量相当于数百支香烟同时点燃产生的。且不说古代何时传来的淡巴菰，也不分析香烟能产生多少废气，用数百乘以一万，则是每天这通碑所遭受的不公平待遇了。改革开放以来，随着北京大规模基本建设的展开，如亚运工程、奥运工程、康居工程、小区拆迁、建桥修路、南水北调等工程，陆续不断有新的石刻文物被发现发掘，石雕石刻的数量不断增加，其中不乏有价值的石雕、碑碣、墓志、牌匾等，如天安门出土的元代刑部题名第三之记碑、民国四行储蓄会石匾，怀柔征集的明代武定侯墓志，平安大街出土的明代东不压桥石刻构件、后海拆迁居民捐赠的民国纪年石人等。迄今为止，现存已知的石刻大部分都纳入了国家文化文物行政管理部门的统一管理之中。如房山云居寺石经、碑刻，总数将近15000件；首都博物馆与北京石刻艺术博物馆各有数千件石刻的馆藏；孔庙与国子监博物馆，仅元明清进士题名碑与清石经——十三经碑即有将近400通；原有18个区县、两个特区文物部门征集收藏管理的石刻仍有数千件之多；园林局属各大文物保护单位，如圆明园、颐和园、北海公园、中山公园、陶然亭公园等有数千件，再加上其他文保单位、开放单位、旅游单位如故宫博物院、中国国家博物馆、北京大学及清华大学等遗址遗存原地保护、散落田野的各类石雕石刻，总数应在20000件左右。

（二）北京地区石刻的基本类别

北京历史悠久，辽、金、元、明、清作为都城，元、明、清作为首都。周围多山，域内多水，位处"北京湾"之地。西南有燕山山脉，南临太行山脉，西接雁山。由西向东，由北向南，分布着五大水系：永定河、拒马河、北运河、潮白河、泃河。这里生活富庶，石材丰富，人才渊薮。文化之区，刻碑立铭，逐年有加。帝王陵寝、宫殿建筑、权豪住宅、城市设施、寺庙庵观、道路桥梁等，使用了大量的石材，产生了众多的石刻作品。北京房山的大石窝盛产石材，石雕工匠云集，主要为京城皇家效力。石景山、门头沟、昌平、顺义、怀柔、延庆等地也多山产石，民多以石雕为业。稍南一些的河北曲阳素有"石雕之乡"的美称，恒山石材、阳平工匠，早在元代以前，文献便多有记载。北魏邸府君碑、元代石雕工匠杨琼碑，至今仍存。这些古代石雕基地为早期京城建设、石刻雕凿事业提供了取之不尽、用之不竭的材、才之源，自然也成为北京石刻种类繁多、制作考究的先决条件。

按照石刻学的理论，对中国传统石刻进行归类，应当分为 10 个主要类型：1.摩崖刻石类；2.碑碣；3.墓志；4.塔铭及与塔相关的石刻；5.经幢与坟幢；6.造像题记；7.画像石；8.买地券及镇墓券；9.经版；10.建筑附属刻铭及其他杂刻。北京地区的石刻，几乎囊括了以上所有的内容。举例如下。

1.摩崖刻石类。门头沟区色树坟河北村有东魏武定刻石，反映的是《魏书·柔然传》的史实；同处的"石窟崖"悬崖峭壁上留有明代的连山碑。石景山区石经山上有多方元代汾州石匠刻石，房山区窦店清真寺墙壁嵌刻有清代的窦店清真寺启盖礼拜寺来历清碣等。

2.碑碣。再分多种，从功能、内容、性质、形制、级别、位置、材质等方面，只能以简单常见为原则区分了。神道碑，如房山石楼村出土的金杨瀛神道碑、常乐寺村明姚广孝神道碑、大兴文管所藏元高公神道碑。墓碑，如顺义清和硕和勤亲王碑、高其倬墓碑、福建提督马负书墓碑。功德碑，明十三陵各陵明楼中矗立的神功圣德碑、延庆区辽缙阳寺功德碑及各个寺庙中的捐资功德碑。纪事碑，房山区清圣德光昭西山仪凤碑、门头沟沿河城明沿河口修城记碑。圣旨告成碑，孔庙和国子监博物馆元武宗加封孔子圣号碑、清乾隆平定大小金川告成太学碑。题名碑，天安门出土元代刑部题名第三之记碑、国子监元明清进士题名碑。宗教碑刻，如具有佛教色彩的房山云居寺、上方山、孔水洞，门头沟潭柘寺、戒台寺、西峰寺内诸碑刻；具有道教色彩的如西城区白云观，东城区东岳庙，门头沟区通仙观，房山区玉虚宫、黑龙观内诸碑刻；伊斯兰教的如房山区窦店清真寺、大兴区西红门清真寺、通州区朝真寺、西城区牛街礼拜寺所藏碑刻；景教的如房山区车厂村十字寺的辽代、元代十字寺碑；天主教的如西城区二里沟原滕公栅栏传教士墓地诸碑、海淀区正福寺原传教士墓地诸碑（今大部在石刻馆存展）。民俗碑刻，如门头沟区妙峰山清永定门外观音老会进香题名碑等碑刻以及平谷区丫髻山、东岳庙诸民俗碑刻。地图碑，如昌平区上苑元双全院地产记碑、延庆区清北极宫碑。书画碑，如海淀区慈寿寺明九莲菩萨画像碑、八大处六处清大悲菩萨自传真像碑，及大量的清代康雍乾以来各位帝王的书法碑刻。会馆碑，清代在原崇文、宣武区范围内广建会馆（外省在京办事处），分举子会馆与工商会馆两大类，诸如安徽会馆、山西会馆、湖广会馆、广东会馆、福建会馆等都有大量的会馆馆约、四至、功德、纪事类的碑刻，不一而足。

　　3. 墓志。北京地区先后出土过西晋王浚妻华芳墓志、北齐傅隆显墓志、唐任紫宸墓志、辽王守谦墓志、金巨构墓志、元焦珵墓志、明武定侯郭铉墓志、清纳兰性德墓志、民国潘复墓志等。

　　4. 塔铭及与塔相关的石刻。房山云居寺塔院，门头沟潭柘寺、戒台寺塔院，昌平银山塔林等大部分都有塔铭、塔额，大都嵌于塔上，但亦有独立碑刻而曰"塔铭"者，如房山云居寺辽静琬大师塔铭、西甘池金严行大德灵塔铭并序刻石、谷积山罗汉塔地宫壁刻明敕赐谷积东庵释迦如来真身舍利碑，西城区法源寺辽观音菩萨地宫舍利函记、双塔庆寿寺"海云大师"塔额，大兴区元"无碍大师"塔额等。

5. 经幢与坟幢。顺义据传为唐代的石塔，房山上方山辽忏悔上人坟塔记，门头沟潭柘寺金了奇塔铭，密云溪翁庄元显禅师塔幢铭；坟幢如平谷金王婆婆幢、房山谷积山明太监马公幢。

6. 造像题记。海淀区车耳营魏太和造像与题记，房山区三合庄唐释迦造像并题记、磁家务孔水洞唐万佛菩萨法会图及题记，西城区法源寺唐毛藏妹等造像及题记，昌平区居庸关云台券洞内壁元雕十方佛、四大天王造像，以及房山区云居寺石经山雷音洞唐静琬题记、辽王仁洽题记、元泰定三年题记等。

7. 画像石。两汉时期原本盛行于中原地区及南方诸省，北京地区虽有汉墓的发现，但画像石极少发现，且不成规模。如平谷区北张岱石墓门、丰台区三台子汉墓石门等。

8. 买地券及镇墓券。西城区动物园出土的明王赞墓券，海淀区蔡公庄出土的明王佑茔券，丰台区四道口出土的明夏儒墓券，石刻馆藏清张端买地券等。

9. 经版。以佛经为多，如房山云居寺石经，包括隋、唐、辽、金、元、明各代所镌刻的内容，海淀区八里庄摩诃庵明刻三十二体金刚经；儒经如国子监的清刻十三经；道家经典如西城区白云观元赵孟頫正书道德经（晚清民国摹刻）；还有伊斯兰经、针灸经等。

10. 建筑附属刻铭及其他杂刻。最著名且最早的就是石景山老山出土的东汉秦君神道石刻，唐建天长观遗址出土的金代"斋"字刻石，元代平则门石额，房山磁家务孔水洞明代唐大历古迹孔水洞石额，石景山法海寺前民国"四柏一孔"桥石额等。

除上述十项之外，尚有许多石刻不易归类或互有交叉，即便是一通碑，也是兼有石雕与石刻的性质；即便是墓志，也有碑形在地上矗立的；即便名之曰"碑"，仍有于山体摩崖而刻者；即便是经幢的形式，也有高僧大德的塔幢或是平民百姓的坟幢等。其实尚有一些石雕石刻仍然可以划入"技术石刻"与"石雕"的范畴。如佛寺道观中的浮屠、石门、石窗、石壁龛、石砌无梁殿。也有古代陵寝的地上石刻，如石牌坊（楼）、神道柱、石翁仲、石像生、石五供、石享堂、石宝座、封冢石雕，以及石桥、石栏板、石望柱等。还有遍布旧京胡同里巷、街道四合院、农村麦场等处的石井圈、石井栏、石磨盘、石碌碡、门枕石、门墩、上马石、上轿石、拴马石、拴马桩、石敢当、柱础、套兽、石鱼洗等。

所有这些，涉及面广，包罗万象，举不胜举。它们是文物的一大类别，是宝贵的文化遗产，是科学研究的对象。要想对北京地区的石刻进行比较深入的研究，首先应将其头绪厘清。

（三）北京地区石刻的分布情况

举世皆知的房山石经，论文物的件数，超过了万数，也就是说，占北京地区现存石刻总件数的将近一半。从最初隋代静琬发愿刻经以迄于今，足足超过了 1400 个年头了。这样漫长的历史，如此众多的数量，势必影响了北京地区石刻事业的发展。云居寺乃至房山地区，不止有石经，还有其他石刻如唐塔、唐碑、唐造像、唐题记、辽碑、辽塔、辽幢、辽墓志、金幢、金碑、元塔、明碑、清代墓志等。仅现存可知者已不可胜数。

由于云居寺刻经及房山区整个石刻事业的发展，需要使用大量的石材，见山劈山、见石取石的作坊式生产制作远远适应不了不断发展的石刻事业的需求。于是在有明一代，逐渐形成了一个大型固定的产石加工基地——房山大石窝。仅开石刻经，似乎大石窝地区俯拾即是的石材既已够用。而大石窝的另一个用武之地就是为明清宫殿、陵寝等供应大型石材，比如像故宫所用的台基石、阶条石、丹陛石，陵寝的玄宫、石像生，皇史宬的金匮石室等。可见，房山石刻事业自身发展的同时，还方便了京城宫殿建筑的建修。

房山除云居寺、石经洞外，还有其他一些寺观、名胜有大量的唐、辽、金、元、明、清时期的石刻，如：上方山云水洞、万佛堂孔水洞、南尚乐中山寺、黄山店玉虚宫、史家营瑞云寺、圣米石塘、西甘池慧聚寺、慧化寺、王爷坟、长沟行宫、良乡郊劳台、皇后台伊桑阿墓、黄山店庄公院、上万谷积山、车厂十字寺、崇各庄常乐寺、环秀禅寺、连泉禅寺、河北镇铁瓦寺、东班各庄黑龙关等。

　　所以，房山地区无论是历史上的，还是现存的石刻，都是北京地区其他任何一个区所不能比的。同时它还是北京地区最大的产石基地。也正由于此，它带动了门头沟、石景山、海淀与丰台区等北京地区西部石刻事业的发展。

　　门头沟地区山多地荒、人员稀少，古时恐为不毛之地，但文物古迹、名胜遗址较多，寺观建造历史悠久，如潭柘寺、戒台寺、西峰寺、双林寺、秀峰庵、通仙观、白瀑寺、金顶妙峰山、玉皇庙、后桑峪天主教堂、大悲岩观音寺、大寒岭文昌阁、崇化寺、沿河城、板桥、燕家台、陇驾庄、石佛村、百花山、黄草梁等。山多摩崖多，如河北村东魏武定刻石、色树坟摩崖四联碑、木城涧玉皇庙四联摩崖碑、板桥摩崖、沿河城摩崖、崇化庄摩崖等，再加上上述各寺庙庵观、名胜古迹中的石刻，虽比房山稍逊，但总量上亦很可观。

　　石景山区的石刻虽不多，但却很重要、很著名，历史很久远。文献曾有记载，今已毫无踪影的如：传汉代韩延寿墓碑、魏造庾陵遏表、晋追建魏征北将军刘靖碑、重修庾陵遏纪功碑等，其遗迹位置在今天的老山、首钢（石景山、石经山）一带。今存的尚有如前文提到的东汉秦君神道石刻、西晋王浚妻华芳墓志、金代的带"官"字款的石虎、元代河南府汾州石匠刻石等。可见在隋唐以前，那里曾辉煌一时，而且影响着后来，所谓"玉河旧县"，学有专论。

　　海淀区身处城乡交界，明清时期曾为帝王避暑、防寒、偷闲、山居野处、辟园择壤之吉地。它均不提，单单只说出土墓志一项，文物主管部门即征集了两三百合。另外，北京西郊的石刻丰富，还有一个重要的历史原因，就是早期契丹人的拜日文化。辽踞南京（今北京），其所选址的位置较明清北京城偏西而南，大约中心在今莲花池一带。由于崇尚太阳，其建园盖房往往是坐西朝东，所以后来西郊的园林非常之多，即便是到了金代，似乎对西边也有偏好，如最初的"西山八院""驻跸山""飞虹桥""飞渡桥"等记载，以及后来的大觉寺、八大处、三山五园等，时至今日，仍留有大量的石刻文物，如海淀区大觉寺后山上仍矗立着辽清水院创造藏经记碑。北京的西郊不徒有风景名胜、离宫别馆，而且更多的是历朝历代来自五湖四海的僧道信徒，他们在此募缘建庙，衣钵传承，功德圆满。信士众多，则历代重修、扩建、增建、创建之举必多，于是刻石贞珉，藏贞委祉、万古流芳。

北京的城区内，由于天子脚下，人烟凑集，建筑林立，城市设施完备，布局严谨，宗教场所众多，石刻的密度要大于郊区，只是各自又有各自的特点。由于历史、社会、政治、经济、文化、风俗等诸多原因，东西二城（指原西城区与原东城区）均有一定数量的寺庙及其他类石刻的遗存，但是东城区比其他区却多一些有特色的石刻——廨署碑刻、教育及艺文石刻，如国子监、孔庙、故宫、顺天府学、文天祥祠等地碑刻。事实上还有大量城区的石刻在居民四合院中，有的被用做垒墙壁，有的被用做奠基石，有的被埋地下。

北城与南城（按旧时的说法理解，以下部分同）相比东西二城，古时较为荒远，但又不属于"郊垌"，因此，除了一些寺观碑、桥道碑、墓碑之外，其他类石刻较少。南城（包括原来崇文、宣武区）自明代以来，向为穷困文人、平民百姓、商人艺伎、赶考举子的聚集地和暂栖地，除兼有他处常见的石刻外，会馆石刻是其最大的特点。较为著名的会馆有山西会馆、河南会馆、广东会馆、湖广会馆、湖南会馆、福建会馆、惜字会馆、梨园会馆、玉行长春会馆、糖饼会馆等，其中碑刻甚夥，多以刻石的形式出现。大概是京城居大不易之故，馆中的建筑屋宇院落结构紧密、布局严谨，以实用为原则。碑无大型，多为嵌墙式，捐资题名、馆产条约、行规章程、纪事缘起、创建重修之类的碑刻仅记录在案的已逾 200 件。故宫身跨东西二城，存有大量的法帖、篆铭、联额、御制碑等。

其他远郊区县（除房山外）虽然石刻有多有少，各不相同，然就其石刻数量来看，绝对要少于城区。相对来讲，怀柔、密云、平谷、延庆的石刻较少。北京市属（原）十八个区县石刻分布的总趋势是：城内比较集中，郊区比较分散，西部多于东部，北部少于南部。

（四）北京地区石刻的特征

北京建城虽然已有 3000 多年的历史了，但在前 2000 年中，城市、社会、经济、文化、艺术、科技的发展都比较迟缓。这与早期的政治、经济、文化的中心在中原有关。有很长一段历史时期，北京地区只是作为边塞，自然、人文各方面的条件劣于中原及南方各省。所以，总体来讲，北京地区的石刻艺术、石刻文化、石刻技术的发展应晚于南方及中原。但一经形成，即以较高的速度发展成熟，形成自己非常独特的风格特征，这也是与社会发展、都城建设以及帝王的好尚分不开的。早期的石刻不多，从今天发现的情况来看，屈指可数的就那么几件，东汉的老山汉墓出土的秦使君神道石刻，特别是上面镌刻的《乌还哺母》文，永定河故道出土的石人、北张岱石门、三台子汉墓出土石门等，西晋华芳墓志、姑叔侄墓志，北魏太和造像及铭文，东魏武定刻石，北齐傅隆显墓志、贾致和等十六人造像等，虽然为数极少，但极具代表性，反映了各个时期生产力发展水平与科技发展状况，堪称全国范围内同期石刻的精品。

隋唐在中国历史上可谓盛世，文化影响到燕蓟。房山云居寺石经及房山地区的八座唐塔、静琬题记、法源寺悯忠寺宝塔颂、史思明墓翼兽、云麾将军李秀残碑、毛藏妹等造像、大房山投龙璧记、万佛菩萨法会图刻石，韩智、韩辅、王徽、王时雕、赵悦、刘济、刘济夫人张氏等墓志，无论从书法上，还是从造型设计、雕凿水平上，都可以说是石雕、建筑、书法中的上品，也反映了当时社会的方方面面。但受当时社会现实的影响，大多还是以佛教内容为主的。

辽、金、元时期，北京作为都城，虽然是少数民族的领地，仍是汉人居多。从石刻的特点看，反映了当时少数民族文化与汉文化融合的倾向。北京地处中原文化与北方少数民族文化的交汇点，石刻文物自然要打上民族文化的烙印。除一定量的汉文碑刻外，还有一些石刻带有少数民族及外来文化内涵。如房山十字寺曾出土过一件带有叙利亚文的唐代石刻，昌平居庸关云台券洞内有元代的以六体文字（梵文、藏文、八思巴文、西夏文、维吾尔文、汉文）镌刻的佛教经咒，平谷大王院今存的元代八思巴文圣旨翻译碑，以及房山、门头沟、石景山、大兴、顺义、密云等各区佛教遗迹中的经幢、塔幢等，有许多幢身八面布字，以梵文镌刻着《佛顶尊胜陀罗尼经》《金刚般若波罗蜜经》等佛教经典。

　　明清两代石刻的风格特征比较接近，只不过清代制度规定较严格而已。清朝作为统一的多民族国家，定都北京，统治着全国的疆域，而且版图还在不断地扩大，逐步趋于稳定。一统江山的王者气派、帝王风范逐渐显现了出来，而且各项制度也逐渐定型化、规格化、等级化。作为中国封建社会后期的政治、经济、文化中心，北京地区自金元以来石刻更多、种类更繁，带有明显的帝都痕迹。为众人所熟知的石碑、石刻、石雕均体型庞大、高耸挺拔、厚重敦实。造型规制、图案纹饰、行款格式等，年代区分明显、等级分明，用料讲究，雕凿精细。如明代的隆福寺创建碑、十三陵明楼中的各通神功圣德碑、清代的德寿寺双碑、燕京八景碑、普胜寺双卧碑、朝阳门外与广宁门外的石道碑、国子监平定大小金川告成太学碑、明清进士题名碑、孔庙十三经碑等。即便是帖石，也都是工程浩大、连篇累牍的，如康熙懋勤殿法帖、乾隆三希堂法帖、成亲王永瑆诒晋斋法帖、李鹤年敬和堂法帖等。石刻的等级分明，主要表现在体量的大小与雕刻纹饰上，不论碑刻、底座、刻石、墓志等，若有"龙"（蟒亦属之）的图案，那么此碑、此事、此主一定与皇家有某种联系。如果碑刻上面是螭首，则其下必定配以龟趺座或雕龙方座；如果是个素方座，那么其上之碑及首纹饰图案也极简单。帝王之碑（亦含有帝王御制、谕祭、赐建、敕建的）体量高大，异于平常，尺寸要求很严，即便是内容不多的谕祭碑、诰封碑等也不会节省半分石材，而且书丹一般多为规矩的馆阁体（御书除外）。而民间百姓、处士隐逸者之碑、纪事碑等，体量较小，形式活泼，主要体现在图案的镌绘上，如祥云、如意、灵芝、梅花、松鹤、鹤鹿、狮子绣球、海水江崖、福山寿海、瓜瓞绵延、福在眼前、五福捧寿、犀牛望月、封侯挂印、博古、聚宝盆、七珍、八宝、杂宝、暗八仙、万字不到头等，但也有的没有任何图案，文字刻工也极简单，接近手写。清代有一种体现了民族融合政策的碑刻，那就是满汉合璧与四体合璧（满蒙汉藏）碑，这肯定不是民间普通碑刻。

北京地区的碑刻，从时代上也较易划分。现存的碑刻，明代以前者较少，明清及民国较多。相对来讲，时间跨度不大，各朝有各朝的风格特点，甚至某个皇帝、太后的好尚都直接反映到碑刻的形制与细节上。比如碑额由圭形发展到长方形与方形，碑首由顶圆演变到近方形，龟趺由写实发展到抽象化，碑身四框由简单的线条到雕刻龙凤、缠枝卷草、团莲花、百子图等，规制造型由大小不定、个性自由发展到规矩等级不敢僭越。这些都有一定的规律可循，抓住这些特征，掌握这些规律，对于研究探索北京地区的石刻文物有着极其重要的意义。

二、中国传统文献中有关石刻的史料

纵观中国浩如烟海的文献古籍，方志、舆图、随笔、杂记、考证、文字、调查一类的书籍很少有只谈"石雕石刻"的，至多也就是"金""石"并论，或将碑文、题跋、题记收录于"集部"之中，或将石刻之目，墓志、墓表之文附缀于方志、艺文志之后。将古籍文献中有关石刻的史料大致做一下分类缕述，不外乎是目录类、文字类、通考类、题跋类、调查类、附录类及其他。

（一）目录类

此类古籍基本上只是罗列碑刻的名称和地点，按照年代或地区分列于下，碑文内容、碑刻形制不做更多说明。如：宋王象之《舆地碑记目》四卷、佚名《宝刻类编》八卷、明陈鉴《碑薮》一卷、朱晨《古今碑帖考》一卷、叶盛《菉竹堂碑目》六卷，清黄本骥《元碑存目》一卷、钱大昕《潜研堂金石文字目录》八卷、孙星衍与邢澍《寰宇访碑录》十二卷、赵之谦《补寰宇访碑录》五卷，民国刘声木《续补寰宇访碑录》二十五卷、罗振玉《蒿里遗文目录》六卷及《补遗》一卷、《墓志征存目录》四卷、《海外贞珉录》一卷等。

（二）文字类

此类书内容上只注重对碑刻文字、行款格式的考证类比，或根据不同的拓本分析其残损剥泐的情况等。如：唐太宗《温泉铭》残卷，宋洪适《隶释》二十七卷与《隶续》二十一卷，元吾丘衍《周秦刻石释音》一卷、陶宗仪《古刻丛钞》一卷、潘昂霄《金石例》十卷，明朱珪《名迹录》六卷与《附录》一卷、都穆《金薤琳琅》二十卷、王佐《汇堂摘奇》一卷，清顾炎武《金石文字记》六卷、黄宗羲《金石要例》一卷、黄本骥《古志石华》三十卷、王芑孙《碑版文广例》十卷、翁方纲《孔子庙堂碑唐本存字》一卷、邢澍《金石文字辨异》十二卷，民国顾燮光《汉刘熊碑考》二卷、罗振玉《石鼓文考释》三卷等。

（三）通考类

按照时代或类别来结体，全面地阐述说明，有类后来的"石刻学"专著。如：宋曾宏父《石刻铺叙》二卷，清叶昌炽《语石》十卷、万经《汉魏碑考》一卷、严蔚《石墨考异》二卷，民国方若《校碑随笔》不分卷等。

（四）题跋类

先列碑刻名称或录碑文，之后再加以按语、题跋、识语，对碑刻拓片的来源、转徙、传承情况加以说明。以"题跋"的形式，对碑文中的某一字、某一事加诸考证，再附缀成篇。如：宋赵明诚与李清照《金石录》三十卷、曾巩《元丰金石跋尾》一卷、陈思《宝刻丛编》二十卷，明赵崡《石墨镌华》八卷、郭宗昌《金石史》二卷，清孙承泽《庚子消夏录碑帖考》一卷、杨宾《铁函斋书跋》六卷、王澍《竹云题跋》四卷、王昶《金石萃编》一百六十卷、钱大昕《潜研堂金石文跋尾》二十卷、朱彝尊《金石文字跋尾》、洪颐煊《平津读碑记》八卷、《续记》一卷、《再续》一卷、《三续》二卷等。

（五）调查类

编著者曾亲自对文物古迹加以勘查，根据所获第一手资料编辑成书的。如：清顾炎武《京东考古录》上下卷和《昌平山水记》上下卷、盛昱《雪屐寻碑录》十六卷，民国张江裁《北平庙宇碑刻目录》、佚名《京兆各县古物调查表》等。

（六）附录类

附列在某部书籍的正文之后，不作为专书或专门的篇章出现，不是单行本。如：清代《畿辅通志》中的《金石略》、《顺天府志》中的《金石志》、《日下旧闻考》中的篇章附录部分，以及各区县志中的"艺文"或"金石"部分，民国《北京市志稿》中的《金石志》等。

除此之外，还有一些古籍不易归类，也并不属于金石学的范围，书中亦无专章专节专志金石，但其中又的的确确保留了不少的金石史料。这些书有正史、野史、方志、志怪、游记、随笔、杂著、文集等。如班固《后汉书》、杨衒之《洛阳伽蓝记》、郦道元《水经注》、陶宗仪《辍耕录》《元氏掖庭记》、萧洵《故宫遗录》、周肇祥《琉璃厂杂记》等。

三、中国传统石刻史料中的北京石刻史料

如何从众多的石刻史料中寻找出有关北京部分的石刻史料，以下从三个方面加以论述。

（一）直接记载和著录北京及北京周边石刻的书籍

此类书籍并不很多，据我们所知，仅存为数几种。如清孙星衍的《京畿金石考》、罗振玉的《京畿冢墓遗文》、黄彭年的《畿辅金石》、樊文卿的《畿辅碑目》及《畿辅待访目》、缪荃孙的《直隶金石文抄》、北平研究院的《北平金石目》、张江裁的《北平庙宇碑刻目录》、佚名《北平金石录存》《燕京石刻及杂录》等。

（二）间接记载北京石刻史料的专书

这类书籍很多，不外乎就是古人将其归入"金石"类的诸书。这些书中收集著录了不少全国各地或一府一州一县的青铜器物及石雕石刻等，北京的内容只是其中的一小部分。如元代陶宗仪《古刻丛钞》，明于奕正《天下金石志》、赵均《金石林时地考》、赵崡《石墨镌华》，清孙星衍《寰宇访碑录》、钱大昕《潜研堂金石文字目录》、朱彝尊《金石文字跋尾》、武亿《授堂金石文字续跋》《金石三跋》、王昶《金石萃编》、陆增祥《八琼室金石补正》、缪荃孙《艺风堂金石文字目》、端方《匋斋藏石记》、黄任恒《辽代金石录》、盛昱《雪屐寻碑录》，民国方若《校碑随笔》、顾燮光辑《顾氏金石舆地丛书》等。另外，《畿辅通志》中的《金石略》、《顺天府志》中的《金石志》、《北京市志稿》中的《金石志》，以及诸如《国子监志》《白云观志》《东岳庙志》，河北、房山、良乡、大兴、宛平、顺义、昌平、延庆等各县志中所保存的石刻史料，这些虽非一书单行，但比较独立，嗣他日亦均可各自成书。

（三）杂记北京石刻史料的书籍

它们虽然不是石刻方面的专书，但其中却不乏金石方面的资料。这些史料大多杂见于各野史、笔记等北京史地风物丛书中，如元陶宗仪《辍耕录》，明萧洵《故宫遗录》，蒋一葵《长安客话》，刘侗、于奕正《帝京景物略》、沈榜《宛署杂记》，清孙承泽《天府广记》《春明梦余录》、顾炎武《昌平山水记》《京东考古录》、高士奇《金鳌退食笔记》、谈迁《北游录》，民国京汉铁路管理局《燕楚游骖录》、陈宗蕃《燕都丛考》、马芷庠《北平旅行指南》、汤用彬《旧都文物略》、周肇祥《琉璃厂杂记》等。只要是有关北京的史地书籍，其中石刻必定是一大内容。

四、北京石刻史料的特点

北京的石刻史料，正如上述，众多而庞杂，直接而不易提取，隐蔽而不易搜寻。总之，利用起来仍不甚方便。归纳起来，有以下几个特点。下分述之。

（一）分散而不集中

是指很少有专门的石刻书籍来介绍北京地区石刻发展状况，也很少有一部书籍把北京地区的石刻作为研究著录的重点内容。

（二）体裁多样而不统一

是指金石学或石刻学方面的书在民国以前并没有形成一个专门的门类。到了清民之交，才有了像叶昌炽《语石》、朱剑心《金石学》、马衡《中国金石学概论》、容媛《金石书录目》等作为准学科书目出现的著作。

（三）著录记早不记晚

是指书中所收著录石刻的下限，比如元陶宗仪《古刻丛钞》止于宋，清王昶《金石萃编》迄于金，洪颐煊《平津读碑记》只到五代，端方的《匋斋藏石记》讫明，其他如《艺风堂金石文字目》《京畿金石考》《八琼室金石补正》《畿辅碑目》《畿辅通志·金石志》等也都止于元代。

关于这一点，民国时期夏仁虎先生在其《北京市志稿·金石志序》中说道："欧、赵始录金石，其断代止于五季，后之著录遵焉。清青浦王氏（王昶）止于金，阳湖孙氏（孙星衍）止于元，遂成金石家法。顾余以为方志之志金石，则其例宜宽。谓其职在考订掌故，网罗文献，与专门金石家之赏奇好古固有间耳。《畿辅》《顺天》两志，录金石亦止于元。然《顺天志》别署《御碑》一目，清代之迹略具焉。而有明三百年几成欧脱，兹殆非公，后之作者所宜补其缺也。"如果总是墨守这种"金石家法"去组织文章的话，则明清成了"断代"，后来的学者应当将其补足。但这肯定不能归罪于古人，因为他们去古未远，"明代"对于他们就像"昨日"。当时也是受各种条件、方法、手段、观念的限制，不可能把面铺得很广，照顾周全；而且史官们一向有"不书当代"的原则。

（四）多记御碑不及普通碑刻

这是指像《日下旧闻考》类的研究北京历史、文物、古建筑、名胜古迹的重要参考著作，可以说是迄今所见官修的规模最大、编辑时间最长、内容最丰富、考据最翔实的北京史志文献资料集了。其中不乏收录重要的石刻史料，只可惜缘于"钦定"，它只注重皇帝"御碑"，记当朝乾隆皇帝及其父皇雍正、皇祖康熙皇帝撰写的碑文较多。或出于政治的需要，极少记录普通碑刻，而且碑文还多有节略。《顺天府志》之《金石志》下限到元，另有《御碑》目，虽然延伸到了清代的石刻，但又只限于收录"御碑"。

（五）只记城区及郊区著名碑刻，而不及远郊区县之普通石刻

关于这一点，同样还是举《日下旧闻考》为例。该书是关于北京地区寺庙古迹、衙署名胜等史料的集大成之作，其所收录的碑刻只是作为主项的附录列后的。而那些"主项"大多出现在城区，郊县只有那些极少数著名重要的古迹官署等，必然还有许多石刻未予列入，势必使后人的研究出现空白和难点。清盛昱所著《雪屐寻碑录》中所寻的多为墓碑，上起崇德，下迄光绪，其碑"皆出京畿近郊"，弥补了时代不足与郊区不录的缺憾。但却存在

着另一个方面的不足，即其"非旗籍的不录"，最后还是把普通百姓闪到了一旁。总之，石刻诸书，从研究收录的对象、范围、内容、类别上都有很多不完善及不如今人之意处。研究的方法上也有不足。我们知道，今天的考古工作者研究一件石刻、一通碑文，一定要做实地考察、测量、捶拓、拍照、登记等工作，回来后再做案头的研究（公式：实物＋资料＋研究＝科研）。而古人的研究，注重文献，忽视实物。如端方的《匋斋藏石记》，只是根据作者个人收藏的石刻拓片来撰写的，其所收录石刻的位置往往不确定或不详，这也是大多金石学书的通病。

（六）作者往往仅从拓本入手，有如纸上谈兵

朱剑心在其《金石学》自序中说："且所谓材料，亦仅就金石器物之文字、图录、拓本、著述等纸上之知识而言。"这种研究好比是"纸上谈兵"。其实古人也不尽如此，顾炎武著《求古录》，收金石文物凡 55 种，其序云：已见方志者不录，只有拓本者不录，近代文集尝存者不录。可见其治学之谨严。

五、历史上学者对石刻的寻访及前人对石刻的调查与研究

首先应该承认，古代学者们为今人打下了良好的基础。可以说，今天每一项研究工作都是在前人的基础上进行的。没有前人的努力发掘，就没有今天的收获成果。古人对石刻的研究主要反映在他们的学术成果上。其中比较有代表性的石刻学著作就是清末叶昌炽的《语石》。自宋代以来，一直到清代中期，石刻之学大致上仍处于搜集、整理资料，著录、考证文字的阶段。但是，经过数百年学者们的不懈努力，在清末终于有一部总其大成、具有石刻学通论性质的著作问世了，这就是《语石》。用叶氏自己的话（自序）说：

　　（该书）上溯古初，下迄宋元，元览中区，旁征岛索。制作之名义，标题之发凡，书学之升降，藏弆之源流，以逮募拓、装池、轶闻琐事，分门别类，不相杂厕。自首至尾，可析可并，既非欧赵之目，亦非潘王之例，非考释，非辑录，但示津途，聊资谈圃。

　　说它是通论，完全是就其学术价值而论，叶氏自己说了四"非"，也正如此，才创立了自己特有的石刻学的体例。从书十卷内容的安排上即可充分反映出来：第一卷，写中国的石刻简史；第二卷，写中国石刻的地理分布及特色；第三、四、五卷，写中国石刻的分类；第六卷，写石刻文字的体例；第七、八、九卷，写石刻的书法史；第十卷，杂识。古人的努力使得后代有章可循，有法可依。一直到了今天，石刻学仍以之为鼻祖，可知其重要。

　　还有一部书也不能不提，那就是民国二十五年（1936）出版，由张江裁、许道龄编订的《北平庙宇碑刻目录》。据该书《凡例》所讲："（是书）范围仅限于内外两城，至四郊庙宇碑碣，容当续编补录（至今补录仍未面世）。"另外，该书仅收录当时内外城 303 座寺庙庵观中的碑刻，而且是"近年所拓内外城庙宇中现存碑碣文字整理编目"而成。可见当时的文物考古机构曾经做过一定量的野外调查与捶拓的工作。可惜的是仅限于当时的内外城，野外调查与室内编辑工作有些脱节，所以不难发现书中有张冠李戴之处，即碑刻铭文与石刻文物所处位置标写的错误。实际上，当时的《北平金石目》与《北京市志稿·金石志》中的庙宇部分也都是使用了同一拨素材，并且犯了同一个错误，收录范围也同样有限。到了中华人民共和国成立初期，首都图书馆油印了一部《首都图书馆藏北京金石拓片目录》，较前材料有所充实，增加了门头沟区妙峰山与海淀区温泉等几处内容，无疑是对前面工作的补充。

　　另外，清初顾炎武《京东考古录》《昌平山水记》，乾嘉时期《钦定日下旧闻考》、黄易绘制的《嵩洛访碑图》（虽非北京地区，但系调查性质），与民国周肇祥《琉璃厂杂记》，虽其行为有官有私，又非石刻专书，但毕竟为作者之亲见亲历，所收录的石刻史料具可靠性与真实性，也为后人科学调查开了先河。

真正大规模有组织地进行文物调查活动还是在中华人民共和国成立以后。20世纪60年代、80年代与90年代北京地区有三次文物普查，每一次调查都有新的发现，每一次较前次都有新的提高，每一次调查也都发现文物有新的损毁情况，石刻自不例外，石刻的调查在整个调查中是一项很重要的内容。虽然当时这几次调查的工作人员并非都是科班出身的考古专业人员，但他们还是尽职尽责，努力做好这项工作。对石刻尽量做到登记、拍照和拓片，虽达不到科学系统研究的标准，但是把石刻摸清了底数，拉出了碑目，使得后来的专业访碑工作找到了捷径。这三次普查规模很大，涉及了原市属18个区县的文化文物部门及市属文物研究管理机构，调查的对象是全市范围内的古建筑、古遗址、古墓葬、古石刻等，面面俱到，但大而不细，"石刻"一项的调查尚不够计划化、系统化、规范化、科学化。中华人民共和国成立初期的北京图书馆也曾组织人力对市属各区县的石刻做过捶拓收集。虽然各区县均有涉及，但还是遗漏了许多重要碑刻，仅做了捶拓而未及其他手段，他们的成果主要体现在《北京图书馆藏北京石刻拓片目录》一书中。值得一说的是，当时收集的一些拓片保留了捶拓时碑刻字口清晰的状况，有些碑刻后已泐蚀，有些碑刻后佚失了，该书客观保留了这些石刻资料。

六、北京地区的石刻普查及研究

真真正正对北京地区的石刻文物进行大规模系统的调查、征集、展示、研究、保护的，应该是在1987年北京石刻艺术博物馆正式成立并开放以后。石刻博物馆就是以调查、征集、展示、研究、保护北京地区石刻为己任，石刻普查是其系列工作中的重要环节。只有在普查、征集工作的基础上才能有所研究。普查也是伴随着北京石刻艺术博物馆的建立、发展有条不紊地进行的。当时，先是对市区内进行了较为全面的石刻专项调查，随后又转向部分郊县，如密云、丰台等地。之后有了一段暂歇调整，回到室内整理第一手资料，制作图表、档案，撰写调查报告等。一直到了 1995 年，又恢复了野外调查，北京石刻艺术博物馆组织了精兵强将，配备了车辆器材以及必要的资金，使得普查工作得以顺利进行，并获长足发展。1995 年，对门头沟及石景山区做了调查；1996 年，对顺义、大兴、通县州区调查；1997 年，对房山区做调查；1998 年，对平谷区做调查；1999 年，对昌平区做调查。

北京石刻艺术博物馆自建馆以来，在调查、征集、展示、保护石刻文物的同时，先后出版了一些学术成果。如《馆藏石刻目》《语石校注》《北京石刻艺术博物馆建馆十周年纪念文集》《北京文物精粹大系·石雕卷》《北京文物精粹大系·石刻卷》《新中国出土墓志·北京》(壹)、《钩沉石影——北京石刻艺术博物馆馆藏法帖原石》《新日下访碑录》等。

刑部题名第三之记碑考

刑部题名第三之记碑（以下简称刑部碑），2004 年 9 月，在进行天安门城楼前地下电缆施工时发现。石碑出土的位置是在天安门城楼前东观礼台后小夹道地下 1.5 米处，西距紫禁城中轴线约 100 米。出土时碑身与座分离，自然仆地，左下角已断裂为数块，汉白玉质地。典型的元代风格，首身一体，方首抹角，梯形素面方座。通高 225 厘米，宽 82 厘米，厚 21 厘米。碑首浅平雕二龙戏珠，圭形额际，边框缠枝花，双面刻字，碑阴面行款不甚规整。碑阳面第一行为首题"刑部题名第三记"，圭形额内篆书"刑部题名第三之记"。碑文分为上、下两部分，上部记文，"通奉大夫、中书知政事、同知经筵事、提调四方献言详定使司事危素"撰文，"奉议大夫、詹事院经历潘遹"书写碑文并篆书额题。碑末年款为"至正二十三年（1363）闰月甲午"。下部即官员题名，分四大部分题刻，部首刻以"尚书""侍郎""郎中""员外郎"，并以浅线栏作界分为上下七列。其中题名时间有"至正廿七年（1367）四月"者。碑阴首题"本部吏人等题名记"，不分上下列，亦无记文，而为左右行，书刻"提控令史"等题名。章法无序，且刻艺不精。

一、刑部碑与元中书省的位置

著名的历史、考古学家徐苹芳先生 1997 年发表在香港《中国文化研究所学报》上的《元大都中书省址考》（以下简称《省址考》）一文，通过大量的文献资料及理论分析，得出了"中书省南省遗迹在今劳动人民文化宫（明清太庙）下，中书省北省在北二环路北"的结论，他继而又说"皆没有机会作考古勘察和发掘，其遗迹之情况已无可知"。刑部碑的发现与发掘，从某一个侧面正好弥补了徐苹芳先生当年的一个遗憾。

据《省址考》，元代中书省是"典领百官，会决庶务"的全国最高行政机构。至元七年（1270），阿合马请建立尚书省，置尚书省署于宫城东南方之五云坊。八年（1271）十二月，拟解散尚书省。九年（1272）正月，裁并尚书省于中书省。二月，拟建中书省署。至元二十四年（1287），桑哥复请立尚书省于宫城南旧署。二十七年（1290），移中书省于宫城南尚书省署，从此以后就有了北省、南省之分。大德十一年（1307），复迁中书省还北省。至顺二年（1331），以北省为翰林院，以南省为中书省。终元之世，未再变更。由以上文献记载得知，尚书省与中书省都是元代的最高行政机构，相当于我们今天的国务院。元初就设立了尚书省，在宫城东南。后来裁撤尚书省，将机构并于新设立的中书省中。之后，又重立尚书省于城南旧署中。后来，将中书省迁至城南尚书省署中，于是开始有南省、北省之分。再后来，又将中书省迁还于北省。最后，又把北省当作翰林院，把南省作为中书省。

而刑部碑的发现，只是与"南省"有关，与"北省"却无甚关系。虽然南省是在原尚书省旧址，但至顺二年（1331）以南省为中书省后未再变更，故亦不必再论尚书省了。南省在五云坊，据《元一统志》记："五云坊，大内前左千步廊，坊门在东，与万宝对立。"千步廊是元大都正南门丽正门至皇城正南门棂星门之间的御道。丽正门其址就在今天安门广场北侧，棂星门位置约当今故宫午门一带。因此五云坊的方位大约在今劳动人民文化宫范围，亦即明清以来太庙之地。而中书省在五云坊，刑部在中书省，故知此碑的出土即在原址，并没有移动地方。

研究北京的历史可知，明清两代刑部均在宫（故宫）右（西），即明代"刑部"在当时的阜财坊，约在今民族饭店附近。刑部、都察院、大理寺三法司合署，而与其他五部分开，东西遥相呼应，但其位置并不对称。清代"刑部"复与都察院、大理寺同在当时天安门与大清门之间的千步廊之右（西），与其他五部东西相对称，其地在今毛主席纪念堂以西之地。可是元代的刑部碑却出土在宫（故宫）左（东），《元史》记："世祖中统元年（1260），以兵、刑、工为右三部。"兀颜思温《中书省兵部题名记》亦记："皇元肇造，经国理民，志遵古制。中统建元（1260），始以右三部为一，左三部为一。"那么，刑部碑的出土地点是否让我们产生怀疑呢？碑是否被移动过，还是历史记载有误呢？首先，其出土地点在元、明、清皇城以内，宫城附近地下 1.5 米处，再加上受古代机械设备的限制，数吨重的石碑不可能轻而易举地搬来搬去。其次，去古未远，当时人记当时事、国家制度，记错的可能性很小。《析津志》载："至元四年（1267）二月己丑，始于燕京东北隅，辨方位，设邦建都……四月甲子……始于新都凤池坊北立中书省。""北省始创公宇，宇在凤池坊北。""外仪门，六部在内，西会同馆。"至元四年（1267）距中统元年（1260）约有七年时间。中统初定右三部与左三部之制，到至元则有六部同在中书省之实。虽然其后中书省尚有南北与分分合合的变化，但始终未有六部不在一处的记载。可见元代所谓的左三部、右三部，无非是指同在中书省署中的东、西而已，并非宫之左右。姑且不论六部谁在左谁在右，都是在宫左（东）无疑。而且六部也不像明清两代那样，刑部与其他五部分开，独处宫右（西）。由于明代的北京城是在元大都城的基础上改扩建的，缩北垣，拓南墙，所以明清除刑部以外的户、工、吏、礼、兵五部仍处元中书省相应的位置而未变，即宫城之前，皇城正南门以内，左千步廊附近，中轴线以东。元代刑部碑的出土，为研究元大都，特别是元代中书省与户、工、吏、礼、兵、刑六部的关系，提供了重要的线索。

二、刑部题名碑与其他题名碑

宋欧阳修《集古录》与赵明诚《金石录》中都有学生题名碑的记载。欧阳修以为是汉刻，赵明诚则认为是东晋以后所立。

北京地区今存与新出土和发现的元碑早已成了凤毛麟角，而历代官员题名碑刻的实物则更是少之又少。所以，刑部碑的发现对于研究北京地区的历史，特别是元代史；历代官制，特别是元代刑部官制，都有着相当重要的研究参考价值。

就官员、吏人等题名碑刻来讲，至今仍存时代最早者为西城区法源寺悯忠台内陈列的金大定十八年（1178）党怀英所撰写的金代礼部令史题名记刻石。就元代来讲，为 20 世纪 50 年代东城区旧鼓楼大街出土的钞纸局中书户部分官题名记碑，国子监的三通元代进士题名碑，顺义区孔庙遗址出土的顺州官吏士庶衔名碑。此刑部碑碑身、碑座俱全，且又将"级别"上升为"部"级。"刑部"其后尚有清雍正九年（1731）刑部明刑谕旨碑等。其他官吏题名的尚有明代户部福建清吏司题名记、太常寺正官题名记、吏部考功司题名记、吏部各科题名碑。清代最多的是"御史题名碑"，但其又分为御史都察院、督察左都御史、十四道汉御史、满御史、十五道汉御史题名碑，及某某年至某某年考选姓氏等题名碑。以上各碑或刻石，暂先不论其实物之有无，其拓片资料均可在国家图书馆查阅得到。

其实，官员题名在北京地区最早出现并题刻于石的情况尚需考证，但吏、户、礼、兵、刑、工六部官吏的题名在金代党怀英〔金代文学家、书法家，大定十年（1170）进士。〕所撰《礼部令史题名记》中已讲明白："初，大定乙酉岁（1165）既刻题名，为诸部倡，犹以不能备纪始末为未足。至崔君颖士（金代沧州人，官武略将军）乃更刻石。"说明在此以前六部官吏从未有过题名碑刻，至大定乙酉（1165）首刻题名。由于"礼部令史"的人名一石容纳不下，于是再刻一石，即党怀英之"记"。两石前后相距十四年。而其首倡题名的目的则是"所以示君子仕进之难，持己既廉，从事既勤，而又积日累久，无簿书文墨之失，然后可以有立，非徒记姓名衔阶秩而已也"。元代欧阳玄《刑部主事厅题名记》亦云："题名之设，非特正名、分等威而已也，否臧劝惩之道存于斯……是题名有益于法也。"故题名不只是正名分、树威信，其中还暗含着褒扬与批评。

由碑的名称"刑部题名第三记"来看，它之前还应有二碑，亦同为"刑部题名"。但其后有无"第四记""第五记"呢？值得深挖一下了！只要精读此刑部碑碑文，结合史料，即可获取答案。记文中有"至正十有五年（1355），余承乏工部，尝记刑部题名，顾率然执笔以继巨公之后，方窃以为惧。后九年，更砻新石，复来属记……余于前记固已备考之矣"。所谓至正十五年碑，应为"第二记"，同为危素所撰。由于是"继巨公之后"，故该巨公所立碑应为"第一记"。而"后九年，更砻新石"之所记，自然系"第三记"之碑了。撰文于至正二十三年（1363），上距十五年（1355），正好是九个年头。《析津志辑佚》中全文辑录了上述"第一记"与"第二记"之文，可以参考。《中书省刑部题名记》，至正二年（1342）十二月，"翰林侍讲学士、知制诰、同修国史、同知经筵事揭傒斯记"，此即"第一记"。所谓"巨公"即指揭（傒斯）公无疑。《续记》，至正十五年（1355）八月，"工部侍郎危素记"，此即"第二记"。"余承乏工部"即危素当时正在工部侍郎职任上。另外刑部碑虽撰文作记落款为至正二十三年（1363），但其实际的刻立应为至正二十七年（1367），或晚一至两年，也就是元末了。碑阳下部"侍郎"题名中"月鲁帖木儿"条有"廿七年四月"字可证。那么本碑是否曾用，是否立起，都是个疑点，就更甭说有无"第三记"以后各"记"之碑了。

三、刑部碑的撰文与刻立

《刑部题名第三记》撰文人危素，为元明两朝显赫一时的大臣。《明史》记：金溪人，字太朴，一字云林。元至正间为官，任经筵检讨，修宋、辽、金三史，纂后妃等传，累迁翰林学士承旨。后言事不报，弃官居房山。至明复为官，初为翰林侍讲学士。又与宋濂同修《元史》，兼弘文馆学士备顾问，论说经史。但此刑部碑记文落款为"通奉大夫、中书参知政事、同知经筵事、提调四方献言详定使司事危素"，出土的钞纸局中书户部分官题名记碑，至正十二年（1352），"儒林郎太□□□临川危素记并书"。《析津志辑佚》所录碑文落款：《中书省刑部题名记续记》，至正十五年（1355）八月，

"工部侍郎危素记";《中书参议府题名记》,至正十九年（1359）,"中奉大
夫、参议中书省事临川危素记";《中书省左司省掾题名记后记》,至正二
十年（1360）,"通奉大夫、中书参政危素记"。查官志,危素在至正十二年
（1352）至至正二十三年（1363）前后的这些官阶应处于从六品至从二品间。
而《明史》记其在元时"累迁翰林学士承旨",仅在五六品之间,是其低位
时的官阶,显系不确。"通奉大夫"位居二品第三,"参知政事"在左、右丞
下,作为宰相的副手参决政事。而"翰林学士承旨"则仅为翰林国史院的长
官。故此,刑部碑之记文落款亦可订补《明史》之缺讹。应将碑文"通奉大
夫、中书参知政事"补换《明史》之"翰林学士承旨"之文。

　　虽然刑部碑碑阳上部碑记的落款是"至正二十三年（1363）闰月甲
午",实则并非碑立的时间。因为在碑阳下部题名小注中有更晚于此年的记
载。如:"金伯颜"条双行小注"由北兵马都指挥使迁,至正廿四年（1364）
四月上";"哈剌不花"条注"至正廿五年（1365）三月一日由江浙员外郎
迁";而"月鲁帖木儿"条"廿七年四月上",显然不会是至元庚寅的二十
七年（1290）,而理应为至正丁未的廿七年（1367）。因为在危素的记文中有
云"至正十有五年（1355）,余承乏工部,尝记刑部题名",后九年（二十三
年,1363）,更砻新石,复来属记,即指此碑。既然此为"第三之记",其前
尚有两记,记其前事前人,则此碑自然应记本朝（至正）之事。因此可以推
断,危素早在二十三年（1363）即将碑文撰好,由奉议大夫、詹事院经历潘
遹书丹付工。下面的题名部分则应是陆续书刻的。最晚的时间是至正二十七
年（1367）,此时距元灭明兴仅有一年了。亦可推见,此作为第三之记的刑
部碑实际上也就是元代刑部题名的最后一碑,其后不可能再有第四、第五之
记了。另外,碑在2004年出土时,自然风化与人为磨损并不严重,字迹若
新发于硎,石碑表皮无太多次生物产生。这说明此碑在当时刻立不久即被推
埋,或者根本没等立起即赶上元亡。侧面说明当时在北京或北方地区出产的
此类石材品质优良。从碑的字体刻写来看,碑阳上部记文字体优美,镌刻规
矩,题名部分则稍逊一筹。碑阴文字通篇几乎没有章法,字法亦不讲究,甚

至株距行距不甚分明，似有前精后粗、陆续补刻之嫌，恐怕连书丹与镌刻也并非一时一人。

四、刑部碑的记文

刑部碑正面上部为记文，字数有限，然用典甚多。记文分前后两部分，前部记撰碑缘起及自古有关"刑"之典故，后部记元以来"刑罚"之事，以及古为今用来解决的办法。其所引用"刑新国轻典，平国中典，乱国重典"；"政宽则民慢，慢则纠之以猛，猛则民残，残则施之以宽。宽以济猛，猛以济宽，政是以和"；"火烈水懦弱之论"诸典出自《周礼·秋官》《左传·宣公》《左传·昭公》《诗经·大雅》等篇，无非是用来说明记文所谓"古之用刑者，亦审其时而已"。不能滥用刑罚，应根据国情与社会状况来立法，否则过犹不及。此亦揭傒斯"第一记"中所说的"夫古者之制刑，所以生人，非以杀人"，"刑罚清，而民化服"，"故曰：刑期于无刑"（动用刑法是为了达到不动刑的目的）的道理。

"皇元有国，壹主于仁恕"句，是针对"第一记"中"惟我朝自世祖皇帝（忽必烈）执信赏必罚之柄，激昂天下，莫不悦服，故天下大治。后如成宗（铁穆耳）之守成，武宗（海山）之明断，仁宗（爱育黎拔力八达）之仁恕，取任刑官多得其人，皆可为治世之法也"。可见元自建国以来刑法实施之一斑，从世祖到成宗，乃至武宗、仁宗，以刑法治天下，守成明断，用官得人，天下大治，为后世榜样。但制定刑法"条章益著，而恪守宪度者实难"。也就是说，刑法的制定，只能是越来越繁缛，以致遵章守宪很难落到实处。"一旦民畔（叛）而兵兴，海内鼎沸"则更加不堪设想。"不然，徒知用其重典而淫刑"，仅靠加重刑罚，"以此治其天下，不亦愈难乎"？"淫刑"一词出自《左传·僖公》"淫刑以逞，谁则无罪"。正所谓"欲加之罪，何患无辞乎"。"由狱以择贤才"句典出《尚书·立政》，道出了为官不可不知"法"的道理，同时也说明官员贤才可以从"狱官"中来选取。所以，从危太朴的记文中可以看出他对刑法的认识，以及他对元代制定刑法和实践的经验总结。

据《元史》，"元兴，其初未有法守，百司断理狱讼，循用金例，颇伤严刻。及世祖（忽必烈）平宋，疆理混一，由是简除繁苛，始定新律，颁之有司，号曰《至元新格》。仁宗（爱育黎拔力八达）之时，又以格例条画有关于风纪者，类集成书，号曰《风宪宏纲》。至英宗（硕德八剌）时复命宰执儒臣取前书而加损益焉。书成，号曰《大元通制》。其书之大纲有三：一曰诏制，二曰条格，三曰断例"。此段史料正可与刑部碑记互证，"记"所谓"条章益著"，应即指《元史》之《至元新格》《风宪宏纲》《大元通制》。刑法在元代虽然是越来越具体，但也有难落实处的缺陷，比起金代"颇伤严苛"来讲，不过是小巫见大巫而已。客观地说，元代三部宪法书籍的问世对后世法学研究还是有一定的参考价值的。

五、刑部碑的题名

刑部碑除碑阳上部一小段记文外，其他均为官员、吏人等的题名。其中有若干官职为元代始设或为元代特色者，如"司狱司狱丞"。"司狱司"为官署名，元初（1271）以右三部照磨（审核纠察之意）兼刑部系狱（缉囚于狱之意）之任。大德七年（1303），始于刑部置司狱司，设司狱一人，正八品；狱丞一人，正九品；狱典一人，部医一人，掌调视病囚。"照磨"，官名。元中统元年（1260）于中书省置照磨二人，秩正八品，掌磨勘左右司钱谷出纳、营缮料理等事，也就是说掌握钱粮出入、建筑修缮办理等事。至元八年（1271）省为一人。六部亦设照磨二人，吏、户、礼三部合设一人，兵、刑、工三部合设一人。"司籍所"，官署名。元至元二十年（1283），改大都等路断没提领所为司籍所，掌理犯刑案者财产籍没事务，就是说负责犯案人员财产查没之事。设提领、同提领各一人，属刑部。"提领"，官名。元大都留守司所属各司局的属官多以提领为名。"令史"，汉始置兰台令史、公府诸曹令史、尚书令史，掌文书，地位低于郎。元代于省、部、台、院均置令史，各由下一级衙门中的令史选补。至大元年（1308）规定，半数由在职官员充任。"书写"，吏员名，金置。又称史馆从事，属国史院，掌抄写誊清案牍之事。元沿置，设于中书省及六部，枢密院与蒙古翰林院亦置，员额不等。"首领"，首领官，掌管案牍，管辖吏员，协助长官处理政务官员的通称。金元遍设于中央与地方各级官署中，属于品官的有经历、都事、主事、知事、典簿、照磨、管勾，秩从五品至九品。

刑部碑碑阳题名将近 140 人，碑阴约计 150 人，因碑面有部分缺损及剥泐，官员吏人题名总数约为 300 人。由此可以概见元末时期刑部官员吏人编制的情况，刑部是六部中之大部。另外，仅从人名特点来看，碑阳题名中蒙古人、色目人与汉人、南人的比例约 3∶1；反之碑阴则为 1∶3，而且不设达鲁花赤（元代特设的一种只能由蒙古人来兼任的"监官"，往往在汉人任职的衙门中达鲁花赤位列其首）。这说明越是高官蒙古人越多，越是低官汉人越多；蒙古人掌实权，汉人做具体事。其社会阶层的分配情况了然在目。元代也举行科举考试，但聪明的汉人与南人为何很难跻身高官呢？原来是当时将社会上人群的阶层分为四等，依次为蒙古人、色目人、汉人、南人。仁宗皇庆二年（1313）定科举之制，全国乡试中试者（即举人）三百人，赴京师参加会试，再于其中选拔出一百人，即于蒙古人、色目人、汉人、南人中各取二十五名。虽然是设立了考试制度，但实际上取士甚少，如顺帝至元六年（1340）仅取十八名。其实当时天下并非无才或无人报考，关键是同时推行的选官举贤制度抑制了科举考选的实施。当时的官员、吏人中正途出身者甚少，其任官既有世袭，又有荐举；既有荫恤，也有科举。故授官有勋卫，出身有学校，叙功以捕盗；或进资输粟而获官，或访求隐逸而得贤。就是说当时的官员们，有家族世袭的，也有被推荐而上的；有根据前辈功劳被荫封获官的，也有出自科举考试的。武官往往直接授予，出身也有学校科班，论功有靠捕盗得官的；还有人靠买官得爵，还有人是被访求的隐士遗贤。所以，科举考选制度有名无实，不经科举选任的官员占大多数。这样就为在社会阶层上位居一二等的蒙古人、色目人铺平了仕途，从而阻碍了三四等汉人、南人的发展，其聪明才智得不到正常发挥，仅于低级吏员中谋事。放外任，须有达鲁花赤的监督；做宰相，只能任副职。即便是进行廷试，亦有不平等的规定。如科举考试时将考生分为两组，蒙古人、色目人为一组，汉人、南人为一组。两组分卷考试，试题难易也不一样，前者易而后者难。如果蒙古人、色目人愿考试难度较大的汉人、南人科目，被考选者比汉人、南人还要官加一等授官。

元代吏、户、礼、兵、刑、工六部各设尚书、侍郎、郎中、员外郎、主事等高官，自然以蒙古人、色目人居多。刑部主管天下刑名、法律等事，下辖司狱司、司籍所。故刑部碑将尚书（正三品）、侍郎（正四品）、郎中（从五品）、员外郎（从六品）这样有品级禄位的官员人名爵里序迁情况书刻于碑之正面。而若干下级吏员、属掾如：提控令史、书写、誊写、首领，以及司狱司狱丞、典吏，司籍所提领、典吏等，刻于碑阴，首题"本部吏人等题名记"。其中汉人、南人占了大多数。

六、刑部碑的行款

题名碑的书写格式最初是在金代制定的。金大定十八年（1178）《礼部令史题名记》："初，大定乙酉岁（五年，1165），既刻题名，为诸部倡，犹以不能备纪始末为未足。至崔君颖士乃更刻石，悉书乡里、官品与夫入部出职岁月。"如其"记"之下题名第一行即为"武略将军崔颖士，贯沧州。大定八年（1168）五月到部，正定州军判"。乡里、官品，入部、出职岁月，每位官员的基本情况都类似于此而书刻于石上。刑部碑与《礼部记》在时间上先后几乎相差 200 年，但基本路数未变。在碑阳，如遇某官人名则提行另写，下以双行小字加注，内容是字号、姓氏、官阶、入部时间及原任何职等。如："金伯颜"下注"德元，由北兵马都指挥使迁，至正廿四年（1364）四月上"；"刘宴"下注"仲安，通议（'通议大夫'之简称），复任"；"杨听德"下注"朝列（朝列大夫），惟聪，于司业迁，十七年（至正丁酉，1357）四月"；"哈剌不花"下注"字德芳，阿鲁混氏，至正廿五年（1365）三月一日由江浙员外迁，奉 □ "。显然，"德元""仲安""惟聪""德芳""阿鲁混"系各官员的字号、姓氏，而"通议""朝列"为其官阶。带有"迁"字之前文正是该条主人其前职任。在碑阴，由于是职任较低的吏人，人名上下接写不另起行，所注从简，仅留名、字而已。

如细读碑文，仍会发现：在碑阳的题名中有重复出现的官员名称。如第一列"尚书典事"内"月鲁帖木儿"复见于第四列"侍郎"中；第二列"尚书典事"内"山寿"复见于第三列"侍郎"中；第三列"侍郎"内"刘宴"先后两见；第五列"郎中"内"种梦起"复见于第六列"员外郎"中。"郎中种梦起"下双行小字注"鼎臣，朝列，户部郎中迁"。"员外郎种梦起"下小字注"鼎臣，奉议"。显然，"鼎臣"是种梦起的字号，"朝列"与"奉议"为"朝列大夫"与"奉议大夫"之简。"朝列"为官阶之位，高于"奉议"；"郎中"为官职名称，高于"员外郎"。两条小注客观地记录了"种梦起"升迁的情况。"侍郎"中的二"刘宴"，一注"嘉议，仲安"；一注"仲安，通议，复任"。"嘉议大夫"低于"通议大夫"，由于有了"复任"的注明，可知"刘宴"曾经在同一职位上官阶略升的事实。

总之，一通元碑，引起了许多思考，证明了一些史实，澄清了一些认识。由于全碑篇幅冗长，故仅录碑记部分如下，供大家参考。

刑部题名第三记

至正十有五年，余承乏工部，尝记刑⏋部题名。顾率然执笔以继巨公之后，⏋方窃以为惧。后九年，更砻新石，复来⏋属记。呜呼！古之用刑者，亦审其时而⏋已。是故刑新国轻典，平国中典，乱国⏋重典。孔子亦曰：政宽则民慢，慢则纠⏋之以猛，猛则民残，残则施

之以宽。宽┘以济猛，猛以济宽，政是以和。轻郑子产┘火烈水懦弱之论深有取焉。┘

皇元有国，壹主于仁恕。条章益著，而┘恪守宪度者实难。其人四方无虞，教┘化未洽。一旦民畔而兵兴，海内鼎沸，┘其生肆欲触冒禁网者□□然□┘是也。虽先王以好生为本，斯时也不┘有刑罚以齐之，则善良安得而吐气，┘犷悍安得而革面哉？古之人有言：无┘赦之国其法平，良有以也。兹乃论刑┘之难，余于前记固已备考之矣。司寇┘得人式敬，由狱以择贤才而任之，庶┘几执法平允而无过不及之患。不然，┘徒知用其重典而淫刑以逞，以此治┘其天下，不亦愈难乎？至正二十三年┘闰月甲午，通奉大夫、中书参知政事┘同知经筵事、提调四方献言详定┘使司事危素记，奉议大夫、詹事院经┘历潘遹书并题额。

唐苏灵芝悯忠寺宝塔颂刻石

一、建塔立碑

清顾炎武《金石文字记》引宋文惟简《虏庭事实》："'燕山京城东壁有大寺一区，名悯忠……唐太宗征辽东、高丽回，念忠臣、孝子殁于王事者，所以建此寺而荐福也。东、西有两砖塔，高可十丈，云是安禄山、史思明所建矣。'此碑称'御史大夫史思明奉为大唐光天大圣文武孝感皇帝敬无垢净光宝塔颂'是也。"然此塔据《析津志》中《唐悯忠寺无垢净光塔铭》记："归义王史思明硕量天假，宏谋神援，仁被动植，忠越古今。竭节布悫成其名，砥心砺行存乎道。昔在平卢也，于曹禅师早发宏愿，于彼造塔。初，经始未构，属中原乱离有难，便赴范阳，其塔便罢修葺。今重承因命，允厘东郊，缅想诚式，副前愿。敬于悯忠寺般若院，造无垢净光塔一所。"其后又记："东一塔，安禄山所建，塔内有苏灵芝墨迹在内。"可见上引之铭为西塔之铭，西塔为史思明所建。东塔为安禄山所建，塔内尚有苏灵芝墨迹，不知何人所撰，但并非"宝塔颂"之文。而"宝塔颂"文实为张不矜撰，苏灵芝书，同为西塔所建，奉为史思明刻，实则为媚唐而立。清孙承泽《春明梦余录》："此碑盖建于（史思明）初归附（唐肃宗）之时，而借以媚唐也。"也有人认为此碑原为颂扬安禄山父子之文，至史思明降唐后而改刻。清觉罗崇恩《香南精舍金石契》："此碑为安禄山父子窃僭时颂扬之文，比史思明降唐后，因元文率就磨洗，仍命苏灵芝改书而刻之，以掩其叛逆之迹。"至于塔碑的去向，清乾隆时期于敏中《日下旧闻考》记："廊下石刻及东西两砖塔俱无考。"又记："宝塔颂碑在本寺方丈前穿廊东壁上，石质坚莹，唐碑之完好者。"今法源寺寺方记载："嵌于悯忠台东壁，现移置台内。"事实上"宝塔颂"虽名曰碑，但其无首无座，高118厘米，宽70厘米，厚6厘米，实只为一件刻石而已。

二、行款格式

宝塔颂最与众不同者即是其文从左向右行，普通碑刻、书籍、字画等均从右向左竖行书刻。明刘侗《帝京景物略》："（宝塔颂）文书石，不书丹，故从左读。"清孙承泽《庚子销夏记》："碑在京师之悯忠寺，当日书丹于石，故文自后而前。"翁方纲《复初斋文集》："金石之文，凡书丹于石者，皆自后而前。且有并非书丹于石，而亦自后而前者。"朱彝尊《曝书亭金石文字跋尾》："碑文以左为前，宁人（顾炎武）谓书丹于石之故，疑从禄山俗尚，未可定也。"可以理解为，直接书丹于石，由于担心墨迹未干即被涂抹，于是来个违反常态的"倒行逆施"，还不影响书写速度。纸绢等作品在书写时，往往下有衬纸，用吸水力很强的宣纸、毡垫，书写时随写随干，再加上古人悬肘悬腕之功力，绝无涂抹之虞。读全碑似有一气呵成之势，这种左行法的使用是有相当道理的。但其另一说为"安禄山俗尚"，似乎有些牵强了。清代的金石学家、学者们已辩之凿凿了。也正是这种特殊的行款格式为后人增加了麻烦。晚清觉罗崇恩在南方做官时，曾将宝塔颂拓片付工剪裱，由于忘记提醒这个特点，及裱成，则颠倒错乱不可读矣。此事载于《香南精舍金石契》中。

三、书法神韵

人们在形容某某书法作品时常说什么"一气呵成""气韵俱佳""抑扬顿挫""张弛有度"等。我们在欣赏《宝塔颂》黑白墨拓时，第一印象就是

"密密麻麻，疏而不漏"。然而仔细一看又会发现，行文中凡遇"大唐""我唐""我天""王"等字、词则空格示敬，或提行另写。全文分二十二行，但行字却不等，这样通篇的密文就有了下脚之地，可以感觉到它虽密而犹疏，正所谓"疏可走马，密不容针"。全文的行与行之间皆以丝栏相隔，但此界格并不影响左右行字之间的呼应。如二行"掌书记"之"记"，七行"物静"之"静"，十二行"千鬼栉比"之"鬼"，倒三行"护鹅珠以守戒"之"护鹅"等，可以看到似乎在与相邻的行字打招呼。即便是同一行，其上下字的衔接也很有讲究。如三行"风举而龙跃"，五行"盼釜而丕祐"，七行"割净资以檀舍"，十行"走瓴墒以呈驰"等，在虚词（连词）"而""以"与实词相连时的写法，可谓主谓分明，甚至有便句读。这就是通篇章法布局的合理给人以疏密得当之感的原因。另外，姑且不论张不矜之为文，仅于苏灵芝书法上又可体会到"抑扬顿挫"的节奏。是苏氏在书体的使用上控制了通篇的节拍。如其二行"掌书"，六行之"大夫忠"，十四行之"莲花"，末行之"十一月十五日建"字，纯属标准楷书；三行之"阊阖"，五行之"抚洪崖之肩"，末行"承奉郎守经略军胄曹参军苏灵芝书"等确系行书；而三行"龙跃"之"龙"，九行"庀徒有节"之"徒"，十三行"承风而火井收"之"承风"则行中有草。似如此，楷楷、行行、草草地落墨行文，能不给人以强烈的韵律感吗？评其为"张弛有度"颇不为过。整篇的书法之美、之动、之静、之神、之韵，还表现在书家刻意追求的用字上，同一字而选用不同的结构、不同的书体，或异体字。如二行、四行、二十行之"宝"，三行、十六行之"龙"字，以及通篇使用的将近二十个"之"字与"以""而"等字。可以想见，当时的一介儒生苏灵芝在接受了书法任务之后通篇读过文章，决定采用以左为上的书写方式，成竹在胸，待笔墨蘸饱、灵感上来时，字走龙蛇，文不加点，一挥而就。非如此，必定有意连笔断之处，读起来磕磕绊绊，看起来笔画僵直，缺乏韵致，则不可赏矣。

四、碑板磨刻

无论是拓片还是实物，宝塔颂虽然气韵生动，一气呵成，潇洒飘逸，字法多变，布局严谨，但个别字迹有些问题。墨拓上显示出字地露白，碑板实物上有明显下凹不平之势。如四行之"东宅四水，西都八川"，六行"唐祚"，末行"至德二载"较为一目了然。其他如一行"范阳郡""史思明"，二行"大唐光天大圣文武孝感皇帝敬无垢净光"，三行"惟唐绍统""彼命启与禅虞"，六行"除恶"，七行"务静"等，金石学家们考为挖补或磨去重刻字。《宝塔颂》本为史思明为颂安禄山而作。至德二年（757），安已死，其子安庆绪忌史思明之强，因密图之。思明乃因承庆（安庆绪手下使者）并以所部十三郡及兵八万降唐。此碑实作于初归附之时，即借以媚唐之作。由于时间仓促，故改旧碑而为之。所以文中凡有安禄山及其父子僭伪之号，及"大燕"等均相应改为"大唐""我唐"，"东都"改为"范阳郡"，"圣武二年"改"至德二载"等。碑建在前，用在后，用时又改。史思明归降史载在至德二年（757）十二月，至次年（758）正月肃宗始加尊号为"光天文武大圣孝感皇帝"，碑文将"大圣"字移至"光天"与"文武"之间，与史不合。而且肃宗上尊号在乾元元年（758）正月，与碑落款"至德二载"（757）十一月，尚有三月之隔，而思明之反正在至德二年（757）十二月，亦有两月之距。如此仓促改碑，留下麻烦，为后人聚讼。但有一点值得肯定的是，无论如何改来改去，并不因此而削弱了它的书法艺术价值。碑文前后一气，笔势谐调，说明其初刻与改刻均出自一二人之手，此人即当时的书法家苏灵芝和他的镌刻艺人。

五、一介儒生

《宝塔颂》的书丹人苏灵芝，系唐玄宗开元至肃宗至德年间人，籍武功。工书法，尤擅行书，后世以之与李邕（字泰和，江都人，人称李北海，书法以行、草知名）、颜真卿（字清臣，万年人，世称颜鲁公，擅行、楷）、徐浩（字季海，越州人，长于楷法）并称。《宣和书谱》："苏灵芝有二王（王羲之、王献之）法，而成就顿放，当与徐浩雁行。戈脚复类虞世南（字伯施，余姚人，工正书，擅行、草）体。亦善于临仿者，在唐人翰墨中固不易得，盖是集众善而成一家者。"又称苏尝"为易州刺史郭明肃书《候台记》，因在幽燕之地，墨本值绢十端"。赵崡《石墨镌华》中《唐田仁琬德政碑》谓灵芝书，"大都源出《圣教》而肥媚为多，尚不及王缙（字夏卿，祁州人，善草、隶）书王清源公碑，而《宣和谱》拟之季海、伯施。季海不足论，但恐伯施于地下笑人"。梁巘《评书帖》评其书曰："沉着稳适，然肥软近俗，劲健不及徐浩。"在碑板石刻上可以达到纸绢作品同样的韵致，是其刚柔相济的功力，当然也应有能够理解和发挥他的镌刻艺人的一份功劳。苏灵芝传世的书迹尚有《上崇道师书》《田仁琬德政碑》《易州铁像颂》《梦真容碑》。孙承泽《春明梦余录》评价："灵芝书法整洁，较所书诸碑，此（《宝塔颂》）为最胜。"

六、结语

今天尚能为我们欣赏的唐代苏灵芝所书写的《范阳郡悯忠寺御史大夫史思明奉为大唐光天大圣文武孝感皇帝敬无垢净光宝塔颂》，为后人留下了一部另类的优秀书法作品。所谓另类而优秀者有三：一、相对于当时的书法家褚遂良、虞世南、李邕、李阳冰、颜真卿、柳公权、欧阳询来讲，在后人眼里苏灵芝并不著名；二、看似规矩而实则不受框范的写经体；三、书丹与刻石的完美结合。

为方便读者，此亦将录文列后：

范阳郡悯忠寺御史大夫史思明奉为┘大唐光天大圣文武孝感皇帝
敬无垢净光宝塔颂

范阳府功曹参军兼节度掌书记张不矜撰⏌

　　惟唐绍统兮岁作噩，天宅幽都兮镇戎索。彼命启与禅虞，继凤举而龙跃；驭阊阖而朝⏌南面，服日月而升宝殿。在璇衡以正乾坤，握金镜兮临宇县。东宅四水，西都八川，天应景福，亿万斯年。⏌神祇胼袅而丕祐，风化洋溢而昭宣。凝心姑射，既迈黄轩之理；端思真境，高抚洪崖之肩。迥出三界，超居四禅。⏌我御史大夫忠而孝，哲而贤，裨我唐祚，崇斯福田。昔在棘城，结愿已修于宝塔；属兹板荡，除恶⏌务静于幽燕。开拓郡县，驰突戈铤；咸荷威力，扫逆清边。树兹幢相，游刃忘筌。割净赀以檀舍，施珍俸于慈⏌缘。爰居爰处，载询载度，薙金界于祇园，择伽蓝之胜托。征郢匠，稽朴斫，具钩绳，备丹雘。才生明而奋锸⏌攸萃，月贞朏而陶瓶斯作，暨峻砌而崛起堂皇，聚桢干而上干寥廓。尔其庀徒有节，力工惟时，隐金椎以⏌雷动，走瓴甋以星驰。椓之登登，斗拱磊硌以扶卫，筑之阁阁，薨甓酥罗而缉熙。骈密石以疏趾，齐玉珰以⏌镇陲。斑闲布白，九隅八维，风伯雨师，扣灵坛而请命；雷公电女，拥仙座以忘疲。熠如聚雁，赫若奔螭，炭𡸾天⏌假，仿像神资。千𥧌栉比以攒构，万塔陵竞而护持。观其扪重扃，披藻井，鸿蒙异状，咄咜灵影，霞驳云蔚，⏌阳舒阴静，游三界而须臾，视一劫而俄顷。示大方便，开大法境，闻偈而刀轮折锋，承风而火阱收猛，嶷若蜃⏌楼之孤秀，皎类扶桑之映回。莲花吐日，攒太华之三峰，香炉抱云，矗庐岩之一顶。若乃八部经行，万方委辂，⏌离火宅，启筏喻，鱼贯争上，雁行齐赴，跻穹崇，陟回互，嗜真如者拾级聚武而局行；慕释猷者陟虚□⏌倅而徐步。攀棼橑以失视，援井干以增惧，龙象翕赫，扶樽栌而蓄威；鬼神睢盱，扪赪壁以含怒。将以经⏌启万祀，永代作固，置咒于梵刹之中，释纲于毗耶之路。启招提之胜果，祛樊笼之缁蠹。行善者技⏌痒而争趋，为恶者震栗而忧怖。逗塔影者洽背而魂悚，闻铃音者叩顶而心注。是用敬⏌我天威，保我唐祚，彼幢相之徼福，荷无疆之率裕也。客有扣虚幕府，忝掾神州，愧三语之默┘对，归八解之禅流，岿然宝塔，永赞鸿猷。护鹅珠以守戒，持鸽珍以精修，刻字金版，垂芳朔幽，云行┘雨施，自公乃侯，永锡难老，厥德允修。恭察视之严命，敢不拜扬王休。┘

至德二载十一月十五日建

承奉郎守经略军胄曹参军苏灵芝书

蕴真堂石刻法帖序

　　蕴真堂石刻系 1921 年至 1927 年间，收藏家冯恕礼聘金石镌刻家郭希安所镌刻的一部法帖。计收录历代名家书法 39 种，单面布刻于 54 方石板之上。每石长均 92 厘米、宽 30 厘米、厚 8 厘米，个别尺寸略有差异。蕴真堂所收录的帖本，选、刻皆精，而说到"精"，则体现在以下几个方面：一、选材精，用冯恕自己的话说："择元以前墨迹未尝刻石，或石已灭没者三十余种。"二、刻工精，刻石真草隶篆皆有，大字小字不同，单行双行同处。三、特别是那数百方大小、方圆、篆隶印章的镌刻，远超其他刻工之上。四、整部帖石虽然分为四卷，但其前后衔接，石断意连，打破了传统的"卷"的束缚。五、帖石选料、开方、磨光极为规整，字迹清晰，刻画刀法张弛有度，随书体节奏以诘屈。在民国时期，能有如此精良的帖石作品问世，堪称北京地区丛帖收官之作。

　　此帖之所以名"蕴真"，是因为冯公有藏石之室曰"蕴真"，直观地理解就是这些收藏的石刻都是些真好石刻。光绪皇帝专为其题写榜书匾额"蕴真惬遇"，寄予了皇帝对他的认可，以及对这些石刻的一种爱恋之情。于是冯欣然以"蕴真"名帖。但"蕴真"室内所藏之石，不唯"蕴真堂帖"之石也。

　　当然，对于其所收录的法帖，时人行家亦有不同看法。大书画家、收藏家张伯英说："然伪书亦未能尽汰。鲁公《裴将军诗》，《忠义堂帖》有之，奇形诡状，与其他颜书不类，然尚具英伟气概。若此与壮陶阁本，单弱无复笔法，与忠义堂刻显然二物。""东坡《三十三年词》，其原迹即从晚香堂摹出，故远逊晚香所刻。"等等。见仁见智，看法不同而已。但从今天印刷法帖盛行的现状来看，仍不失为一部好帖。在领会了冯公的良苦用心之后，我们还欣赏到了郭公的传统工匠精神。今天能将其出版发行，是有相当的现实意义的。

从帖的内容及所选书法名家、书法风格上，可以窥见冯公其人、其好、其境遇，也像其在法帖末尾所云："恕学殖荒落，功业无闻。垂老值鼎革，居间处，独于人海嗜好泊然无染，惟潜心于书画鼎彝，以消岁月，所聚渐多。"故知其刻帖绝非偶然，既是其养老之术，同时也是想传给后人一件宝物。家人也都支持他的事业，三儿、二女、三孙都伺候在身旁，陪着他撰写后记。

冯恕（1867—1948），字公度，号华农，原籍浙江慈溪，寄籍直隶大兴府，晚年生活在宛平。晚清、民国时期，他是一位实业家，曾任职于海军部，创办电力公司，创立电力学校。同时他也是一位书法家、收藏家、藏书家及鉴赏家。其书法以颜字见长，为老字号题写匾额如"张一元茶庄""同和居饭庄""中华大药房"等，故有"无匾不恕"之说。中华人民共和国成立后，家人遵其遗嘱，将所藏古玉、石屏、金文砚等147件，连同藏书17650册，全部捐献国家。"文化大革命"后，家属又将西城区羊肉胡同73号院冯氏家祠内原嵌于东屋壁间的54件帖石以及初拓悉数捐给国家。今帖藏西城区文物管理处，石刻保存完好，如此的文物实属罕见。这次将拓片整理面世出版，让更多的读者领略风采神韵，应该是一件大好事情。

其实冯恕的书法也着实是不错的！民国时期以善书名世，尤擅牌匾，所谓"无匾不恕"，可见京城商铺皆以冯书匾额为高，冯亦从中挣得润墨之资自不必说。前门大栅栏至今犹存的一排二层铺面房，其一层门额匾上仍留有"福兴居""寿而康""饮且食"，至今已斑驳陆离，隶书体，虽然苍老古朴的韵味略有不同，但从落款上分析，据说均为他的书法。我们多少可以领略一些他的书法风采。

无论是在收藏界，还是在博物馆界，刻石的原石与拓片应该是同等重要的。原帖石虽然更为重要，但往往古之称"金石"之"石"多以拓片代称。石刻体量，数量庞大，搬运为难，不易流传，故藏拓等视藏石。论文物石第一，论文献则拓优先了。冯恕拓、石皆藏，可见其对石刻的珍视了。

　　另外，这套帖之所以如此完美，主要取决于这项工程的两个大师，一个是"设计师"，一个是"工程师"。我们姑且把选材、定编、出资、兴办"设计师"的头衔加给冯公度，那么镌刻者郭希安则非"工程师"莫属了。其实，古代能够流传下来的那些石雕石刻作品之所以那么有生命力，那么值得收藏，主要是其自身魅力无限，令人观之流连忘返、想之挥之不去，关键取决于古代的那些兢兢业业的工匠们那种孜孜不倦的精神。有这种敬业精神指导他们的敬业实践，不可能不留下好的作品。我们常听哪位大师讲古代艺术如何之美，如何醉人，如何令人心动，但究其原因的分析，却很少能够听得到。所以，拟对中国古代石刻艺术进行欣赏，必须要对中国古代石刻技术进行解析，搞清彼此之间的因果关系，才能拿到通向艺术真谛之门的金钥匙。当你看到《蕴真堂法帖》拓片时，满目黑白，星光闪耀，层次分明，一目了然。当然，这与拓工的传拓技术也有很大的关联。但当你能有幸看到帖石原石时，呈现在你眼前的则是另外一种感觉。石材精良，刻工精细，字口清晰，刀刀见功底。肉眼所见，仅为"美"的结果；如果使用放大镜，你会看到一派更美的"小千世界"。我们知道中国的传统书法主流是软笔书法，但要将其转化为硬笔书法且不失其韵味，要"透过刀锋看笔锋"，可不是一句话那么容易。要在"软"与"硬"之间，体现"动"与"静"，那就全凭捉刀者本人的功力了。他既要了解书法原作者的创作意图，还要领悟选作者的想法要求。奏刀之前，先要看清路数，待心领神会、胸有成竹之后，再运刀成风，一气呵成。此时你所见的软与硬两个书法别无二致，亚似双胞胎中的一白一黑两兄弟，一模一样，而又各有千秋、平面与立体、白黑与黑白之间之并蒂莲花，彼此争奇斗艳，各显神通，互相诠释，皆得正果。细看他的用刀很有讲究，有粗有细，该粗该细；有深有浅，该深该浅。有中锋，有偏锋；有藏锋，有露锋。有的单刀直入，有的往复双刀；有的一刀见底，有的刀断意连。刀过之后刀痕可见"V"字底，尚犹可见"U"字底，亦有作平底处理者。不微观，不细瞧，哪得如此世界观？刻印原属工匠们的分内之事，但明清以来文人也往往操刀，雅号"治印"，又有所谓"浙派"与"皖派"分流，而工匠专注刻字，则此技渐失。至晚清民国，乃有郭公仍传其技，异彩纷呈，佩服之至。《蕴真帖》中所刻印章多达数百，版式相同者不会走样，印文相异者原味体现；阴阳朱（黑）白，轻重得宜。左右上下，允宜得当。单字有体，多字谐韵，其有一字为印，数十字成章者，各得宗法之妙，疏可走马密不容针。其中体用小篆、缪篆、九叠篆，字有金文、篆文、甲骨文，等等这些，通过镌刻，完美地体现出来，供大家欣赏。

郭希安（1886—1977），字辅仁，西安蓝田姚村人。镌刻名家，奏刀以严谨迅疾见长，为民国关中刻石第一人，其作品生动传神、细致精巧。冯公度赞其"指腕齐力，精入毫芒；弄刀如飞，神合古人，冥入无间"。早年曾为北洋总统徐世昌刻《西楼帖》；再为徐弟世纲镌《洞玉经》。为冯恕刻《蕴真堂帖》时同刻《篆懿流光录》，以及冯藏端砚、歙砚等。1930年还乡后，犹陆续镌刻不辍，名噪三秦。郭氏刻帖凡两种，砚铭题款不计，另有碑记、墓志、塔铭、图记、序跋、像赞等近60种，仅《蕴真堂帖》中的字数不分多寡的印章就有将近600个单体，郭一一镌刻出来，丝毫不失原味。这既是一个艺术再现的过程，同时也是一个再创造的过程。限于法帖的体量，制约于正文的字体大小，大多印章难超方寸，个别笔道直逼牛毛，仍不失其瘦硬、柔美、古雅、浑朴之美。

《蕴真堂石刻法帖》，全帖分54卷，计收录了唐颜鲁公行书《裴将军诗》、宋徽宗楷书（瘦金体）《圣赞记》、宋司马温公楷书《耆英会序》、宋米芾草书《焚香帖》、行书《明道观壁记》、元赵孟頫篆额并楷书的《大元敕赐龙兴寺大觉普慈广照无上帝师之碑》，以及大量的古代著名书家对各碑帖所做的眉批、序跋、评陟等，书家名人的往来尺札等，末附冯公度自写楷书跋尾。真草隶篆行章草狂草瘦金擘窠大字蝇头小楷，特别是那将近600枚的印章，各具功能，别具特色，各有内容，各有形式，如迎首章，押角印，阴文印，阳文印，随形印，肖形印，封泥印，甲骨文、金文、缪印篆、鸟虫篆、汉隶印，古文、奇字印，籀文、大篆、小篆、九叠文、行书印，圆印，方印，葫芦印，骑缝印，花押印，一字、多字印等，如"颜真卿""宣和""米""米芾""贾似道印""内府书印""子京父印""项元汴印""淳化轩图书珍秘宝""太上皇帝之印""乾隆御览之宝""梁清标印""谦""完颜景贤字亨父号朴孙一字任斋别号小如盦印""完颜景贤精鉴""鸿续""王懿容""毛氏九寿珍玩""曾在方梦圜家""子孙保之""大兴冯氏玉敦斋收藏图书记""冯公度审定记"等，由中可以窥见其所收录书法珍迹的传承、真伪、价值之一斑。

北京石刻艺术博物馆藏草书要领帖石考

　　1989 年，北京古籍出版社影印出版了《草书要领》一书，北京石刻艺术博物馆馆藏有草书要领原石 29 方。出版书名页上标"[晋] 王羲之家藏原本""[唐] 欧阳询等临"，出版说明："《草书要领》一帖，前人奉为'草书正法'，因刻石久佚，拓片残损，清人李云麟恐正法失传，遂于光绪丁亥年（1887）募资整理、刻石，次年竣工。流传至今，恰值百年，已刻石无存，拓片罕觅。"李云麟"募资重刊《草书要领》启""余家有世传《草书要领》集帖一部，为唐天宝（742—756）中诸名家奉敕集二王草书所成。""同治戊辰（七年，1868）身遭西陲兵变之难，《智》《信》二集竟入劫灰。嗣后广为搜罗者二十年，仅于海阳朱氏得见《信》，以外则无之。大约因石刻旧存江左，经粤匪之乱，更无遗者。今坊肆所存《草书》诸石刻，或笔法无误而断简残编，不堪取则；或师心自用，肆意简略；或参杂行楷，不求立法。本原显违正轨，而人莫能知者。""云麟以为，《要领》全集家藏及坊肆中均已无存，恐此诀一失，草书正法从此断矣。兹拟于养疴田里之暇，取现有之《仁》《义》《礼》《信》四集翻刻，以广其传。所欠《智》集一帙，则以家藏临本参互考证，补而成之。"可见原本脉络清晰，后经战乱变得混乱的"帖本"已经"刻石无存"，以至于坊肆中"帖"的烂本流行，莫衷一是。李氏尽到了"统一"的义务，只可惜其原石已"刻石无存"了。那么石刻馆藏的刻石又是什么？难道是发现原石了？也难怪，王羲之的家藏本、欧阳询等临，何时摹勒上石未知。但知在李云麟之前就一定有刻帖行世，这个帖石在哪里？李氏重刻帖是否仍在世间？是否就是石刻馆藏的 29 方刻石？我想通过北京古籍出版社影印帖本，与北京石刻艺术博物馆藏草书要领帖石，做如下的对比互校，或许对两者的分合关系能得到一些启发。

一、"版""板"顺序错落者

说明："版"，用作北京古籍出版社正式出版物《草书要领》的简称，"板"用作北京石刻艺术博物馆馆藏草书要领帖石的简称，以下仿此，不再说明。

按正式出"版"格式 16 开本，"版"共占页面 277 页，但其中含有 74 页空白页一张，134 页空白页一张，277 页空白页一张，三张整页空白页，实为 274 页不足行，因其中尚有几处空行一至二行不等的。

而"板"虽有"六十"个编号，并无六十个整面，是分刻在二十九块石"板"上的，双面刻字。如编号"一""二"即没有，编号"三"在二石（此"石"指一个石面，并非指一件整石，下仿此，不再说明）出现二次，没有编号"十五"的整石，没有"二十七"整石，没有"三十六"整石，没有"五十七""五十八""五十九""六十"整石，但均有相关的内容。"板"上真正没有的内容与实物的部分就是在"版"之 1—11 页，约占石两面零一行的篇幅。

编号"三"（有两个"三"）的第二石上有两个"二十七"和一个"十五"，此"三"石后半（即"二十七"）后二行为"笋""简""箄""筵""鹃""鹪""鹭""鹭"之篆、楷、草对比小字，此行应为"版"之 72 页之首，实为"類聚補·仁集"内容，出现在第二个"類聚補·仁集"之前、第一个之末。"板"按编号"十四"与"十六"之间缺"十五"整石，"三十七"石上亦刻有"十五"。"板""三十五"与"三十七"之间没有单独"三十六"一石，但却有两个编号"三十七"刻石，在第一个"三十七"石之中有刻"三十五"编号，实为"版"175 页及 176 页内容。"板""三十八"与"三十九"之间一石，前右下刻小字"三十八複頁""五十七"；首小字"奇怪補"，中部"補遺補"，末"醮"之楷、草。此"板"的内容"版"上没有。"板""五十六"后此石前右下边刻"五十七複頁",倒六行前右下方刻"五十八複頁"。此"板"上内容,"版"皆无有。此后一石前部右下边刻"五十七、五十九"("七"字有改刀),首"長白松椿　助银叁拾两",末"托克托莫忒常裕　助银叁拾两",此"板"上内容,"版"亦无有,石亦不够长度。右下标号"五十七"之"七"系改镌"二""七"重合。

"板"缺"十五"。"版"72页首行"笋"末"鹭"之篆、楷、草。"板"此石无,却在右下角刻"三"之第二石中部标"十五""二十七"后中间标小号字"二十七"之前,占一行。"版"大字"類聚補"(小字"仁集")及后内容(含"夢""殉""焦"三行之共20字)"板"此处亦无,在"板"第一块标"三十七"石上倒三行,而"版"占72页末行,73页两行并空一行,74页是空页。

"板"缺"二十七",此部分即"版"130—135页内容,刻于"三十三""三十七"石前部(占五行)及前"二"石上(占五行)。

"板""五十四",占"版"260、261、262、263页四页,比常规少约三行字,石亦短尺。

此石位"五十六"石之后,前部右下边刻"五十七、五十九"("七"字有改刀),首"長白松椿　助银叁拾两",末"托克托莫忒常裕　助银叁拾两",此"板""版"亦无有。石亦不够长度。

此石位于上石之后,边刻"五十八、六十",首"长白爽良助银叁拾两",末"貴筑黄彭年　助银叁拾两"。"版"275页倒二行"梅山"行及之前274、273页全同。"梅山"后275页之末行一人(寶坻　王汝彤),276之六人,"板"皆无,但新添刻二十五人,"版"亦无。此石亦不够长度。

二、"版"有、"板"无者

"版"1—11页为"募资重刊草書要領啓"及"募啓書後"二文,"板"则既无此文,又无编号为"一""二"之二石。

"版" 67 页首行大字 "類聚補" 接小字 "仁集"，而 "板" 之相应位置即 "十四" 石之首则无此五字。

"版" 末附捐款人名 "梅山" 后即 275 页之末行一人（寶坻　王汝彤），及 276 页之六人，"板" 之相应位置皆无。

"板" "五十四"，"版" 261 页左上边刻倒写 "五十"，而 "板" 之相应位置即前部右下边刻有 "五十七、五十九" 与 "五十八、六十" 之二石则无。

三、"板" 有、"版" 无者

"版" 24 页 "川" 字行 "零" 字下到底，空半格位置，而 "板" "五" 之 "川" 行 "零" 下多一 "撲" 字的楷、草小号字。"版" 27 页末即 "歹" 字行，该行末空一字，"板" "六" 补一 "籃" 字之楷、草，"版" 28 页 "春" 字行末 "矿" 下空处，"板" 补一 "鰕" 字之楷、草小字，"版" 则无。

"版" 41 页首行、"板" "八" 倒第四行 "監" 字行末 "盟" 字下空处，"板" 补一 "特" 之楷、草，"版" 则无。

"版" 48 页 "犒" 行末 "犀" 字下空处，"板" "十" 为补 "犁" "犇" 二字之篆、楷、草对比字。

"板" "十六" 前大字 "草書要領" 下双行小字第 5 行 "将军王羲之家藏原" 近右侧有刻后被磨十字，依稀可辨 "字" "六" "善" "書" "一" "一" "三" "一" "三" 字，多占一行，"版" 75 页相应位置未体现，仅为一空行。

"板" "十八" 于 "欽" "銅" 字下补 "鎖" "鉛" 二字之篆、楷、草对比，"版" 88 页则无。"版" 89 页 "雀" 字行末字之 "雕" 字下空处，"板" 补 "集" 之篆、楷、草对比小字。

"版" 90 页首行即 "黨" 字行末之空处 "掌" 字下，"板" "十九" 相应处补 "璞" 之篆、楷、草对比字，"版" 91 页末行即 "束" 字行 "枣" 字下、末 "繼" 字上原空二字，"板" 贴 "繼" 上补 "統" 之篆、楷、草对比。

"板""二十"，"版"98页首、末两行之两末空处，即"矫"字行、"岂"字行，"板"分别于"侯""翦"字下，补"闉""阁"二字，"版"无。"版"99页末行即"攻"字行末"變"字下空处，"板"补"瘥""敬"二字之草、楷，"版"则无。

"板""二十一"，"版"101页末行"丈"字下空处，"板"补"輕"之草、楷。

"板""二十二"，"版"108页之二行即"方"字行之末字"施"字下空处，"板"补"綿""絮"二字，"版"则无。

"板""二十八"，前部落款"晋右将军王羲之家藏原本"近右平"王羲之"三字稍短刻"蔡卞臨"三字，"版"135页相应位置则无。

"板""三十八"后、"三十九"前之"板"，前右下刻小字"三十八複頁""五十七"；首小字"奇怪補"，中部"補遗補"，末"醮"之楷、草。此"板"的内容"版"上没有。

"板""四十"，于首行"歸""懷""濕"三字之后两字间刻"四十"二字，"版"则无。

"板""四十四"，首大字"異同"，"版"210页此处无此二字。"版"213页二行即"泰"字行第三、四字大字草书旁楷书小字注"歇""歌"，而"板"之相应位置则注"歇""歌""顫"，"板"多一字"顫"。

"板""五十二"，"版"250页所有十二个草字旁仅有二"龜"字旁注以篆书字，其他十一个草字均仅注以楷书字，但"龜"字篆书下并未加楷书小字。"板""五十二"则在十一个草字旁注的楷书字之上添补以篆书小字，实际上是七个篆书小字，不算"龜"字，即"蓬""春""差""司""雖""夔""頤"字。但起始"公"草书字旁、其后"峰"字旁、次行末倒二"伊"字旁，"版""板"亦均未加篆书小字。251页情况同250页，只是"版"的中路次字"於"与末行末字"佳"之上均未补篆书字。"版"252页首行"哉""才"，二行"丹"，三行"全""匏"，"板"未注篆书小字，其他补注，"版"均未注。"版"253页亦略同，只是首行

"多""和""裔""强"，二行"嘉""卿"，三行"條""罍"，"板"未注篆书小字。254 页略同，只是首行"侯"、二行"劉"、三行"祀"，"板"未注篆书字。"板""五十二"，末行即"項"字行第三字"徙"之草书大字旁补注篆书小字用""，似乎应该用""为确。"版"254 页未注。

"板""五十三"的情况与"板""五十二"略同，也是"版"草书大字旁仅注楷书小字，"板"则在该楷书小字上加注篆书小字，且多有遗漏。

此石位"五十六"后，前右下边刻"五十七複頁"，倒六行前右下方刻"五十八複頁"。首"縱"之楷、草，末"及"之楷、草。此"板"上内容，"版"皆无有。

四、"版"对、"板"错者

"板""十"，"版"51 页首行大字"類聚補"下双行小字二行末"凡一百八十"，"板""十"于"十"字后误增一"字"字，且下冒一格，则与其后提行"字"重复，明显错误，"版"不衍。

"版"106 页首行即"彳"行之倒数第二字"徽"篆、楷小字及草书大字均系"徽"字，而"板""二十二"相应位置之草书大字相同，但篆、楷小字则为"微"字，误，且两处之篆书小字均有明显之改刻痕迹。

"版"149 页二行首"昜"之楷、篆，"板""三十"之相应位置误作"舄"字。

"版"203 页末行即"歲"字行第二字"岐"之篆书小字左旁为"止"清楚，而"板""四十二"之相应位置篆字左旁为"山"字，不确。

"版"210 页首行即"頓"字行第二字"患"大字草书之楷书小字注一"患"字，而"板""四十三"此处则注二"患"字，为明显之误增字。

"板""五十"倒二行即"亡"字行第三字草书大字"丹"旁注楷书小字"舟"，应误，"版"244 页之相应位置则注"丹"字，未误。

五、"板"对、"版"错者

"板""五十二",起首右下小字楷书第二行末字"彙","版"250页作"廿"字头,显误。"版"253页首行即"漕"字行第五字"裔"之草书大字旁注楷书小字为"商",错;"板"相应之字作"裔",正确。

"版"262页首行即"却"字行第五字草书大字"陌"旁之篆书小字明显左旁"阜"刻瞎了,"板""五十四"之相应位置则清晰无误。

六、"版""板"错对不定者

"板""四十二","版"204页草书"氤"之篆、楷小字分别为"壷"与"氲",及前一"氲"字,注也不同。

"板""四十三","版"208页首行即"尺"行次字标注楷书小字"民",而"板"之相应处则标注"武""民"二小字楷书,必有一误,或有用意。

"板""五十六","版"272页中路即"綱"行之第三字草书大字"繫"之旁注篆、楷小字,与"板"相应字明显不同,均体现在下半部结构上,如"糸"字底。

七、"版"粗、"板"精者

"版"72页、73页,字之刻法粗劣,"板"在第一个"三十七"石后部,较之前刻稍精,但并不美观。

八、"板"粗、"版"精者

"板""五十二"前部之草书旁注篆、楷小字极不规整,无可为法。"版"相应250页、251页可对照。

九、"版""板"皆误者

"板""七"，"版"33 页首"兒"字行末均中楷注"儿部补八字"，但实应为"补七字"之误，即"兒""兜""光""充""兔""兆""免"。

"板""四十七"，"版"228 页之二行即"皆"字行与相应"板"之倒五行倒二字大字草书旁均空注，按理应注"璃"字，均缺注。

"板""五十三"，"版"257 页首行即"狗"字行第五草书大字，"版""板"均未加注，实应为"成"字，此漏写！

"板""五十四"，"版"263 页倒二行即"褉"字行之第三字草书大字"咎"字旁，"版""板"均缺注小字篆书。

"板""五十六"，"版"271 页末行即"覘"字行第三字草书大字"覓"之篆书小字，"版""板"均写作接近"视"之篆书了，应该为"𧠺"。

十、"板"改"版"误者

"板""四十九"，"版"236 页大字"變化"下双行小字"智因以长此類是也"之"類"，"板"作"頮"字，而且明显有"類"字左旁底"大"字再加一"丿"为"女"字的嫌疑。

"板""五十四"页第三行即"舊"字行，其下第四字"穀"字楷书小字"板"比"版"多一"一"。"板"确，"版"误。

"板""五十五"，"版"268 页末行倒二草书大字"琢"字之篆、楷小字，"版"错为"璞"，"板"则既保留了错字楷、篆小字，又于其旁添刻了"琢"之篆、楷小字。

"板""五十六"，"版"269 页末行即"湟"行之倒三大字草书"溜"之篆、楷小字误作"瀉"字，"板"则既保留了原错字，又并列添刻了"溜"之篆、楷小字。

十一、"版""板"改笔字

"版" 61 页"稊"字行倒三字"稔"字草书左近标号"十三",而 "板""十三"则在首行"藕"字篆书旁刻,明显属下一篇。而"版"之其他 地方则不出现编号了。

"板""五十二"第五行("版"251 页第二行)即"徐"字行第四字 "储"之篆书小字有明显改刻痕迹,构字亦不合比例。

"板""五十四","版"261 页次行三字"觕"之篆书字,"板"上该字明 显上下错位刻重叠了。

"板""五十五","版"266 页二行首字草书大字"嫂"之楷书小字注为 "妓",不确!"板"未错,但似改字。"版"268 首行第三字"憨"之楷书小 字,"版"清晰可辨,"板"则于"斤"字有改笔。

此石位"五十六"石之后,前部右下边刻"五十七、五十九"("七" 字有改刀),首"長白松椿 助银叁拾两",末"托克托莫忒常裕 助银叁拾 两",此"板""版"亦无有。石亦不够长度。右下标号"五十七"之"七" 系改镌"二""七"重合。

此石位上一石之后,边刻"五十八、六十",首"长白爽良 助银叁拾 两",末"貴筑黄彭年 助银叁拾两"。"版"275 页倒二行"梅山"行及之前 274、273 页全同。"梅山"后 275 页之末行一人(寶坻 王汝彤),276 页之 六人,"板"皆无,但新添刻二十五人,"版"亦无。"板"标号"五十八" 之"八"系改镌,实为"八""三"上下重合结构。

十二、"版""板"美赏

"版"180—186 页,章法、字法皆精,大字草书辉煌大气,小字楷书 端庄秀丽,堪称佳绝。"板"在第二个"三十七"石后部,及"三十八"石 相同。

"版"250—252页，字体大小收放自如，楷书小字标注清晰，笔笔见精。"板""五十二"石前部虽然重复此刻，但由于补加了篆书小字，反而扰乱了整篇的布局。

此石位"五十六"后，石前右下边刻"五十七複頁"，倒六行前右下方刻"五十八複頁"。首"縱"之楷、草，末"及"之楷、草。此"板"，于"版"皆无有。此"板"选字、刻工、小楷堪称佳绝，为全套石刻中最美、精、绝者，似乎是在展示一下。

总之，"版""板"规格相似，"版""板"大致同版，"版""板"各有精粗，"版""板"各有优劣，"版"在前，"板"在后，"版"未必优于"板"，"板"偶尔优于"版"，总的讲，内容上，"板"多于"版"，"板"有翻刻"版"的嫌疑，但也有补充"版"的功劳。

通过对两种版本的校勘比对，的确发现了一些情况，很难说两个本子孰高孰低，难分伯仲，各有所长，各有所短。故将所对比的情况列之于下，供大家参考。有几种可能：

1. "版""板"为同一版本来源者；

2. "版"为翻刻本，"板"为再翻刻本，但不一定是"版"的再翻刻；

3. "板"为"版"的修改本；

4. 虽然我们没能见到"版"的帖石实物，但可以肯定的是，"版""板"肯定不是同一套刻石实物；

5. "版"是否为李云麟原刻石也值得怀疑。为何如此说呢，有以下几个原因：

①从两个版本的章法排序上看，基本上是一致的，但还是多少有一些不同的，比如互有增减、字的笔画结构等；

②由"版"之李序可知，"版"为翻刻本，作为再翻刻本的"板"本，自然看出了许多来源于"版"的痕迹；

③"板"的刻石实物虽然有些零乱，但毕竟还是有绪可循的；安知"版"之实物就不零乱否；

④虽然"板"上缺刻"版"上的某些内容，可能系实物佚失；但"板"上却实实在在地补充了一些"版"所没有的内容，甚至还改正了一些"版"所不对的地方；

⑤"板"上有些篇章，不论从章法上，还是从字法、结构、刀法上，都有明显的不同，这些是"板"优于"版"之处。

石雕石刻文物的鉴定

文物鉴定是一门综合的科学，既是学问，又是方法；既需经验，又要眼力；既要专业，又要旁通；既要行里，又要行外；既分门类，又要串行。所以，鉴定不是专项，杂项还须系统。专家必须是大家，只是有所偏重而已。一个文物鉴定大家，至少是积数十年的文物工作经验，见多识广，加上自己良好的悟性，善于吸取众长，摸索经验，触类旁通，博而有总，并且跟得上时代脉搏，接受新科学理念的学者。一个称职的鉴定人员，不是去短期学习一些基本要领，就能应付拍卖行的"鉴定"了。而是要通过长年积累，脑子里有无数个文物的典型形象作为"标准器"，然后再迅速进行比对分析，慎重得出结论。学问再高，岁数再大，并不一定就是好的文物鉴定家。而石雕石刻的鉴定又有它的特殊性，以其体量、材质、刻工、流传等的特质，我们不得不专门为其定制一套专门的"鉴定"方案。试举例分析如下：

在自己多年工作经验的基础上从事石刻文物鉴定，除所具备的基本常识、技能、眼力之外，应该借鉴公安断案的"痕迹学"，应该具备艺术家领悟文物之美的能力，应该具备历史学家、民俗学家、民族学家、地理学家、地质学家、科学家、电脑操作员的一些基本素质，同时又有兼收并蓄的能力。欣赏一件石刻文物，只要抓住一大一小两个方面即可：大——神韵，小——细节。鉴定一件石刻文物的真假也是一样的。只不过这是需要具体说道说道的。下分述之：

1. 端详造型。首先要领略一下被鉴物的外形，进一步给它做个归类，知道它属于哪一类，以便深入判断和研究。即便是归上类的东西，符合不符合该类的特点呢？有无"异类"之处呢？都需要进行个初判。关于"造型"

的问题，绝非三言两语能说清楚的事。首先鉴定者脑子里必须"预存"了海量的各种造型的"图库"，才具备一一甄别的先决条件。石像雕刻中狮子与老虎的根本区别，不同时代的文武石翁仲的不同，包括身高、胖瘦、背弯、腰圆、服饰等。不同时期的碑刻也有区别，元代习惯用圭首形及圭形额，并且螭首上两侧的龙嘴会咬住碑身的顶部；明清普通碑则方首或方首抹角居多。宋代的龟趺完全是仿真龟的样子，小小的脑袋、长长的脖子还带皱褶、绿豆似的双眼；而明清则予以抽象化，龟首似龙，龟眼似虾，龟形格式化，饰以火焰。不同地区的追求好尚讲究也是不同的，北京地区皇家风范，夸张抽象；南方地区小巧玲珑，形态过于纤巧。天高皇帝远，适当地逾制也无妨，但总觉得不很到位。

2. 寻觅字迹。石碑墓志自不必说，既然是文物，谁都想发现它自身的记载，何况是石刻呢！石刻是文字的载体之一。有"原装"的文字，能够帮助我们走走捷径。石刻馆"武周造像"，由于在序记中发现了多处"则天造字"，再结合其他文字内容与整体造型特点、风化痕迹、皮壳包浆、刀口缩放等因素，可以推知其相对的准确年代。不能以今律古，比如读碑时看到有"简化汉字"即认定是假货。殊不知我们今天推行的"简化字"并非都是独创，殊不知许多都是古代的"初文""本字""异体字""假借字""隶变字""俗字""草书楷化字"之类的。何况古代本来就有"简化字"，比如行草书中的字以及篆书中的"楷化字"、民间俗字等，也都是被采用对象。另外，我们知道古代文字书写格式是"左行"，即从右往左书写或镌刻。但不能看到碑刻文字反向书刻，即从左往右行，就一概认为是假的、新做的。唐朝著名的书法家、"写经体"代表人物苏灵芝，其所书丹的悯忠寺宝塔颂刻石就是"右行"的代表。还有古人为了对称而特意设计的文字书写形式，如南朝的"反左书"，虽然传之不久。与之相类的，雕刻一座帆船而需要在两面都镌刻上"一帆风顺"四字时，四字的走向是由船头向船尾，那么船体两侧的这四个字肯定是一个"左行"、一个"右行"了。

3. 皮壳包浆。就像一个人，脸上的皱褶油渍，手上的瘢痕筋脉，是

"小鲜肉"还是"老戏骨"一眼便知。当然也不排除"做旧"的可能，但终不能瞒过"老文物"的眼睛。有些包浆实际上是浸入骨髓的，做是做不出来的，洗也洗不掉。关于"皮壳包浆"的说法，也许是中国收藏界特有的说法，除了纸质、绣品等之外，如青铜器、金银器、玉器、象牙、瓷器、文房杂项等几乎都涵盖了，特别是古代石雕砖瓦造像之类。与中国不同的，如在埃及、意大利、法国等，尤其是那些古代留下来的精美的大理石雕像，几乎要常常为它们洗澡，使其始终保持洁白如玉的酮体。而我们的传统讲究一辈子不"洗澡"，从而保持它的老"皮壳"、浓"包浆"，清洗反而让人感觉是新作仿旧了。在中原地区的一些寺庙中，能够见到一些数百年的老碑，其龟趺部分，尤其是头部或背脊部分，会出现"玉化"现象。也许有人会说那部分是玉做的，给嵌进去的。其实它是通体一致的石头雕成的，至少"玉化"部分与周围是一块石头。因为河南地区盛产"南阳玉"，而其所谓"玉"也不过是"美石"而已，接近璞料或差些的"南阳玉"做不得"玉雕"，就拿它做石雕。没想到几百年来被参观拜谒的人摸来摸去的，形成了"包浆"。人们摸的最频繁之处"龟首"与"背脊"，不但包了浆了，还剥了皮了，露出了"玉"本色。而那些不经常摸的地方，经过多年的风吹日晒，不仅有"包浆"还有"风化痕"，故形成了两种截然不同的表面"质地"。其实这不新鲜，新入手的"玉"或"翠"件，经过日积月累的盘玩，玉表一定会发生"质"的变化的。只不过"玉"可把玩于手中，浑身都会产生包浆，而大型碑刻其发生显著变化的地方只能是众手共摸之处了。与"小小子坐门墩儿"屁股底下的效果是一个道理。包浆也可以人为造假，但是大型石雕即便是做了，多少也会"瑜"不掩"瑕"的。更多的做法是为石刻喷浆，模仿石纹石理、石筋石绺。但是假的就是假的，无法避开火眼金睛。

4. 细节入眼。大的方面和一目了然的地方都有所了解之后，鉴定人的心里已经有了"路数"，但尚需进一步证实，寻找"痕迹"。"细节决定成败"之说，在此就体现在它的"劣迹"上，也许这就是断定其真假的突破口。一件文物，要寻找它的闪光点也许很多，但绝不能有"劣迹"，有则一票否决。

相反，闪光点再多，只要不是全部，即值得怀疑。一尊精美的佛像，周身施以重彩，关键部位还鎏了金。但是鼻尖眉骨，肉髻耳边，胸前的璎珞，臂钏手镯，衣服的缘摆，佛手、佛足的指爪、骨节等残留金迹，唯独那些坑陷的部分如沟槽、鼻窝、耳蜗、衣纹皱褶等处偏偏不见金色，即是其"假"之所在。因为这种刻意的装饰，违背了客观规律，越是人们容易碰触的地方金子才容易脱落呢。如果是上千年的文字石刻，石头本身斑驳陆离，剥落层起，偏偏文字的笔画等非常完整，不受损害，就该考虑它的真实性了。造假之人想要模仿真实，又怕丢了字迹，以此品相完整来吸引买家，恰恰暴露了它的"假象"。

5. 手摸鼻闻。如果用手抚摸石雕，还有扎手刺手的地方，就值得怀疑了；有新鲜呛人的气味也肯定不对！石刻往往经过数百上千年的过程，一生之中不定在哪儿"漂泊"，一生之中不定有过几次"转徙"，所处的环境一定会很复杂。再加上我们的传统轻易不会给它"洗澡"，所以它的味道一定很独特。但如果是新出土的，那一定会有"葬气"味；如果是新做的，一定会有新鲜的石粉味；如果是新作加新仿的，那一定会有"药水"味；如果是经过酸咬的，那一定就是"醋"味儿了。

6. 风格特点。可以说任何一件能够传下来的石雕石刻作品，一定是世界上独一无二的作品，它与小件的玉雕、一炉烧的瓷器和"工厂"式的画作不大一样。即便是同一个工匠所为，也会有差别的。大面上讲，还是会有种种区别的，不同于其他之处就是特点。我们常说有域外特征、民族风格、官式的、世俗的、东西南北方的、一个师傅传带的等。初入中原时的"佛像"，与完全融合之后的"佛像"。中原地区的石狮子与京造的不同。唐代的狮子体现了唐代当时的风格，大度大气，气势不凡，不论体量大小，个个都是那么自信，挺胸抬头，傲视群雄。明清的狮子大气讲究，但已套路化。南方的工匠，北方的工匠，少数民族的工匠，丝绸之路上的工匠，偏远边徼的工匠肯定是各有各的特点的。螭首，大家都知道一般是跟"龟趺"或"雕龙（蟠）方趺"配套的，如果是墓碑的话，不会掉下二品官；如果是寺庙庵观，也一定是皇帝敕建或赐建的。实则不尽然，南方极远之地，太监不到、皇帝不知、小民无知，就建了螭首碑，或许乡里有贞节烈妇、望众耆旧，级级上报朝廷获批，得建"贞节坊""寿官碑"，所以此种"螭首"往往小而简，工料粗糙。故有许多收藏家或非国有博物馆内收藏的大量"螭首"一定是不够级别的。

7. 时代特征。有一些历史留下的痕迹不可避免地要打上时代的烙印，反映在石雕石刻的纹饰、造型、文字等方面上。尤其是仙佛造像类最能说明问题，何时简朴自然，何时雍容华贵，何时面若童子，何时面若美妇，何时曹衣出水，何时吴带当风，何时高髻云鬘，何时身姿三道弯儿，何时方颐大口，何时宽肩扎背，何时金刚高座，何时须弥宝座，何时覆莲花，何时单瓣莲、双瓣莲，等等。各个时代都会留下当时的符号。

如元代的"曲领方回"体现在石翁仲身上；爪踩元宝和"塌腰"体现在狮子身上。龙虎等的三爪，基本上是金元的作品；四爪和五爪，在清代是有规定不能乱用的。鬈发狮子、垂发狮子和披发狮子，八宝与杂宝，团莲花，也都反映了不同时期的习尚风俗。如意云纹，明代与清代特点不同，明代更强调的是独朵大气和它的"如意"形，清代比较小而零乱。

方尖碑只出现在民国时期。虽然在埃及三千年前就有这种形式了，但是在我国民国时期引进，以至于人民英雄纪念碑也有它的元素在里面。

8. 可疑迹象。新刀痕，老残改，后加字，自相矛盾，有违常态。鉴定一件石刻的真假，宁可抱着怀疑的态度，千万不要怀着捡漏的心理。既然是"鉴"（古指镜子），又需要"定"，必须要有个结论，有结论必须得有依据。在"鉴"的过程中，未"定"之前必须持怀疑的态度，才能有可信的结果。当把一个一个的疑点都排除了，才敢"定"。一般说，要把一堆需要鉴定的东西找出"假的"来容易，但是要把人们都否定的东西又挑出"真的"来，那可就看真本事了。

9. 刀工做法。一个时期、一个传授、一个等级、一个民族、一个地方的石雕石刻，在刀工上往往是有区别的。比如同在"大玉海"上面，我们会发现至少有元代和清代两个时间段的刀痕，其"奏刀"之法明显不同。同样是"大玉海"的石雕底座，一个元一个清，也有区别。东汉石人的巾帻，佛教造像中北朝时期的"曹衣出水"与辽金经幢中的"幕幂"仿刻，金代多层雕石栏板与元代平雕门框等，辽元经幢须弥座束腰与金代须弥座"鼓腰"，清代圆明园式鱼洗，历代雕刻的龙爪、龙鳞等，都是通过不同的设计、以不同的"刀法"来体现的。仔细观察分析一件石雕石刻的刀工特点也是鉴定其真伪的方法之一。

10. 简单试验。水洗，火烧，pH 试纸，奏刀，当然这些都是在"无损"的基础上进行的。"水洗""火烧"都不是目的，目的是要通过简单的"水洗""火烧"观察被洗、烧物自身的变化，"老物"与"新物"的变化是不一样。"试纸"是一种辅助手段，测试"水洗"之后"水"的酸碱度。"奏刀"借鉴于挑选印章的石料，因为购买印章石料是为了要"刻"的，因此才要"试试刀"，试刀之后才知道石头的好坏。但是鉴定石刻时选择一"空白处"奏刀，目的是要验证"石料"。不同来源的石料、不同类别的石料、质量好坏的石料上刀的感觉是不同的，掌握这种感觉有助于对石刻的鉴定。

11. 不可迷信"科学"。此所谓"科学"是指"伪科学"，以及至今科学无解的现象。科学试图要解释所有的事物现象，但目前的确是做不到的，可是有些"科学家"非要去解释，于是就出现了"不科学"和"伪科学"。比如像三星堆博物馆展览的那四件大型玉石璞料上的"切割痕"，有些研究者非要说成是"线切割"的痕迹，那就有些牵强了！与其解释不通，不如不去解释。璞料上的"小镜面"痕迹，更是没人去解释，我们把它（问题）提出来了，是要留给大方之家的。在鉴定文物时最忌讳的是"从来没见过""从来没有""那时候不会有""那时候没有先进工具""连我都没见过"这样的话，要知道，"你"不是标准！"你"不是全能！"你"没活上千岁！所以，"你"不代表"科学"，"你"不是"科学"，"你"可能根本就"不科学"！

12. 文物鉴定不能"扬长避短"。某件历史上流传下来的文物可能会自带很多的故事。在诸多的故事中，我们不能光捡"好"的听，往那最吸引人的地方靠。石景山八大处就是个例子，六处的大悲菩萨自传真像碑，阴面是康熙御笔榜书"敬佛"二字。立于大殿的右（西）侧，与左（东）侧汉白玉康熙御制圣感寺碑相呼应，非常有气势。实际是同年所立，均为康熙十七年（1678）。在民国时期，此碑"敬佛"面朝南。中华人民共和国成立后可能是出于"破四旧""保护文物"和"旅游展示"的多重考虑，将碑的阴阳面互倒了一下，于是形成今天"大悲菩萨"在正面的状况。可能有人听说此"像"是唐朝的，于是就罔顾"敬佛"二字的康熙落款，而宁可将其说成是唐朝的碑刻了。还是广西"桂海碑林"为我们解决了这个问题。那里同样也有一个"大悲菩萨自传真像"，系摩崖刻石，乾隆年造。"像"下带有"题识"，讲明它的来源。原来是唐文宗时的一个故事所传下来的一个"画谱"而已。在八大处四照谷发现了一块巨石，上面镌刻"燕王"二字。于是有人就开始"考证"了，说是当年"燕王扫北"时曾经经过这里，恐怕也太牵强了！放着大路不走，为啥来走这荆棘小路呢？能有什么战略意义吗？其实此刻石上的两个擘窠大字，从字体特点来看，应是民国时人所为，近于汉隶，又有颜字的功底。"燕王"实是"燕玉"二字的古体。汉代及以前篆书、隶书"王"与"玉"字的结构相同，仅仅是三"一"中"一"的位置不同而已。靠上是"王"字，靠中是"玉"字，此靠中应系"玉"字。故此"燕王"实应以"燕玉"解。"燕玉"就是古"燕"地（河北、北京一带）所产"汉白玉""白石"一类。

　　13. 文物鉴定不能戴着"政治眼镜"。文物鉴定是科学鉴定，是客观鉴定，不代表哪个阶层，不能造假。尤其是在有"政治任务"的公安断案上。涉案文物定的级别越高，涉案嫌疑人就越有罪，判案人员就越有功。鉴定人员的尺度一定要把握好，绝不能违背良心去鉴定！文物鉴定是客观科学地辨识文物、认定文物，切不可混入某种政治因素，举个例子。北京房山区磁家务附近的凤凰山上 1937 年侵华日军留下的"占领"刻石，从现存情况及观察它的"谋篇布局"、选字用刀来看，镌刻的短短几行汉字与阿拉伯数字及标点符号，相当规整，有书法韵味，而且保留下来还那么完整，刀痕若新发于砌。相信当时的日本兵绝不会有那个本事。我们不能因憎恨日本军国主义，就遑顾科学认定罪魁祸首。其实日军肯定是罪魁，但真正刻字的人完全可以是一位在日军逼迫下上山刻字的石匠，不可能是一个日本兵用刺刀刻出来的，这也没有开脱日军的罪行呀！

14. 不能迷信专家。即便是某一领域的专家，也要看他的涉猎范围，听他的立论根据。即便是"专家"，如果只发给他照片看看，也未必能有客观准确的答案。因为石质的东西，照片与实物有时是相反的。比如说，一幅石质匾额，榜书大字，照片上看是"阳刻"的，实际却是"阴刻"。照片上看没问题的东西，实际一看就不对了；照片上看错的东西，反而见到了实物，却予以认可。不皆如此，提请大家注意。

另外，在鉴定文物时，更应该尊重大家的意见。此时应该借鉴"天气预报降水概率"的原则，参照十人"对""错""疑"的概率，对被鉴物下结论。有时即便是一位专家鉴定，也宜列出10条看法自己琢磨琢磨。毕竟一个专家一个观点，对于一件文物不会太全面客观的。

关于残破无价的问题，俗话说"不残不破不是文物"，但那是有条件的。保存完好的文物当然是最值得收藏的，但毕竟是凤毛麟角。而且人们也习惯或粗浅地认为那些破破烂烂的东西就是文物，这也是初学者容易上当的原因。其实不论是博物馆还是个人，征集和收藏文物肯定都是拣好的要。所不同的是，文物部门还肩负着"挽救"和"保护"文物的责任，因此是不可能只选好的要的。当然，又残又破，仅此一件，那就另当别论了。所以，文物的价值当然是又有历史价值、又有科学价值、又有艺术价值，同时又是来源明确、保存完好、世上稀有为最好了。

关于残缺唯美的问题，这是针对"残破无价"而言。其实"残缺"比起"完整"不可能谓之"美"。但是石刻石雕文物的残缺之美是"唯美"而非"为美"。似乎在常人的印象中"不残不破不叫文物"，尤其是石雕石刻，它很难像其他文物如字画、瓷器、文玩、玉器那样可以日久不坏、历久弥新。也正因如此，我们无法看到其完美的样子，才会去构思它的"美"。所以一件残缺的石雕石刻会给我们留下一个想象的空间、补充的空间和完善的空间。就像我们的记忆碎片，有时你会挖空心思地去追忆一段自己曾经的美好瞬间，甚至还会去修补和完善。影视里或身边看到了遗憾的情节，会凭借你的想象力加以修补完善。这就是"残缺"给人带来的积极态度，请注意，此"残缺"一定是能给人带来想象的"美"的实物，它一定是一件值得补充和完善的石雕石刻。原海淀区功德寺门前的一只瑞兽（另一只在原址已发现，完好无损）经过"文化大革命"时期，已经被毁得遍体鳞伤，但它还顽强地"活"着，现立于石刻馆金刚宝座后中轴线上展示，与宝座形成一大一小的对比。虽然在个头上相差不是一点半点的，但论气势、鲜活、灵动则略胜一筹。这一点与瓷器还不一样，试想当时为皇家烧的一窑瓷器——准官窑，为了贡给皇上，也许自检，也许被太监严格检查，兴许只有一件堪作"官器"，其他作为残次品不能流于民间，故只能打破。如此的话，虽然可以在施工工地上轻易捡到几枚碗底，上书"大明成化年制""大清康熙年制""乾隆年制"等款，但切不可即视之为"官窑"的，因为它并非一个宫女打坏了的碗底。石雕石刻则不然了，有可能她原来就是一件完美的整体，只不过经过战乱、"法灭"等人为及自然的灾害受到了破坏而已。

这些石雕石刻如何给人以如此的美感呢？一个现实中并不存在的"神灵"却吸引着现实中的人们。可能有以下几方面的原因：1. 求知欲望，人们发现美、追求完美、想象美的欲望；2. 怜香惜玉，石雕虽残仍美，犹如徐娘半老，不泯人们撩美之心；3. 传承有续，石刻有传承，不妄做，人们看着习惯，无矫揉造作之感；4. 佛、菩萨、天王、力士、神兽、护法等有灵，顽石附灵，已非常石。

关于石雕石刻的价值与价格问题，与其他类文物与收藏品略有不同，相同的是：国家政策规定可以上市就有价格体现，可以交换买卖，甚至盈利；不可上市，仅具价值，可以收藏，需要研究。

碑刻中常用词汇

碑刻常用词拟分以下几个大类，仅仅举一些实际的范例：人物、帝王、太监、妇女、职官、科举、教育、典故、日常、纪时、风水、碑刻、地理、祭祀、生死、孝悌、八旗、吉祥、神灵、丧葬。每一类中按碑刻行文中惯常出现的频次为序。

一、人物

昂藏啸傲：形容人有气势、外表华丽又有气质，叱咤风云的样子。

名讳字号：古代文人有地位的，大都有好几个名字。未入塾之前有父母给取的"乳名"（小名），入学之后有"学名"（名），但轻易相识之间只以"字"称之。帝王、大臣死后给予的一两个字的评价名曰"谥"，帝王去世后专为祭祀取的叫作"庙号"。

龀易之年：儿童七八岁。女童七岁、男童八岁，就是换牙的年龄。

成童：指年龄稍大些的儿童。说法不一，有说八岁以上，或十五岁以上。

大父：祖父。

王父：祖父。

高曾：指自己的高祖、曾祖。

考妣：子女称自己死去的父母为"考"、为"妣"，多用在墓碑文中。

冲年：幼年。

厥初：当初。

生民：人民，百姓。

齐民：就是指平头百姓。《史记》曰："齐民无盖藏。"如淳注曰："齐，无贵贱，故谓之齐民者。若今言平民也。"如北魏时期农学家贾思勰所著的一部综合性农书《齐民要术》，其所称"齐民"即此意。

黎元：即黎民，众多百姓之意。黎：众，多；元：首，头。

兆庶：庶民、兆民，泛指黎民百姓。

蒸民：众民，百姓。

含灵：佛教术语。人为万物之灵，故古人称人为"含灵"。

有德耆老：指年长有才德之人。

轩昂：形容男人外形俊美且有气质的样子。

挺生：形容生长得好，特指人、物。

苗裔：后代。

容止：形象与行为举止。

歧嶷：原为描写山峰峻茂之状，后多借以形容年幼聪慧。《诗·大雅·生民》："诞实匍匐，克岐克嶷。"朱熹《集传》："岐嶷，峻茂之状。"

祀耄：年老之意。祀，年、岁之意；耄，古代以老、耆、耄、耋分别代表不同年龄段的老，如六十、七十、八十、九十等。如不对称，也往往泛指"老年"。

卓荦不群：卓绝出众之意。卓荦：形容人才出众。

鷇食鹑居：整日闲居野处，一点儿也不发愁吃喝居住。鷇食：雏鸟仰头待母喂养而不愁的样子。鹑居：犹野处，形容居无定所。

医隐：指不图仕进甘游江湖的郎中。

占籍：自外地迁至新地，从而成为有户籍的当地居民了，称为占籍。

揶揄：侮辱、戏弄。

幼失所怙：即幼年丧父。失怙：古时特指丧父，语出《诗经·小雅·蓼莪》。原文："无父何怙？无母何恃？"怙：依靠，倚仗。幼失恃怙，就是自幼父母双亡之意。

蚩氓：意指平民或底层的百姓。原意为傻呵呵的农民。语出《诗经·卫风·氓》，原文"氓之蚩蚩，抱布贸丝"。"蚩蚩"即"嗤嗤"，傻乎乎的样子；"氓"即"流氓"。

曾祖王父：即曾祖。

羲皇上人：羲皇，即伏羲氏。古人想象羲皇之世，其民皆恬静闲适，故隐逸之士自称羲皇上人，晋陶渊明即曾自称。

高大父：曾祖父。

列考：死去的父亲。

克肖：晚辈为人行事很像其先人或能够体现先人的想法。克：能。肖：像，类似。

缙绅：乡里曾经做过官的那些人士。

耆旧：指乡里那些德高望重的人。

耆献：意同"耆旧"，只是更文一些，用于书名，如《耆献类征》等。

二、帝王

龙飞：指皇帝在位，是比喻的说法。《周易·乾卦》中"飞龙在天，利见大人"。

龙潜：追述形容皇帝尚未即位仍为皇储时。

诰封：明清对五品以上官员及其先代和妻室以皇帝的诰命授予封典。

锡之诰命：给予诰命。诰命：明清时特指皇帝赐爵或封官的诏令。

纶音：皇帝的诏书、圣旨。

金凤衔诏：又作"紫（木）凤衔诏（书）"。古代在承天门所举行的一种宣诏仪式，在城楼上以木凤衔诏传予楼下大臣接旨。

金城汤池：古代形容军事把守的城池非常坚固。

固若金汤：形容城防坚固，城墙像金属筑就，护城河像开水的池子。

宾天：借指帝王之死。宾：有归服归顺之意。

宝胄：亦作"贵胄"，胄指帝王的后代，或对先辈的承接。

天潢贵胄：皇族或其后裔。天潢：星名；皇族。

文襄：谥法，经纬天地曰"文"，辟地有德曰"襄"。

简：谥法，古代帝王或有一定地位者死后给他起的另一个称号，按谥法讲，德不懈曰"简"。

封章：原本指古代臣子向帝王递呈的密封奏章，后来也指皇帝赐爵授官的诏令。

彝章：犹如说"常典"，既定的制度章程。彝：常。

之国：前往封地。

之藩：古代皇室被封的亲王，作为地方之王，要去分封地生活管理，谓之"离京就藩"。"藩"原意为"篱笆"，亲王之国，可以作为皇家的边疆屏障，即曰"藩"。

关内侯：清代王爷、贝子、贝勒等，也要封王，但并不之国，不必离京就藩，故曰"关内侯"。

三、太监

貂珰列朝，衣蟒束玉：此指太监弄权。貂珰：汉代中常侍（宦官）冠上的两种饰物，后借以作宦官的别称。衣蟒束玉。即"蟒衣玉带"，身穿绣蟒之衣，腰系嵌玉之带，朝服之佩饰。

御马监：明代宦官官署名称，为二十四衙门中十二监之一。有掌印太监、监督太监、提督太监各一员，下设监官、掌司、典簿、写字等员，掌管腾骧四卫营马匹及象房等事。

权阉：指在朝廷掌大权的太监。阉：阉割，去势。古代决定入宫做太监的男人一定要先做阉割手术。

阉竖：亦名"宦竖"，即"宦人""竖子""小人"，对太监的蔑称。竖：童子，借指地位卑微之人。

中官：明清多指太监。中官本来是指那些专供皇帝君主役使的官员。

掌印太监：就是太监所掌管的衙门中的第一把手。

太监：古代对宦人的统称，但是作为官员级别来讲还是有区别的。在明代有所谓"内十二监"，即司礼监、内官监、司设监、御马监、尚膳监、御用监、直殿监、印绶监、尚衣监、都知监、神宫监、尚宝监，均为宦官管理。各监的掌管宦官才能叫作"太监"。

东西厂：官署名，明代厂卫制度的结果。专为做"稽查"工作而创立的两家"特务机构"，均由太监统领。东厂，即东辑事厂，建于永乐十八年（1420），地点在今东安门一带。西厂，即西辑事厂，增建于成化十三年（1477），地点在今西安门、灵境胡同一带。

四、妇女

莱妇：贤妇。春秋时老莱子之妻，故亦称"莱妻"，入《列女传》。据传，老莱子隐于蒙山，楚王遣使往聘，妻劝而止。

祖姚：即祖母，作为后代指称已经亡过的祖母的说法。

孺人：外命妇名。西周春秋时，大夫之妻称孺人。清时，文职正从七、八、九品妻，武职八旗正从七品妻，绿营正七品妻，均封孺人。

配：相当于夫人，古代多指"正妻"，即便是"补配"，也是指原配死后将侧室所立的夫人。

命妇：古代指享受封号的妇女们。朝廷给予妇女们的封号，也是随着她们丈夫的官爵而定的。比如"夫人""淑人""恭人""宜人""安人""孺人"等。

箧室：本意为"侧室"，引申义为"妾"。

绰约：形容女子柔美的样子。

归宁：出嫁的女子回娘家。

待字：女孩子到婚龄了还没出嫁，也没订婚。

及笄：女孩子到了可以结婚的年龄了。笄：是古代妇女用来绾发的工具，即簪钗一类。女子到了十五岁，即行成人礼，将头发绾起来并插上簪子。

闺范：妇女的典范、模范；女子的忠贞美德。

五、职官

拜：相当于"做""任""授"，是对担任官职的一种尊称。"官拜大都督"，就是做官做到了大都督一职。

除：相当于"授"，是对任官的一种特称。

迁：官任调动，多指升职。

累迁：一般是在追述某人一生履职情况时的用词，即经过若干次调动升迁后最终做到了某职位（多指一生中最高的官职）。

转：升迁官职，调动工作。

加：特指在原有官职外，兼领其他官职。如直隶总督兼顺天府尹，实际府尹已有，总督兼管而已。

寻：不久。一般在叙述某人为官履历时用此词，意思是任了某个职务之后，很快又调动了。

释褐：又作"解褐"。脱去平民布衣（褐），开始穿官衣当官了。释：解下，脱下。

官吏：在古代可以作为"官员"的统称，但是细分起来九品之中的官员名"官"，九品以下的官员叫作"吏"。

九品十八阶（级）：清代官员分为九品和十八个等级。具体是：正一品、从一品，正二品、从二品，正三品、从三品，正四品、从四品，正五品、从五品，正六品、从六品，正七品、从七品，正八品、从八品，正九品、从九品。包括文职京官、文职外官，武职京官、武职外官。

不入流：主要指"吏"，系因他们不直接拿朝廷发给的俸禄，而是由所辖官员给发。比如府州县衙所雇用的吏员等。

都督：古代军事长官的统称。

大司马：明清多为"兵部尚书"的别称、尊称、雅称。

大司农：明清多为"户部尚书"的别称、尊称、雅称。

长史：职官名称，历代执掌不一，但多为幕僚性质。

上柱国：古代官员名称，明清时是一个"勋爵"的称呼，必须是一品才能获此称呼。

上卿：明清时说"位列上卿"，并未实指，泛指朝廷的高官而已。

三公：原指太师、太傅、太保，而明清以来则为虚衔，作为高官（一品官员）勋戚文武大臣的加官、赠爵。

掾：属官的通称。

篆：亦称官印，故掌印即为掌篆，亦为做某官之意。

佥事：古代官员名称，专司判断官事之职。比如明代，都督、都指挥、按察、宣抚等司均置佥事官。

舍人：古代官员名称。《周礼·春官》之属有舍人，以后各代舍人名目繁多。隋唐时有内史舍人、内书舍人、凤阁舍人，简称舍人，仍为撰拟诰敕专官，以有文学资望者充任。

开国子：古代爵位名。晋始置，地位在子之下男之上。唐为九等封爵中第八等，又名"开国县子"，食邑五百户，秩正五品上。

中散大夫：古代文官阶名。北周始以中散大夫为文官阶，秩七品。唐与宋初为正五品上。

中书：即中书省。元代以中书省兼尚书省之任，总领百官，为中央最高政务机构。设中书令一人，右、左丞相各一人，平章政事四人，右、左丞各一人，参政二人等。

散秩大臣：武官名，清置，原侍卫处，秩从二品，无固定员额，掌管宿卫扈从之事，地位在内大臣之下。

钦天监：古代官署名。明清时掌管观测天文、气象之机构。

宪台：汉御史府，后汉改称宪台。与尚书（中台）、谒者（外台）合称三台。

二等嘉禾章：嘉禾章，北洋政府时期勋章的一种。民国初年所定，中镂嘉禾，共分九等。由大总统授予有勋劳于国家及有功绩于学问、事业者。

三等文虎章：文虎章，北洋政府时期勋章的一种。民国初年所定，专为陆海军而设。中心镂刻文虎，分为一至九等，授予有武功或劳绩的军人。

四等宝光嘉禾章：北洋政府时期勋章的一种。民国初年所定，分为五等，一等大绶，二等有大绶、无绶两种，三等领绶，四、五等襟绶。一等中嵌珊瑚圆珠，二等至五等均中嵌宝石，加绘嘉禾。由大总统授予对国家有特殊功勋者。

致政：犹如说"致仕"，指官吏将执政的权柄归还给君主，也即退休。

致仕：古代指退休。

荣禄大夫：古代文散官名。金代始置。明制荣禄大夫为从一品初授之阶。

中大夫：古代文阶官名。唐与宋初中大夫为从四品下之文阶官。金升为从四品中。

副宪：清代都察院左副都御史的别称。

荩臣：犹如说忠臣。可以理解为尽忠报国之臣。荩臣，本指王所进用之臣，"荩"有"进"意。

驾部：官署名，明清兵部四司之一，掌理卤簿、仪仗、禁卫、驿传、厩牧之事。明洪武二十九年（1396）改名车驾清吏司。

水部：官署名，掌理川泽、陂池水利之事，修筑道路，备造舟车。明洪武二十九年（1396）改名都水清吏司。

筮仕：开始做官。

秩满：任职到期。

府君：古代对死者的一种尊称；对神的尊称，如土地神、城隍神等。

使君：古代官职名称。汉代称呼太守刺史为使君，之后用作州郡太守的尊称，明清时为"先生"的尊称。

寿官：明清时，由地方推选上报朝廷，并经皇帝恩诏颁下给老人的一种头衔。对于获得"寿官"的老人有一些要求，如年龄、德行、品质等。

戚畹：古代皇帝有两种亲戚，即皇亲和国戚，戚畹即指国戚。

六、科举

庠生：明清时称府、州、县学的生员为庠生。

乡贡：唐代，出自学馆者称"生徒"，出自州县者称"乡贡"。自元以后皆以行省选贡士，亦通称乡贡。

计偕：指各地举人入京会试。

廪膳增恩荫生：也即廪膳生员、增恩生员，古代在国子监学习的几种生员。廪膳生，是指国家发给膳食津贴（助学金）的太学生；增，即增广贡生，即"扩招"的生员；恩，即出自朝廷特恩的贡生，依例荫入监者谓之"官生"，亦名"荫生"。

殿试进士：科举时代，帝王于宫殿内考试贡举之士称殿试，明清两代，省试之后集中在京师会试，会试中式后再行殿试，以定甲第。通过殿试者即为进士，又分三甲授予。

乡贡进士：科举时代指秀才，由于系出乡、县之学所贡进而再考进士者，故称。

邑岁贡生：邑，旧时用为县的别称。明清时凡地方儒学生员取得升国子监肄业的身份，谓之贡生。

拔贡：科举时代选贡之制。清代规定，选贡时令学臣补足廪生以拔其尤者。顺治元年（1644），顺天府特贡六人，每府学贡二人，州、县学各贡一人。如有拔萃奇才，特疏荐举，所以为贡入太学读书之计。后定选拔为十二年一次。

贡士：古代中央一级科举考试中式者的称呼。明清又有区别。明代一指进京参加会试的举人，一指贡入国子监的生员。清代则统称会试考中者为贡士。

巍科：犹如说高科，指考试成绩好。

七、教育

馆谷：教私塾或任幕僚。《左传·僖公二十八年》："晋师三日馆谷。"意思是驻扎在对方的馆舍中，同时还吃人家的粮食。借指客居性质的私塾先生或为幕僚的师爷等。

私塾：古代私立学校，如村塾、乡塾。由于府、州、县都有官学，以下只能个人出资或集体出资办学，故曰"私"。

庠序：泛指学校。历史上不同时期有不同的称呼，原本夏代叫"校"，殷名"序"，周曰"庠"。

祭酒：隋唐以后，国家太学（国子监）的主官即祭酒。

学正：古代文职学官名称，国子监设置学正，掌执行学规、考校训导之事。州、县学亦设学正一职。

训导：古代文职学官名称，府、州、县儒学的辅助教职。

教谕：古代文职官员名称，县学的教师，位在训导之上。

教授：古代文职学官名称，府、州儒学的教官，同时也是对私塾先生的称呼。

司业：古代文职学官名称，国子监祭酒的副长官，协助祭酒，掌儒学训导之事。

房师：明清时期，考举时，举人、进士对荐举本人试卷同考官的尊称。

博士：古代文职学官名称，府学、县学的教官之一。

八、典故

举案齐眉：东汉时期一个夫唱妇随的故事。文人梁鸿，娶了又矮又丑但品行端正的孟光为妻。孟光为梁鸿送饭时，总是把托盘举到自己的眉梢，以示尊重。后人以此形容夫妻关系和谐，相敬如宾。

秦皇鞭石：秦始皇统一六国后巡行各地所立记功刻石，取马鞭石；一说，秦始皇作石桥，欲渡海观日出。时有神人驱石下海，石走不快，神复鞭之，石皆流血。

汉帝望仙：即汉代的皇帝想成仙。武帝时有方士齐人李少君者，自称善方术，能使物却老。他受到了汉武帝的信任和重用，汉武帝也想通过他的帮助能做神仙，长生不死。

羽驾风车：传说中神仙们所乘的车驾，以鸾鹤为驭的坐车为羽驾。风车：言其神速若风驰电掣。

壁观九载：达摩禅祖在嵩山少林寺面壁九年坐禅，世人称之为壁观婆罗门。后人亦以此来形容人的坚韧与耐性。

磨砖作镜：意思是说研磨砖瓦作镜子只能是徒劳无功的，用来比喻办事不得要领。

九、日常

浇漓：形容社会风气浮薄、浮躁。

服贾：指做买卖，从事商业活动。

戟手：屈肘如戟形，或说伸出食指和中指来指指点点。戟：古代兵器，戈属，长柄，顶端有直刃，两旁各有横刃，可以直刺或横击。

胼胝：手脚上的厚皮，手足长茧子，形容人们劳苦。

贾害：自招祸患之意。贾：做买卖，招来。

绣栭云楣：犹如说"雕梁画栋"。张衡《西京赋》："雕楹玉碣，绣栭云楣。"薛综注："栭，斗也。楣，梁也。皆云气画如绣也。""栭"，斗拱一类；"楣"，梁架一类。"绣""云"皆为修饰语，形容古建筑的油漆彩绘一类，往往以云纹等作装饰。

栖迟：淹留、隐遁、游息等义。

僦屋：租房子住。

买舟：租用船只。

蒲塞：即蒲与簺，古时两种博戏，也泛指博戏、赌博。

鼎镬：古代的酷刑，用鼎镬烹人。《汉书》："郦生自匿监门，待主然后出，犹不免鼎镬。"宋文天祥《正气歌》："鼎镬甘如饴，求之不可得。"

庖湢库庾：庖，指厨房；湢，指浴室；库庾，都指仓库，但细分起来，庾指露天库区。

黝垩圬墁：黝垩，把墙面等涂以黑色和白色；圬墁，用泥刮抹。

十、纪时

岁次：是说这一年按干支排的话是某年，如"岁次甲子"，就是今岁该是"甲子"年。

梅月：即农历四月。

荷月：古代民间以农历六月荷花开，故别称六月为荷月。

单阏：卯年的别称。

五年（727），与其所记"开元十五年岁次单阏"是一致的。

仲春：古时纪年，将正月至三月称为春季，仲春指农历二月。

昭阳作噩：昭阳为岁阳之名，作噩为太岁年名，与干支中的癸酉年相对。

应钟：古人以乐律十二律与十二月相配，应钟月相当于农历十月。

新正：农历指一月。

桂月：农历八月。

重阳月：指农历九月。

信宿：连住两夜，同时也表示连着两夜。

蕤宾：古人律历相配，十二律与十二月相适应，谓之律应。蕤宾位于午，在五月，故一般代指农历五月。

黄钟：《礼记·月令》记仲冬之月，律中黄钟，即农历十一月。

朔望晦：古代纪时，农历初一为"朔"，十五为"望"，十六为"既望"，月之末日为"晦"。

十一、风水

丙地：五行中丙属火，火在南方，丙地即指南方。

壬位：五行中壬属水，位北方，壬位即指北方。

子山午向：坐北面南，北是靠，前是照。按八卦方位，午属北方，子属南方。

形家：指堪舆家、阴阳家，主要以看形势为主的风水先生。

择吉：就是在"黄历"上挑选一个出行、做事、动土、婚姻等的好日子。

祖茔：家族的坟地。

十二、碑刻

贞珉：贞石，好石头，专指刻碑的石材。

玄石：指刻碑的石头。

碑碣：碑刻的两种形式，历来有多种说法。高曰碑，低曰碣，方曰碑，圆曰碣。人们习惯上把符合一定规矩的叫碑，短小低矮者叫碣，或碑碣混言而统称。

墓志：也是古代碑刻的一种形式，关键是它的用途有些与众不同。普通的墓志就是随葬主人的两方石头，上面镌刻着墓主的姓名、生平、履历、籍贯、德行等，是一篇充满溢美之词的叙述文。两个板状正方形石头，一石镌刻篆书大字志名，叫"志盖"；另一方石镌满小字志文，名"志底"。

墓表：也是碑刻的一种形式，从镌刻内容上实际就是墓志，不过它立于地面。

书丹：由于古代镌碑需要先在磨平的碑面上以朱砂笔书写碑文，再行镌刻，故曰"书丹"。丹：朱砂之色。

摹勒：古代刻碑刻帖的一道工序。辽金以来没有直接书丹于石，令刻工镌刻成文的。需要先将书丹人的纸质作品摹勒于石，这个过程就叫作"摹勒上石"。

撰文：碑刻文字内容的撰写。

篆额：碑刻专用语。是指碑首上的文字，篆书写成，故称为"篆额"。

篆盖：碑刻专用语。专用于墓志的撰写，墓志的盖文一般是用篆文书刻的，故曰"篆盖"。

作状：碑刻专用语。墓志的编纂一般需要四个人的合作，撰文人、书丹人、篆盖人、作状人。墓志文材料的提供者，就是作状人。

玄宫：很幽深的地宫，实际指墓穴。

明堂：原指专为古代帝王所建的最隆重、最重要的宫殿建筑。风水师在择吉墓地时，称穴前的地气聚合之处为明堂。

款识：多指书画上的题名、题字等。

题跋：写在书籍、字画、碑帖前后的文字、文章。

券蓢：原指文书契券之类的，石刻中也指买地券。

砻石：即磨石，为刻碑做准备。

陵迁谷变：源于《诗经·小雅·十月之交》中"高岸为谷，深谷为陵"。比喻时易世变，但在墓葬碑文中常常用来指担心墓地会遭遇变迁之意。

燕珉：亦称"燕石"，幽燕之地所产的石材，由于其质地细腻、杂质较少、颇类玉质，故曰"珉"。"珉"，像玉的石头；"燕"，燕国之地，在今河北、北京一带。

郢匠：指巧匠，据说楚中多巧匠。郢：古楚地，在今湖北一带。

序：古代文体的一种，与"墓志铭"或"碑文"合书在志石或碑石上。序在前，铭或碑文在后。

阡表：阡。指墓道；表。为表柱、碑表。阡表。作为石刻的形式与碑无异；作为文体的一种，与墓碑文相类似。

镌铭贞石：意即刻石立碑。镌：利锥，作动词用；贞石：即美石，指碑材。

石局把总：元代的官员名称。石局：元代管理石材、石工的机构。

窆：挖地为墓穴，也指墓穴。

推碑铲墓：形容坟墓被毁的过程，墓碑被推倒，坟头被推平。

十三、地理

营州：古代地名。北魏（386—534）置营州，治所在今辽宁朝阳，所辖之地均在今辽宁境内。唐末（907年前）地入契丹，改置营州于广宁（今河北昌黎），五代后唐时（923—936）又为契丹所取。

均州：古地名，今属湖北省十堰市。历史变迁复杂，不及一一缕述，春秋属麇，梁太清元年（547）置均阳县。隋开皇五年（585）改为均州，因境内有均水而得名，辖武当、均阳两县。

九州：古代对中国区域范围的记载，共有九个行政区划，多种说法。《尚书·禹贡》记九州分别是"冀州、兖州、青州、徐州、扬州、荆州、豫州、梁州、雍州"。

畿甸：指京城地区，也泛指京城郊外的地方。

奉先县：实指今天的房山。金大定二十九年（1189），为奉山陵，始析良乡、范阳、宛平三县边地，置万宁县。金明昌二年（1191），改万宁县为奉先县（意思是供奉山陵），隶属涿州，县治在今北京房山区。元初，废奉先县名，元至元二十七年（1290），因邑西有大房（防）山，亦称房山，改奉先县为房山县。

半舍：即十五里。古代称三十里为一舍，由于行军三十里一歇。

乡里：泛指四乡八里，农村周围邻近的村乡。

闾里：意同"乡里"。

闾阎：原指里巷之门、胡同之门。后意同"乡里""闾里"。

十四、祭祀

酹：古代的一种祭典仪式，把酒洒在地上。

诔：古代一种祭祀死者的文体，通过叙述逝者的事迹，表示对死者的哀悼。

谕祭：皇帝下旨祭臣下。其遣使下祭的文辞即谕祭文。

诰赠：逝者生时未享，死后被皇帝封赠。

十五、生死

天不慭遗："慭遗"，出自《诗经·小雅·十月之交》中"不慭遗一老，俾守我王"。"不慭"犹如说不宁、何不。碑文常用"天不慭遗"等作为哀悼墓主之辞。

春秋：一年分四季，以春秋代表全年，在叙述逝者生平时，"春秋"即指年龄。"春秋若干"即"年龄多大"之意。

捐馆：是对"死"的委婉称呼，犹如说"捐弃馆舍"。

易箦：源于《礼记·檀弓上》中曾参曾子的故事。曾子临终之前由于席子不合"礼"而坚决要求撤换，重新换过后才去世。"箦"，一种竹编的席子。墓志墓碑等文中以"易箦"表示人将逝去或弥留之际之意。

属纩：在墓志墓碑等文中，指弥留之际。纩：棉絮。古代以"纩"放在死者嘴边，试其有无气息。

遘疾：得了病了。遘：遇上，碰上。

寿终正寝：古人比喻死者死得很正常，到了一定的岁数，自然死亡。正寝：自己家。

迁窆：迁坟之"文语"。

暂厝：由于没选好墓地，暂时埋葬或浅埋在某处。

景福：洪福，大福。

椿寿：就是长寿的意思。由于古人认为大椿的寿命较长，故借此形容人寿。

老耆耄耋：古人同样是对人老的几种说法，统言之老耆耄耋都是老；析言之则六十岁叫"老"，七十岁叫"耆"，八十岁叫"耄"，九十岁叫"耋"。

溘然长逝：形容人突然就死去了。溘然，突然，人们没留心。

奄逝：骤然去世。奄，忽然，突然。

遗蜕：多指人的尸骨。

十六、孝悌

菽水承欢：晚辈对长辈尽心尽力的供养，使父母欢悦。菽水：豆和水，指粗茶淡饭。

庐墓：古代父母或师长死后，服丧期间在墓旁搭盖小屋居住，守护坟墓，谓之庐墓。

十七、八旗

精奇尼哈番：清代官爵名称，满文音译，汉文系"子爵"。

阿思哈尼哈番：清代官爵名称，满文音译，亦译作"梅勒章京"，汉文系"男爵",亦即副将、副都统。

拜他喇布勒哈番:清代官爵名称,满文音译,汉文系"骑都尉"。

拖沙喇哈番:清代官爵名称,满文音译,汉文系"云骑尉"。

阿达哈哈番:清代官爵名称,满文音译,汉文系"轻车都尉"。

汉军:此指汉军八旗。清代,八旗分别为正黄、正白、正红、正蓝,及镶黄、镶白、镶红、镶蓝。最初只为满洲八旗,后又将降服的蒙古人和汉人编为蒙古八旗和汉军八旗,每旗各设一衙门,都统一人。

和硕:满语,汉译为四方之"方""角""楞"。除上述意义外,又特用于封爵,如"和硕亲王""和硕格格"等,其意为部落或旗。

固山:满语,汉译八旗之"旗"。

贝子:译为"天生贵族",清代分封十等,在亲王、郡王、贝勒之下。

台吉:清代爵位名,源于汉语"太子"。

十八、吉祥

琴瑟和鸣:比喻夫妻感情好。源出《诗经·小雅·棠棣》:"妻子好合,如鼓瑟琴。"夫妻俩生活中非常和谐,就像演奏音乐一样,没有杂音。

燕翼贻谋:源出《诗经·大雅·文王有声》。"武王岂不仕,诒厥孙谋,以燕翼子。"原指周武王为子孙留下安定、敬慎之谋。后来以此形容家长已为后代做好了打算。

竹苞松茂:祝福人家新屋落成的吉祥用语。比喻家门兴旺,像竹与松一样旺盛。

三多九如:祝福人家多子多福之意。吉祥图案中画佛手寓多福,大桃寓多寿,石榴寓多子,九只如意寓九如。

十九、神灵

城隍：道教、民俗中守护城池的神灵。

福德正神：就是土地爷、土地公。

二十、丧葬

窀穸：墓穴。

停灵：正式下葬前暂时将灵柩停放于某处。

浮厝：将棺木垫起离地，暂不入土归葬，或浅埋。

迁穸：迁葬。

合祔：合葬，多指夫妻。

梓宫：是指皇帝、皇后、重臣等的棺木。

贞石一览

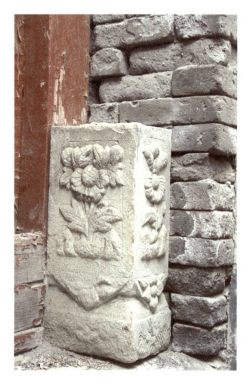

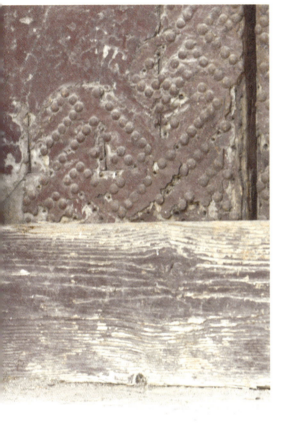

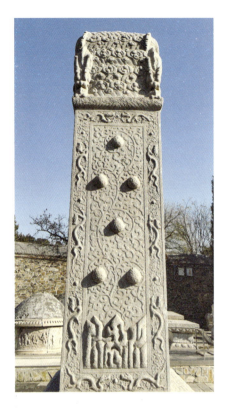

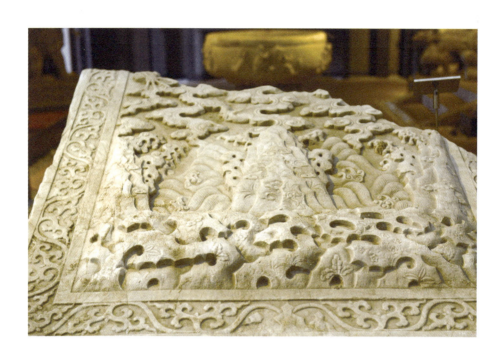

道光辛未九日